KB155853

REPUTATION

평판

REPUTATION

평판

GLORIA ORIGGI 저
박정민 역

박영story

　이 책을 번역하고 싶다는 마음이 들었던 것은 산업심리학자 애덤 그랜트(Adam Grant)의 페이스북에서 본 한 문장 때문이었다. "현재 우리는 정보의 시대에서 평판의 시대로 넘어가고 있는 중이다"(2018. 03. 22 / '평판' 저자의 글 링크). 예전에 리더들은 누가누가 더 많이 알고 있나를 다투었고, 자신만이 쥐고 있는 정보를 통해 구성원들을 움직였던 때가 있었다. 하지만 이제는 구성원들도 리더만큼, 어떤 때에는 리더보다 더 많은 정보를 더 빨리 획득하게 되었다. 따라서 현재 더 중요한 것은 '리더가 하는 말을 믿고 움직이는 것이 나에게 도움이 될까'라는 신뢰의 문제라는 이야기를 리더십 코칭을 할 때 많이 하고 있던 상황이었다. 그래서 평판이라는 책을 번역해서 리더들에게 선물하면, 리더로서의 건강한 이미지를 구축하고, 구성원에 대한 건강한 동기부여를 연습하는 데 있어서 도움이 될 거라는 생각이었다.

　막상 책을 읽어보니, 내가 처음에 생각했던 것보다 훨씬 더 넓은 내용을 만나게 되었고 그것이 참 좋았다. "나는 누구인가? 진정한 나의 모습은 무엇인가? 많은 사람들과의 관계 속에서 어떻게 살아가는 것이 맞는 것인가?"라는 깊은 이야기를, '평판'이라는 신선한 개념을 통해 철학자 글로리아 오리기가 자신의 생각을 펼쳐 보여주고 있었다.

　그중에서 가장 인상적이었던 이야기는 10장에 실려 있었다. "현대를 살고 있는 인간들은 사회적인 존재일 수밖에 없다. 주위의 관찰자들로부터 받은 피드백을 지속적으로 내재화하면서 자기 자신의 정체성을 만들어가는 인지적인 활동을 하기 때문이다. 우리 주위의 관찰자들은 끊임없이 우리를 판단해서 우리에게 영향을 미치고 싶어한다. 즉, 인간은 두 가지 속성을 가진 존재이기 때문에 아예 존재 자체를 녹여서 없애버리지 않는 한, 단순하게 나는 이런 존재야 라고 말할 수 없는 것이다.

그럼에도 불구하고 진정성(authenticity)이라는 개념에 의미를 부여하고 싶다면 이렇게 정의를 하는 것이 맞을 것이다. 진정성은 우리가 다른 사람들에게 보여지고 싶은 이미지와, 다른 사람들이 우리를 보는 이미지의 만남이라고 말이다. 우리가 진정성을 얻게 되는 것은 내적 자유를 외치며 사회로부터 완전히 등을 돌려버림으로써 가능한 것이 아니라, 다른 사람들의 관심에 대해 명확하게 감사를 표현할 수 있음으로써 가능해지는 일이다. 평판은 단순히 벽에 비친 우리의 그림자가 아니다. 한 사람의 특성이 정의되는 데 있어서 평판이 수행하는 구성적 역할을 무시하면 안 된다. 평판에 별 가치를 두지 않고 무시해버리는 태도가 부적절하다는 것을 지적하는 것이 바로 이 책의 주된 목적들 중의 하나였다."

나에게 영향을 주는 주위의 많은 사람들, 내가 영향을 미치는 주위의 많은 사람들 사이에서 어떻게 살아가야 할 것인가, 어떻게 생각해야 할 것인가, 어떻게 행동해야 할 것인가에 대해 고민이 많은 분들께 이 책을 선물하고 싶다. 한 걸음 더 크게 성장하고, 한 단계 더 깊게 성숙할 수 있는 기회가 되리라 생각한다.

2019년 가을
같은 하늘 아래
박 정 민

평판, 평판, 평판! 아, 나는 내 평판을 잃어버렸다! 내 몸의 불멸의 부분을 잃고 말았으니, 남아있는 것은 짐승같은 것뿐.

―오셀로(Othello), 2막 3장

오셀로의 호의를 잃게 된 것에 당황하여, 카시오(Cassio)는 "평판(rep-utation)"이라는 말을 세 번 반복한다. 평판은 본인이 통제할 수 없을 정도로 빨리 퍼지고, 여기저기에서 메아리치며, 다른 사람들의 목소리를 통해 스스로 재생산된다. 우리 존재 중 "불멸의 부분"이 가장 취약하고 사라지기 쉬운 이유가 바로 이것이다. 카시오를 무너뜨리기 위해 그의 평판을 비밀리에 조작했던 이아고(Iago)는 시니컬한 태도로 이런 대답을 한다. 평판이란 우리가 마음대로 할 수 없는 것이기 때문에 신경쓰지 말아야 한다고 말이다. 우리는 스스로에 대해 다른 사람들이 긍정적인 의견을 가지고 있는지를 끊임없이 확인하려고 한다. 하지만 우리 자신이 가지고 있는 장점은 좋은 평판을 얻거나 잃어버리는 것과 별 상관이 없는 경우가 많은 것이 사실이다.

평판이라는 개념에는 아직 밝혀지지 않은 미스테리가 많다. 평판에 대한 이야기가 많아지고 줄어드는 이유, 그리고 좋은 평판과 나쁜 평판을 결정하는 기준은 우연이나 임의로 만들어진 것으로 보일 때가 종종 있기 때문이다. 하지만 동시에 평판은 언제 어디에서나 존재하는 것이다. 한편으로 우리는 스스로에 대한 타인의 의견에 대해 매우 신경을 많이 쓰며, 주위 사람들이 우리를 보는 시각에 영향을 미치기 위해 아무런 효과도 없는 비이성적인 행동을 하기도 한다. 다른 한편에서 우리는 의사, 신문, 웹사이트, 아이디어에 대한 의사결정을 하기 위해 평판에 의존한다. 이러한 행동들은 평판을 우리 존재의 가장 가까운 곳에 위치하게 하는 듯하다.

이 책에서는 평판이라는 것이 개인적·사회적으로 왜 그렇게 중요한지에 대해 설명해 보려고 한다. 평판이 어떻게 순환되는지, 어떻게 변화되고 왜곡되는지, 그리고 다른 사람들이 우리에 대해 말하는 내용에 대해 어떻게 영향을 미치는지에 대해서도 알아볼 것이다. 이 책이 제기하는, 평판에 대한 두 가지 기본적인 철학적 질문은 다음과 같다. 첫째, 평판은 이성적인 행동 동기로 생각될 수 있을까? 우리가 스스로의 평판을 방어하고, 개선하며, 손상시키기까지 하는 행동을 하게 만드는 동기는 어떤 것일까? 둘째, 평판은 정보획득을 하기 위한 합리적으로 정당한 방법이 될 수 있을까? 평판에 기반해서 우리가 의사나 와인을 선택하고, 특정한 시각을 받아들이는 것은 이성적인 행동인 것일까?

이와 같은 이론적 질문에 대한 답을 찾는 과정에서, 필자는 거의 모든 사회과학 분야에 걸쳐서 매우 다양한 자료와 마주하게 되었다. 필자가 찾은 해답은, 이 주제에 대해서는 절충적인 것이 아니라 "변화무쌍한(kaleidoscopic)" 접근법이 필요하다는 것이었다. 여러 가지 사회과학 분야들(사회학, 경제학, 인류학, 인지과학, 언어학 등)에서 발견한, 평판에 대한 단편적이고 부분적인 주장들을 짜맞추어가면서, 필자는 매우 모호한 평판이라는 개념에게 형태와 명료한 내용을 만들어주기 위해 노력하였다. 그 결과 얻은 것은, 철학자들이 이상적으로 만들어내기를 바라는 평판에 대한 완벽한 이론은 아니다. 그보다는 조금 더 적은 범위의 것으로, 평판이라는 개념에 대한 이론적 분석에 가까울 것이다. 그를 위해 필자는 평판의 기능을 지배하는 다양한 기능들을 분석하고 재구조화하였다. 이러한 시각을 기반으로 했을 때, 이 책은 본질적으로 철학적인 태도를 가지고 있다고 말할 수 있을 것이다. 필자는 철학 분야내 전공인 사회인식론에 기반하여, 사회과학 분야의 연구결과들을 함께 검토하면서 개념적 분석과정에서 조금 더 많은 성과를 낼 수 있도록 노력하였다. 또한, 상상을 기반으로 한 문학과 일상생활으로부터 얻은 많은 실례들을 기반으로 하여, 필자의 이론적 주장이 보다 더 생생하고 이해가능하도록 애쓰기도 하였다.

솔직히 말해서, 앞으로 전개될 내용의 방법론적 절충주의를 마주했을 때, 명확한 경계선을 가진 이론에 대해 더 편안함을 느끼는 독자들은 어느 정도의 인내심이 필요할 것이다. 프루스트(Proust)부터 경제사회학으로, 제인 오스틴(Jange Austin)부터 신호 이론(signaling theory)으로 옮겨다니는 책 내용을 이해하려면 불필요한 정신체조가 요구되는 것처럼 보이기도 할 것 같다. 머리는 좀 복잡할 수 있겠지만, 오히려 전혀 새로운 시각을 만들어볼 수 있는 기회가 되지 않겠는가?

독자 여러분이 판단해주시길 기대한다. 하지만 필자는 확신을 가지고 있다. 이 책에서 활용하고 있는 다학문적(interdisciplinary) 접근법은 다양한 과학들이(미술과 문학을 포함하여) 사용하는 많은 개념적 도구들을 기반으로 하여, 철학을 통해 생산적인 통찰을 얻을 수 있게 하는 효과적인 방법이며, 우리 시대에서 다루어야 할 중요한 이슈들을 논하고, 현재를 이해하고 해석할 수 있게 해줄 것이라고 말이다.

독자분들에게 이 말씀은 꼭 드려야 할 것 같다. 다양한 지식 분야를 자유롭게 여행하고자 하는 이러한 태도는 필자의 개인적인 역사에서 온 부분이 어느 정도 있다. 프랑스로 이민온 이탈리아인으로서 앵글로색슨 철학을 받아들이게 된 후부터, 필자는 다양한 지적 이론 및 학문 분야들에 관심을 가져왔다. 이 과정에서 만난 지역적인 편견과 우월의식 때문에 열받기도 하고, 오히려 보호되기도 한 경험이 매우 많다. 평판에 대한 관심 또한, 다양한 것을 구경하고 경험하고자 하는 열정에서 비롯된 것이라고 할 수 있겠다.

독자분들이 읽고 계신 이 책은 다양한 문화 및 국가들이 가지고 있는 자산들을 인용한 내용으로 가득하다는 말씀도 드리는 것이 좋을 듯하다. 이와 같이 다양한 정보원천들을 의도적으로 활용한 이유는, 지적 이론들에는 단 하나의 객관적인 "순위"가 없다고 믿는 필자의 신념 때문이다. 세계가 가지고 있는 인지적 다양성과 문화적 복잡성을 인정할 때에만, 우리는 새로운 시각으로 기존의 문제들을 바라볼 수 있게 될 것이다.

1장에서는 우리의 사회적 자아로서의 평판이라는 개념을 소개할 것이다. 평판은 때로는 우리의 흥미에서 벗어난 행동을 하도록 이끌 수 있는 두 번째 자기(self)이기도 하다. 이와 같은 우리의 사회적 자기 관리는 근본적인 사회적·인지적 역량으로서, 필자는 이 역량의 기능에 대해 분석하고 설명하고자 한다.

2장에서는 합리적 선택 이론을 채택한 다양한 사회과학 분야에서 발달되어온, 평판에 대한 이론적 접근법들을 살펴볼 것이다. 가장 핵심적인 질문은 다음과 같다. 평판은 합리적 전략으로 볼 수 있는가? 평판은 다른 목표를 달성하기 위한 수단인가, 아니면 목표 그 자체인가?

3장에서는 평판의 소통적 국면을 다루어보려고 한다. 평판이 어떤 사회적·언어적 메커니즘을 통해 어떻게 퍼져나가서 안정화될 수 있는지에 대해 알아볼 것이다. 이는 매우 중요한 문제이다. 왜냐하면, 어떤 때에 평판의 수명은 매우 짧은 반면, 다른 때에 평판은 매우 굳건하게 유지되는 것으로 보여지기 때문이다. 가십, 루머, 정보의 폭포현상(informational cascades)은 전세계에서 공통적으로 나타나는, 누가 누구에게 무엇을 했는지에 대해 사람들이 논의할 때의 특징인 잡음을 만들어낸다.

4장에서는 사회적 자본 이론, 네트워크 이론, 위계 사회학과 같은 사회과학의 다양한 도구들을 소개할 것이다. 그 도구들을 통해, 평판의 기능을 평가하고, 평판의 신뢰도를 높이기 위한 메커니즘이 어떻게 설계되는지를 이해해보려고 한다.

5장에서는 전문가에 대한 우리의 믿음에 대해 비판적 분석을 해보고, 다른 사람의 평판에 대한 우리의 지각에 영향을 주거나 왜곡시킬 수 있는 다양한 편견들을 정리해볼 것이다.

6장은 이 책에서 가장 철학적인 내용을 담고 있다. 사회과학의 존재론적 근본 개념인 경제적 인간(homo economicus)이라는 아이디어를, 비교하는 인간(homo comparativus)이라는 아이디어로 바꿀 것을 제안한다. 현실은 평가적 비교를 통해서만 지각될 수 있으며, 서술(description)과 평가(evaluation)를 구분하는 전통적 접근법은 약화되고 있다는 주장이다. 6장에서 필자는 평판과 유사한 상징적 가치를 인간 행동분석의 중심에 놓는 기타 철학적 접근들 — 지오프리 브레난(Geoffrey Brennan), 필립 프티트(Philip Pettit), 앤서니 아피아(Anthony Appiah)의 명예 이론(theory of honor)에서 주장하는 자존감의 경제 — 에 대해 논의하고 비판해볼 것이다.

7장, 8장, 9장에서는 세 가지 특정 분야에서 평판이 형성되는 방법에 대한 사례 연구들을 소개할 것이다. 인터넷, 와인시장, 대학. 연구자들은 세 가지 영역에서 평판이 구축되고 측정되는 차별화된 시스템을 조사하였고, 각 경우에서 특징적으로 나타나는, 의도되지 않은 효과와 왜곡들을 제시하였다. 7장에 대한 초안은 배리 스미스(Barry Smith)가 편집한 『미각에 대한 질문들(Questions of Taste)』에 포함된 적이 있다(Oxford University Press, 2007). 그리고 8장의 초안은 헬레네 랜더모어(Hélène Landermore)와 욘 엘스터(Jon Elster)가 편집한 『집단 지성(Collective Wisdom)』에 실렸었다(Cambridge University Press, 2012).

마지막으로 10장에서는, 필자가 제시한 평판의 개념을 우리의 지식 인생과 공적인 의사결정에 어떻게 적용할 것인지에 대해 생각해볼 것이다. 우리 자신과 우리 주위의 사물들에 대해 알려진 것(평판)이 정말 중요하다면(필자가 이 책에서 주장하듯이), 지식을 보유한 시민으로서 우리가 자기 자신 및 맡아야 할 역할에 대해 생각하는 방법은 그에 따라 변화해야만 한다. 이러한 상황에서, 우리는 또한 행동과 의견 전파를 하기 위한 새로운 도구들을 개발할 필요가 있다. 이는 우리가 현재 마주하고 있는 가장 중요한 도전과제들 중 하나일 것이다. 앞으로 오게 될 미래에, 우리의 연약한 민주주의가 제대로 기능할 수 있게 하려면 매우 많은 장애물을 돌파해야 할 것이기 때문이다.

감사의 글

다른 책들과 마찬가지로, 이 책은 수백 건의 대화내용, 상호작용, 아이디어에 대한 논쟁, 삶의 경험들을 몇 페이지에 압축해놓은 것이다. 즉, 필자가 7년 이상의 기간 동안 열정적으로 진행하였던 성찰 과정의 총합적 과정들을 축적한 결과라고 말할 수 있겠다. 그렇다보니 필자가 감사의 마음을 표현해야 할 분들이 너무 많아서, 이번의 지적 여행에서 중요한 역할을 해주신 모든 분들에게 감사한다고 말하기가 너무 어려운 상황이 되었다. 하지만 집필 과정을 구성했던 몇 가지 중요한 단계들을 되짚어보면서, 그 과정을 헤쳐나갈 수 있도록 도와주신 분들에게 감사를 표하고 싶다.

우선, 2007년에 로마의 올리베티 재단(Olivetti Foundation)에서 평판에 대한 컨퍼런스를 개최해준 파스콸레 파스퀴노(Pasquale Pasquino)에게 감사한 마음을 전한다. 몇몇 철학자, 사회학자, 심리학자들이 모였던 소규모의 이 모임에서, 우리는 평판에 대해 집단 성찰 작업을 시작하였다. 바바라 카르네발리(Barbara Carnevali), 욘 엘스터(Jon Elster), 산드로 피조르노(Sandro Pizzorno), 단 스퍼버(Dan Sperber), 디에고 감베타(Diego Gambetta) — 물론 파스콸레 파스퀴노도 함께였다 — 는 모임에서 나온 아이디어들이 이 책으로 정리되는 과정에서 지속적으로 좋은 파트너가 되어 주었다.

2011년, 필자는 파리의 사회과학고등연구원(Ecole des Hautes Etudes en

Sciences Sociales)에서 평판이라는 문제에 대해 세미나를 개최하였다. 필자의 학생들뿐 아니라 몇몇 동료들을 초대하여 함께 나누었던 이야기들은 필자의 생각을 매우 풍부하게 해주었다. 피에르-마리 쇼뱅(Pierre-Marie Chauvin), 루시엔 카르픽(Lucien Karpik), 지안루카 만초(Gianluca Manzo), 피에르-미셸 멩거(Pierre-Michel Menger), 앙드레 오를레앙(André Orléan), 필리프 로샤(Philippe Rochat)에게 특히 감사한 마음을 전한다. 아리엘 콜로노모스(Ariel Colonomos)가 제공해준 아이디어와 조언, 인내심과 지성에 대해 특별한 감사를 표한다.

이 세미나에서 얻은 도움들은 쇠이유(Seuil)가 출판한 「대화(Commiunications)」 7호에서 필자가 객원 편집자로 초청되었을 때 싣기도 했다. 이 프로젝트를 위해 애써준 니콜 라피에르(Nicole Lapierre)와 조슬린 오바마(Jocelyne Obama)에게 감사한다.

2013년, 필자가 뉴욕의 콜롬비아 대학의 이탈리아 고등학술연구원(Italian Academy for Advanced Studies)에 머무를 때, 이 책의 초안을 쓸 수 있는 최적의 환경을 얻을 수 있었다.

대서양을 건너, 기꺼이 자신의 시간을 투자하여 필자의 아이디어에 귀 기울여주고, 논의에 참가해주며, 교정을 해주고, 제안을 해주었던 디렉터 데이빗 프리드버그(David Freedberg)와 동료, 친구들에게 감사한다. 필립 키처(Philip Kitcher), 슬레만 바히르 디아네(Souleymane Bachir Diagne), 필립 페티트(Philip Pettit), 아킬레 바르지(Achille Varzi), 나디아 우르비나티(Nadia Urbinati), 나심 니콜라스 탈레브(Nassim Nicholas Taleb). 그리고 나의 영원한 친구 마르티노 보파(Martino Boffa)는 재정적 평판(financial repuation)이라는 미스테리를 필자에게 소개해주었다. 재정적 평판은 필자가 이 책에서 다루지는 않지만, 앞으로 초점을 맞추어보려고 계획중인 주제이다.

엠마뉴얼 코치아(Emanuele Coccia)는 사회과학고등연구원에서 열렸던 "명성, 위신, 평판 : 사회적 규모에 대한 논의"라는 워크샵에서 평판에 대한 필자의 아이디어를 논의할 수 있는 기회를 주었다. 이 워크샵에 모인 많은 연구자들의 작업성과를 통해 필자는 큰 영감을 얻을 수 있었다. 나탈리 하이니히(Nathalie Heinich), 앙트안 릴티(Antoine Lilti), 바바라 카르네발리(Barbara Carnevali).

필자의 친구, 동료, 학생들 및 주위 사람들과 이 이슈에 대해 생동감 있는 논의를 진행하면서, 필자는 몇 년 동안의 집필 작업을 즐겁게 끝마칠 수 있었다. 여기에서 그 분들에게 감사의 마음을 전하고 싶다(의미있는 순서는 아니다). 아스트리드 본 부세키스트(Astrid von Busekist), 알렉산드라 파치(Alessandra Facchi), 주디스 시몬(Judith Simon), 스티븐 샤핀(Steven Shapin), 배리 스미스(Barry Smith), 줄리아 오스키안(Julia Oskian), 카를로 인베르니찌 아케티(Carlo Invernizzi Accetti), 오펠리아 드로이(Ophelia Deroy), 노가 아리카(Noga Arikha), 산드라 비알(Sandra Vial), 로베르토 카사티(Roberto Casati), 폴 에그르(Paul Egre), 아멜리에 포쇼(Amélie Faucheux), 하디 바(Hady Ba), 에릭 올슨(Erik Olsson), 아델레이드 드 라스틱(Adélaïde de Lastic), 패트릭 파로(Patrick Pharo), 미카엘 디 프란체스코(Michele de Francesco), 니콜라 카네사(Nicola Canessa), 지울리아 피레다(Giulia Piredda), 파스칼 엥겔(Pascal Engel), 안드레이 포아마(Andrei Poama), 시모나 모리니(Simona Morini), 카롤린느 이보스(Caroline Ibos), 닐루퍼 골리(Nilufer Gole), 브루노 카르센티(Bruno Karsenti), 지오바니 라멜로(Giovanni Ramello), 나지브 하마디(Najib Hamadi), 발레리아 피찌니－감베타(Valeria Pizzini－Gambetta), 세레나 시라나(Serena Ciranna), 알람 와세프(Aalam Wassef), 알레인 툴레인(Alain Tourane). 그리고 특히 우리의 곁에서 너무 빨리 떠나버린, 나의 독특하고 잊을 수 없는 친구, 시모네타 타보니(Simonetta Tabboni)에게 감사한다.

앤-마리 바리골트(Anne-Marie Varigault)는 필자가 이 책의 프랑스판을 낼 때 도움을 주었다. 파리에서 20년 이상을 살았음에도 아직 서툴기만 한 필자의 프랑스어를 다듬어주었고, 정말 멋진 제안들을 여러 가지 해주었다.

스테판 홈즈(Stephen Holmes)의 인내심과 사랑에 대해 감사한다. 그는 필자가 이 책의 영어판을 출판할 때 도움을 주었으며, 노가 아리카(Noga Arikha)와 함께 프랑스어를 영어로 번역해주었다.

20년 전, 필자는 주머니에 이 책, 댄 스퍼버(Dan Sperber)가 쓴『상징, 다시 생각하기(Rethinking Symbolism)』를 넣고 밀라노를 떠나왔다. 파리에서 공부하기로 한 이유는, 그 책의 저자를 만나고 싶어서였다. 댄을 만났을 때, 그는 지식인이 된다는 것은 토론에 참여한다는 것이라고 말해주었다. 이 책은 필자의 작업에 의미를 주는 댄과의 토론으로서, 오늘, 그리고 매일의 일상생활에서 계속 진행되고 있는 대화이다.

이 책을 나의 첫 번째 스승인 아버지, 지안카를로 오리기(Giancarlo Origgi)에게 바친다.

차례

평판

How I see
myself
seen

1장

"다른 사람들이
생각하는 나"를
바라보기

사랑하는 사람을 잃을 것에 대한 공포뿐 아니라, 자기 자신을 잃을 것에 대한 공포.
그의 사회적 가면 뒤에는 사실 아무것도 없다는 것을 들킬 것에 대한 공포.

카레르(E. Carrère), 『적(敵)(The Adversary)』

그는 미소를 지었다. 단순하게 이해를 해준다는 수준을 넘어서는 미소를. 그의 미소는
흔히 볼 수 있는 것이 아니었다. 당신의 인생에서 네 번이나 다섯 번 정도 볼 수 있을까
말까 한, 영원한 확신을 심어주는 미소였다. 그 미소는 순간적으로 전 세계를 마주했고
(마주하고 있는 것처럼 보였고), 그 다음에는 바로 당신에게 집중되었다. 당신을 좋아
할 수밖에 없다는 마음을 표현하면서. 그의 미소는 당신 자신이 이해받기를 원하는 대
로 당신을 이해해주었고, 당신이 스스로에 대해 믿고 있는 만큼 당신을 믿어주었다.

스콧 피츠제럴드(F. Scott Fizgerald), 『위대한 개츠비(The Great Gatsby)』

1993년 1월 9일, 스위스와 프랑스의 쥐라(Jura) 주에서, 장 클로드 로망 (Jean-Claude Romand)은 자신의 아내, 두 명의 아이(5살과 7살), 부모님, 그리고 반려견을 살해하였다.

그러고 나서는 퐁텐블로(Fontainebleau) 숲에서 애인을 만나 식사를 한 후, 역시 그녀도 살해하였다. 살해 장소는 버나드 쿠츠너(Bernard Kouchner) 의 집이었는데, 로망은 그를 알지 못했고, 퐁텐블로 지역에 살지도 않았다. 마지막으로, 로망은 집에 불을 지르고, 수면제를 삼킨 후에 잠이 들어서 다시 깨어나지 않기를 바랐다. 하지만 계획대로 되지 않았다. 그는 의식을 회복했는데, 바르비투르 약물과 화상 때문에 우연히 코마에서 깨어나게 된 것이었다. 결국 로망은 다시 살아났다. 이 극악무도한 범죄로 인해, 그는 유죄를 선고받고 투옥되었다. 이 사건을 담당한 프랑스 검사에 따르면, 로망이 범죄를 저지른 이유는 "사기꾼이라는 정체가 드러날 것 같은 공포" 때문이었다고 한다.[1]

---

[1] 카레르(Carrère), 2000, 12.

터무니없을 정도로 제정신이 아닌 거짓말을 했다고 고백하는 것이, 어떻게 자신의 가족 구성원 모두를 살해하는 것보다 더 어렵게 느껴질 수 있는 것일까? 어떻게 장 클로드 로망은 자신의 평판을 자신의 아이들의 삶보다 중요하게 여길 수 있었을까? 이 책에서는 이와 같은 의문들에 대한 답을 찾아보고자 한다.

로망의 이 섬뜩한 이야기는 엠마누엘 카레르(Emmanuel Carrère)의 '적'(L'adversaire, 2000)에 실리면서 유명해졌다. 저자는 제네바의 세계보건기구(WHO)에서 일하는 유명한 의사라는 가짜 평판을 만들어낸 한 사람의 이야기를 들려준다. 로망은 의도적으로 중요한 업무를 맡고 있는 정치가에게 접근하여 친구가 되었고, 국제적으로 유명세를 떨치고 있는 연구자들에게도 접근하였다. 그가 사람들에게 보여준 그림은 처음부터 끝까지 촘촘히 짜여진 각본이었다. 모든 것이 거짓말이었다는 말이다. 사실, 로망은 10년 동안 의대를 다니면서도 학위 과정을 끝마치지 못했고, 그가 행세를 했던 의사로서 일했던 경험도 없었다. 퇴근해서 집에 갈 시간이 돌아올 때까지 로망은 제네바 세계보건기구의 주차장에 세운 차 안에서 하루종일 시간을 보냈고, 숲속을 돌아다니거나, 카페에서 빈둥거리기 일쑤였다.

그는 세심하게 가짜 신분을 만들어갔다. 집에 갈 때에는 세계보건기구의 도서관에서 집어온 광고지와 브로슈어들을 가져가곤 했다. 그 자료는 조직의 본부 1층에서 누구든지 가져갈 수 있는 것들이었다. 로망이 "출장"을 간다고 말한 때에는, 집 근처의 조그만 호텔에서 TV를 보면서, 출장에서 방문하기로 되어 있었던 국가에 대해 설명한 가이드북을 탐독했다. 매일 가족에게 전화를 해서, 도쿄나 브라질에서는 지금이 몇 시인지 이야기를 해주었고, 출장에서 돌아올 때에는 외국 출장지에서 산 것 같은 선물을 반드시 들고 왔다. 로망은 신중하게 자신의 가짜 정체성, 거짓된 명성이 인생에 하나밖에 없는 중요한 것인 듯이 갈고 닦아나갔다.

그는 이렇게 거짓으로 쌓아놓은 성이 돈 문제 때문에 무너지기 시작하는데도 굴하지 않고 자신의 가짜 신분에 집착하였다. 결국 자신의 거짓말 왕국을 보호하고자 하는 큰 욕구 때문에, 자신의 가족을 모두 살해하게 된 것이다. 그들이 자신의 숨겨진 진실을 알지 못하게 하려고 말이다.

로망의 이야기는 모순적인 의문을 갖게 한다. 어떤 것이 그의 진정한 삶이었을까? 그의 가족이 생각하고 있었던 로망의 삶(수많은 성공, 여행, 국제적인 인정)일까? 아니면 그가 혼자 있을 때의 삶(자동차 안에서 책을 읽거나 부르강브레스(Bourg–en–Bresse)의 지저분한 카페에서 시간을 죽이는, 또는 쥐라 산을 목적없이 떠도는 재미없는 인생)일까? 두 번째 삶은 로망 자신에게만 존재하던 것이었다. 그렇다면, 현실성은 어떨까? 아무도 모르고 있다면, 그 인생은 사회적으로 보이지 않는 것이다. 게다가, 로망은 목표를 위한 도구로서의 가치만이 있는 인생을 경험하였다. 현실에서의 로망의 삶은 정교한 가면놀이를 유지할 수 있는 유일한 방법이었고, 그의 가족이 생각하는 이상적인 로망의 인생을 유지할 수 있는 하나밖에 없는 방법이었다. 살인사건이 일어난 후, 장 클로드의 고향 친구들은, 그의 인생 자체가 거짓말이라는 것을 알았고, 그때부터 그는 더 이상 존재하지 않는 사람이 되어버렸다. 그는 친구들이 생각했던 사람이 더 이상 아니게 된 것이다. "사람들이 밤늦은 시간에 그에 대해 이야기할 때에는, 장 클로드라는 이름으로 더 이상 부르지 않아요. 로망이라고 부르지도 않죠. 어딘가 외부 세상에 사는 사람이고, 이미 죽어버린 사람이고, 더 이상 이름을 가진 사람이 아닌 거예요."[2]

우리 모두는 두 개의 자아와, 두 개의 자기(selves)를 가지고 있다. 동시에 존재하며, 구별 가능한 이 정체성들은 우리의 존재를 구성하고, 우리

---

[2]   카레르(Carrère), 2000, 18.

가 행동하는 방법에 대해 많은 영향을 미친다. 한 가지는 우리의 주관성(subjectivity)으로서, 고유감각의 경험, 몸에서 기억하는 감각들로 구성되어 있다. 또 한 가지는 우리의 평판(reputation)으로서, 우리의 사회적 정체성을 구성하고 있으며, 자기 자각의 핵심인 '다른 사람들이 생각하는 나를 바라볼 수 있게' 해주는, 우리 자신에 대한 또 다른 이미지이다. 20세기 초, 미국의 사회학자 찰스 호튼 쿨리(Charles Horton Cooley)[3] 는 이 두 번째 자아를 거울 자아(looking-glass self)라고 불렀다. 평판이라는 두 번째 자아는 오랜 시간 동안 다양한 경험을 통해 만들어진 것이며, 주위의 사람들이 자신에 대해 어떻게 인식하고 판단하는지에 대한 스스로의 생각을 구성한다. 사실, 이 두 번째 자아에 대한 우리의 이해는 단순히 하나의 이미지에 의해 생기는 것이 아니라, 다른 사람의 시각을 통해 왜곡되고, 과장되며, 편집되고 부풀려진 이미지의 굴절에 의해 만들어지는 것이다. 이 사회적 자기는 우리의 삶에 대해 놀랄만큼 큰 통제력을 가지고, 극단적인 행동까지 하도록 만들 수 있다. 이 두 번째 자아는 사실 우리 자신에게 속한 것이 아니라, 다른 사람들 안에 살고 있는 우리의 일부이다. 하지만 거울 자아가 불러일으키는 감정들 — 수치심, 당황스러움, 자존감, 죄책감, 자긍심 — 은 매우 생생해서, 우리의 정서적 경험 안에 깊숙이 자리잡는다.[4] 생물학자들의 주장에 따르면, 우리의 신체는 수치심을 느낄 때 마치 몸에 직접적인 상처를 입은 것처럼 반응을 보이고, 염증을 만

---

[3] 쿨리(Cooley, 1864-1929)는 사회심리학의 창시자들 중 하나이다. 그의 아이디어는 각 개인의 정신적 과정에 대한 연구들의 기반이 되고 있다. 쿨리는, 개인이라는 개념은 사회에서 분리해서 생각한다면 텅빈 관념이자 아무런 의미가 없다고 주장한 동시에, 사회를 구성하는 개인의 정신적 상태를 고려하지 않는다면 사회라는 개념 또한 아무것도 아니라고 생각했다. 그가 거울 자아라는 아이디어를 개발한 것은 1902년이었다.

[4] 이는 심리학자들이 "자기 자각"이라고 부르는 감정들로서, 사회적 상호작용을 통해 얻는 성찰적 정서이다. 엘스터(Elster, 1999)의 연구를 참조하자.

들어내고 코티졸 수준을 높이는 화학물질을 분비한다.[5] 얼굴을 정통으로 한방 맞았다면, 뺨이 얼얼하고 빨개지겠지만, 그보다는 우리의 자존심이 더 많은 상처를 입는 것처럼 말이다.

심리학자 리차드 니스벳(Richard Nisbett)과 동료들은 "명예의 문화(culture of honor)"에 대한 연구에서, 스스로의 명예에 손상을 입기 전과 후에 실험 참가자들이 보이는 코티졸 수준의 변화를 측정하였다. 이 연구의 결과를 정리해 보면 다음과 같다. 미국의 남부 및 북부 지역에서 모집된 83명의 학생들은 심리학 연구에 참가하게 되었다. 실험을 시작하기 전, 참가자들은 개인적 정보에 대해 양식을 작성하고 실험진행자에게 제출하라는 요청을 받았다. 그런데 이때 실험 진행자는 연구가 진행되는 방 안에 있지 않았고, 근처 복도의 끝에 앉아 있었다. 참가자들이 양식을 제출하러 방을 나갔을 때 "진짜" 실험이 시작되었다. 실험 진행자는 대학직원의 역할을 하면서, 복도의 중간에 이상하게 놓여져 있는 바퀴달린 캐비넷의 파일을 정리하고 있었다. 학생들이 자신에게 다가올 수 있도록 하려면, 가짜 직원이 캐비넷을 한쪽으로 치워줘야만 하는 상황이었다. 학생들이 복도의 끝으로 와서 양식을 제출한 다음 돌아가려고 하면, 가짜 직원은 또 다시 무거운 캐비넷을 옮겨야만 했다. 가짜 직원은 이 작업을 할 때마다 "망할 자식들"이라고 중얼거리면서 불편감을 표현했다. 북쪽 지역에서 성장한 학생들과는 달리, 남쪽 지역에서 온 학생들은 망할 자식이라는 말을 들은 것이 심각한 모욕이라고 느꼈고, 자신의 평판(그리고 자신의 남자다움)에 명백한 해를 끼쳤다고 생각했다.

실험의 마지막 부분에서, 참가자들의 코티졸 수준은 처음 시작할 때보

---

5   루이스와 람사이(Lewis and Ramsay, 2002)의 연구와, 그룬왈드와 동료들(Gruenewald et al., 2004)의 연구를 참고할 수 있다.

다 훨씬 더 상승해 있었다.[6]

자신의 사회적 이미지에 해를 입었다는 인식은 측정가능한 정도의 화학적 변화를 일으켰다. 이 변화는 신체적인 폭력행동의 피해를 입었을 때 자주 나타나는 호르몬 반응과 유사했다.

"당신이 나에 대해 가지고 있는 생각"에 대한 나의 생각

미국에서 일어나는 살인사건들 중 1/3 이상은 놀랍게도 언어적 논쟁, 고의적인 모욕, 방금 자리가 난 주차공간에 누가 먼저 줄을 서 있었는가에 대한 다툼과 같은 사소한 이유로부터 시작된다. 중대한 동기 없이 일어난 범죄에 대한 가장 설득적인 사회적 설명을 하려면 명예, 자긍심, 평판의 개념이 필요해진다.[7]

이와 같은 범죄들은 사이코패스와 같은 심리적 특성을 가지지 않은 사람들에 의해 실행된다. 그들이 살인과 같은 극단적인 행동을 하도록 만드는 것은 시시한 사회적 모욕, 누가 먼저 주차장에 왔는지에 대한 사소한 질문들인 것이다.

확실히, 우리 모두는 무례하고 모욕적인 자극을 받을 때, 우리에 대해 자신이 가지고 있는 조그마한 "힘"을 남용하는 예의없는 웨이터를 만날 때, 우리가 좌회전을 할 수 있도록 5센티미터 앞으로 움직이는 것을 거부하는 앞차의 운전자를 보았을 때 화가 나곤 한다. 이와 같은 본능적인 반응들은 다른 사람들이 우리가 당연히 받아야 할 존중을 해주지 않았을 때 받게 되는 마음의 상처에 의해 일어난다. 이는 우리가 받아야 할 적절한 존중과 배려를 받지 못했다는 생각에 의해 만들어진, 하지만 실제로

---

6   니스벳과 코헨(Nisbett and Cohen, 1996)의 연구 참조
7   굴드(Gould, 2003)의 연구 참조

아픔을 느끼는 정서적인 상처인 것이다. 우리는 이런 대우를 받으면 안되는 소중한 존재였는데 말이다!

하지만 다른 사람들이 수용해주기를 바라는, 우리 자신에 대한 부풀려진 이미지에 대해 상처를 입었다는 마음이, 신체적인 폭행을 당했을 때와 동일한 반응을 일으키는 이유는 무엇일까? 화학적인 "나"라는 것은, 생각 속에만 있으며 실제로 존재하지는 않는 것이고, 다른 사람의 마음속에 있는 내 자신의 그림자[8]와 같은 것인데, 이렇게 명확하게 측정 가능할 정도의 신체심리적인 효과를 어떻게 만들어낼 수 있는 것일까? 평판의 모순은 우리가 스스로의 평판 및 상징적 속성에 대해 우리가 부여하는 심리적·사회적 가치 사이에 존재하는 불비례성(disproportionality) 때문에 생긴다. 명예로운 존재가 되는 것은, 누군가에 의해 명예를 인정받는 것 이상의 의미는 없다. 우리는 왜 다른 사람들이 우리에 대해 가지고 있는 긍정적인 이미지에 대해 그렇게 높은 가치를 부여하는 것일까? 그저 다른 사람들 마음 속에 있는 이미지일 뿐인데 말이다. 아마도 사람은 자기 자신의 평판에 대해 강박적으로 걱정하는 유일한 존재인 것 같다(자신의 평판이 전 세계를 매혹시키는 유명인이라면 좀 이야기가 다르겠지만).

듀크 대학의 사회심리학자인 마크 리어리(Mark Leary)는 사람들이 마음속에 소시오미터(sociometer)를 가지고 있다는 가설을 발전시켰다. 소시오미터는 심리학적 메커니즘·동기적 장치로서, 자신의 주위에 있는 "사회적 온도"를 측정하는 기능을 가지고 있다. 이는 사회적 수용도·거부도를 측정하는 내장형 온도계와 같은 것으로서, 측정을 통해 자존감의 정도를

---

[8] 그림자로서의 평판에 대한 아이디어는 앞으로 다뤄볼 계획이다. 고전적인 게임 이론에 나오는 '과거의 그림자', 협력에 대한 진화적 설명에서 나오는 '미래의 그림자'. 밀러(Miller, 2012)의 연구와 액설로드(Axelrod, 1984)의 연구를 참고할 수 있다.

확인해볼 수 있게 해준다.[9]

이 이론에 따르면, 우리의 사회적 정서는 다른 사람들의 마음 속에 살고 있는 우리 자신의 일부를 추적해볼 수 있는 길을 제공해준다. 우리의 평판이 거울에 비친 상이라고만 생각한다고 해도, 평판에 대해 느껴지는 정서는 우리가 다른 사람들의 시각을 이해할 수 있도록 도와주는 신체적·심리적 표현을 하고 있는 것이다.

이 이슈에 대한 심리적 설명이 가지고 있는 핵심적인 문제점은, 소시오미터가 정확하게 조절될 수 있다는 가정을 하고 있다는 것이다. 우리 내면과 외부의 사회적 온도에 영향을 미치는 정서는 조화된 방법으로 변화한다는 가정이다. 안타깝게도, 조지 엘리엇(George Elliot)이 했던 현명한 지적에 따르면, "우리가 인생에서 결코 배울 수 없는 것은, 다른 사람들에게 미치는 우리의 영향력"이다. 스스로의 평판에 대해 우리가 생각하는 것은, 우리의 평판에 대해 거의 영향을 미치지 못한다.

어떤 경우에나, 우리는 대개 시행착오를 경험한다. 다양한 자기(selves)들을 실험해보고, 임시방편밖에는 되지 않는 여러 가지 가면들을 만들어낸다. 이와 같이 새롭게 만들어진 자기들이 다른 사람들과의 관계에서 가져오는 효과들을 관찰해보고, 다시 돌아가서 조금 다른 사회적 이미지를 구성해보려고 노력하기도 한다. 우리가 자신의 평판을 통제할 수 없다는 것을 깨달을 때, 우리는 포기하거나 다른 사람들이 우리에 대해 그리고 있는 그림을 수용하게 된다. 훼손된 평판에 따라오는 씁쓸함, 항상 불안정한 사회적 평판에 대해 가지는 프루스트의(Proustian) 불안, 심층적인 동요감을 느끼게 되는 이유는, 우리가 스스로의 사회적 이미지를 꽉

---

9   리어리(Leary, 2005)의 연구. 사회적 인정과 직접적인 관계를 가진 자존감 개념에 대해서는 다양한 의견들이 존재한다. 예를 들어, 엘스터(Elster, 2013)는, 좋은 평판에 대한 염려는 사회적 수용에 대한 욕구와 관계가 없다고 주장하였다.

잡고 마음대로 하지 못한다는 기본적인 무능력 때문이다. 사실, 다른 사람들의 마음 속에만 존재하는, 우리에 대한 그림자 이미지는 궁극적으로 통제 불가능한 것이다.

우리의 두 번째 자아는 '다른 사람들이 우리를 좋아한다'는 확신이 아니다. 그보다는, '다른 사람들이 자신에 대해 생각하는 것'에 대한 우리의 생각, 다른 사람들이 나에 대해 이렇게 생각해줬으면 좋겠다고 상상하는 것이기도 하다. 1장을 시작하면서 소개한 피츠제럴드의 소설에서 묘사된 개츠비의 미소는 젊은 닉 캐러웨이(Nick Carraway)를 안심시킨다. 자신은 드디어 자기 이상, 이하도 아닌 자기 그대로의 모습으로 비춰지고 있다는 느낌을 준 것이다. 수용의 미소는 정서적인 편안함을 제공해주어서, 캐러웨이가 다른 사람들에게 보여지고 싶어하는, 바로 그 모습이기 때문에, 있는 그대로 행동을 해도 된다는 허락을 해주는 거라고 말할 수도 있겠다.

안 알려진 것이 많지만, 매우 화려한 개츠비의 평판은 캐러웨이에게 정확한 자기평가를 할 수 있도록 해주고, 그가 원하는 모습으로 보여진다는 것에 대한 깊은 만족감을 선사할 수 있는 유일한 것이다. 그리고 개츠비는 캐러웨이에게 정말 귀하고 가장 아름다운 선물을 해준다. 그의 두 가지 자아를 통합시킬 수 있는 순간을 느끼게 해주는 것이다. 그래서 결국은 자신의 실제 존재와 외면적 평판 간의, 상반될 수 있는 관계를 극복하게 해준다. 캐러웨이는 개츠비가 꿈꾸는 자신(단순한 수준의 조잡한 사회적 가면이 아니라, 다른 사람들이 본인에 대해 생각하기를 바라는 병행적 페르소나)을 만들어 가고 싶은 마음깊은 곳의 욕구를 이해하기 때문에, 개츠비의 공범이 되었다. "그래서 그는 17세 소년이 꿈꾸는 제이 개츠비라는 존재를 창조하였다. 그리고 이 부분에서 그는 마지막까지 굳은 신념을 가지고 있었다." 닉 캐러웨이 또한 꿈꾸는 두 번째 자기를 가지고 있었다. "모든 사람들은 적어도 하나 정도의 미덕을 가지고 있는데, 나도 마찬가지이다.

내가 아는 사람 중에 나만큼 정직한 사람은 거의 없다." 그리고 자신의 미소가 가지는 가치를 알고 있고 그 가치를 강화한다는 것이, 바로 개츠비의 미덕이었다.[10]

우리의 사회적 이미지라는 것은 친숙하게도 느껴지고, 동시에 낯설기도 하다. 자기 자신의 사회적 이미지가 우리에게 불러일으키는 반응은 대부분 의지에 상관없이 일어나는 것이다(예 : 위협감이 느껴지는 청중 앞에 섰을 때 얼굴이 빨개지는 것). 다른 사람들이 우리에 대해 가지는 시각을 볼 때 가끔씩 통제력을 잃을 만큼 당황하기도 하지만 그 특성에 대해 정작 우리는 가장 자랑스러워하고 가장 소중하게 다루고 싶어할 수도 있다. 우리가 두 가지 자아를 구분하지 못한다면, 우리가 보이는 행동은 남들에게 이해받기 힘들게 될 것이며, 우리의 행동 방식을 스스로도 이해하지 못하는 깊은 혼란상태에 빠지게 될 것이다.

이 책에서는 우리의 이중 자아에 숨겨진 논리에 대해 탐색해보려고 한다. 평판은 그 자체만으로 놀라울 만큼 많은 비밀을 가지고 있다. 긍정적인 명성을 얻거나 잃게 되는 이유에 대해서는 설명할 수 없을 때가 많다. 어떤 평판은 긍정적으로 생각되고, 또 다른 평판은 부정적으로 생각되는 이유 또한 확실치 않다. 평판은 생생한 삶의 경험으로부터 얻은 통찰로 가득한 속담이나 창의적인 문학작품에서 다룰 만한 멋진 주제이다. 또한, 사회과학자들이 추상적인 용어를 통해 분석하느라 진땀을 빼면서도 그다지 많은 설명을 하지 못하는 개념이기도 하다. 로슈푸코(Rochefoucauld)의 격언에서 아주 적절한 설명을 찾아볼 수 있다. "자기애(self-love)는 이 세상에서 가장 똑똑한 사람보다 훨씬 더 현명한 행동이다."[11] 애매모호한

---

10   피츠제럴드(Fitzgerald, 2004), 98, 59
11   로슈푸코(Rouchefoucauld, 1678/2006), 격언 4

표현 때문에 명확하게 전달되지는 않지만, 사람의 행동을 이끌어내는 이중적 의도에 대한 아이디어가 이 격언에 내포되어 있다.

평판이라는 아이디어에 숨겨져 있는 모호한 비밀들에 대해, 진지한 사회과학자들은 다양한 이유로 인해 크게 신경을 쓰지 않았다. 초심자들에게 있어서, 평판이라는 개념은 매우 나쁜 인상을 주는 편이다. 전근대적이고 반개인주의적인 사회의 유산 정도로 여겨지는 경우가 많다. 사회적 위계체제에서 명예, 명망을 얻고 유지하기 위한 노력은 이미 지나가버린 귀족세계에 존재했던 것으로 여겨져서, 예전 시대에 대한 환상을 깨버린 근대사회에서는 이러한 평판에 대해 그다지 관심을 두지 않았다. 평판에 대해 공부를 하는 행동에 대해서는, "단순한 역사적 흥미" 정도로 이야기를 했고, 실제적으로 평판이라는 현상은 존재하지 않는 것 같이 여기기도 했다. 평판은 인간의 초기 사회에 존재했던, 순수한 상징을 중요시했던 기대를 사로잡았던 환영 정도로 가치폄하되었다. 평판의 실재나 그 가치에 대해 연구하려는 시도는 거의 존재하지 않았다. 앞에서 언급한 환영에 대한 시각을 벗어나서, 평판에 대해 사회과학적 연구를 시도하는 것은, 마치 성인의 윤광(nimbus), 초자연적 존재의 주위를 감싸고 있는 아우라(aura)와 밝은 빛, 기독교와 이슬람교 도상학에서 찾아볼 수 있듯이 신의 손길을 받은 사람들에 대해 엄격한 과학적 기준을 따른 조사를 해보려는 것 같이 생각되었다.

예를 들어 미술이나 시(poetry)의 역사가 시작되는 시기에서 이러한 현상들은 역사-문화적 시각으로 보는 것이 정확할 것이다. (아우라는 중세의 시와 종교문헌에서 자주 언급된다.) 레옹 도데(Leon Daudet), 발터 벤야민(Walter Ben-jamin)과 같은 작가들은 이러한 현상들을 연구했고, 샤르코(Charcot)도 이 현상에 대해 매력을 느꼈다. 물론, 많은 부분을 설명하지 못했고, 진정한 과학적 개념이라기보다는 미학적인 개념으로서 연구한 것이기는 하다.[12] 아우라라는 개념을 "과학적"인 태도로 연구하려 한다는 것은, 자연과학자나 사회과학자들을 통해서가 아니라, 흥밋거리를 양산해내는 타블로이드 신문이나 이상 현상을 조사하는 비전문가들에게 기대하는 수준밖에는 되지 않았다. 때로 평판은 문화역사가들만 진지하게 생각하는 유령과 같이, 불쾌한 악명을 얻어온 것으로 보인다. 사회적·심리적 현실에서는 존재하지 않는 것으로 간주되었기 때문에, 체계적 검증과 분석은 불가능한 것으로 생각되었다.

이러한 상황에서, 평판이라는 개념을 사회과학 연구 분야에서 다룰 주제로서 승격시키는 일은, 중세의 성 유적에 유령이 살고 있다는 것을 믿는 것만큼이나 가치가 없는 일로 여겨졌다.

평판에 대한 가치를 인정하지 않는 사람들은, 평판을 일종의 심리학적 환상(illusion) 정도로 생각하기도 한다. 우리는 평판이라는 것을 중요시

12　1928년, 레옹 도데(Leon Daudet)는 『우울증(melancholia)』이라는 책을 출판하면서, 아우라에 대한 과학적 설명을 해보려는 시도를 하였다. 그는 아우라를, 인간의 주위를 감싸고 있는 분위기로서, 개인적 상태와 환경에서 받는 영향력의 복합체로부터 나오는 것이라고 설명하였다. 장 마르탱 샤르코(Jean－Martin Charcot / 1892－93, 2:389)는 "히스테리성 아우라(hysterical aura)"라는 용어를 사용해서 간질발작을 예측하는 증상들을 구체화하였다. 샤르코는 아우라란 신체적·심리적 복합체로서, 환경에서의 대인관계에 대해 관찰할 수는 없지만 느낄 수 있게 해주는, 환자를 둘러싸고 있는 분위기라고 인식하였다. 1936년, 발터 벤야민(Walter Benjamin)은 자신의 책 『기술복제시대의 예술작품(Work of Art in the Age of Mechanical Reproduction)』에서, 아우라란 "멀리서도 알아볼 수 있는 독특한 분위기"라고 정의하였다. 아우라라는 개념의 역사는 카르네발리(Carnevali, 2006)에 의해 솜씨 좋게 재구성되었다. 벤야민의 표현을 빌자면 다음과 같다. "우리가 바라보고 있는 사물의 아우라를 인식하려면, 우리 자신을 들여다볼 수 있는 능력을 가지고 시간과 에너지를 투자해야만 한다. 그 경험은 비의도적 기억(memoire involuntaire)에 쌓이는 데이터와 일치한다. (이 데이터들은 매우 독특한 특성을 가지고 있다. 그 데이터를 보존하고자 하는 기억에서 멀어져 사라진다. 하지만 '멀리서 보아도 느낄 수 있는 독특한 존재 표현'이라는 아우라의 개념을 지지해준다.)" (1968, 188)

여기고, 평판이 마치 실재하는 것같이 반응하지만 실제로 존재하는 것은 아무것도 없다는 것이다. 사실, 평판이 실재한다는 믿음은 위험할 수 있다(장 클로드 로망의 비극적인 운명에서 볼 수 있듯이). 따라서 이 회의론자들에 따르면, 평판에 대한 심리학적 연구를 한다면, 우리의 판단을 흐리게 만들고 왜곡시킬 수 있는 인지적 편견과 함께 분류되어야 한다고 주장한다.

평판이 환영이든지 아니든지 간에, 다른 사람들이 우리에 대해 가지는 시각을 우리가 이해하는 것은 극단적인 결과를 가져올 수 있다. 자기 자신의 평판에 대해 걱정하는 태도는 개인적 행동 성향과 촘촘하게 뒤엉켜 있어서, 한 사람의 평상시의 행동과 일치하지 않는 행동이나 도대체 설명을 하기 힘든 행동들을 이끌어낼 수 있다. 영국의 부자이자 유명한 역사학자인 올랜도 파이지스(Orlando Figes)의 악명 높은 사건을 살펴보자. 그는 영국 아마존 사이트에서, 자신의 동료가 집필한 책에 대해 맹렬히 비판하고, 자신의 책에 대한 지나친 찬사를 담은 댓글을 익명으로 올리느라 몇날 밤을 새웠다. 결국 파이지스는 경찰에 고발되었고, 그가 온라인에서 퍼뜨리고 싶어한 명약의 마지막 방울을 다 써버리고 말았다. 그의 학문적 명성 말이다.[13]

이미지 관리란 중요한 문제이며, 손쉽게 지워버릴 수 있는 화장술 수준으로 가치를 격하시킬 수 없는 것이다. 이미지는 추상적인 것이거나, 화장을 통해 구축 가능한 것이라기보다는, 사회적 인지에 대한 심층적인 전략적 문제를 포함하고 있다. 우리는 다른 사람들이 우리에 대해 가지

---

13   2010년, 올랜드 파이지스(Orlando Figes)의 슬프고 어리석은 행동들에 대해 보려면, 이 기사(https://www.telegraph.co.uk/culture/books/booknews/7601662/Leading-aca-demics-in-bitter-row-over-anonymous-poison-book-reviews.html)와 필자의 아티클(http://gloriaoriggi.blogspot.com/2012/01/reputazione-sirena-del-re-sente.htm)을 참고하기 바란다.

는 시각에 손을 대고 싶어한다. 그들이 우리를 보는 방법에 대해 우리의 아이디어를 더하고 싶어하는 것이다.

평판관리는 군비 확장경쟁(arms race)이라고도 할 수 있다. 믿음과 믿게 만드는 것, 다른 사람들의 아이디어를 조종하는 것, 그리고 반대로 상대방에 의해 나의 아이디어를 조종당하는 것. 우리는 모두 알고 있다. 승리했다고 느낄 때는, 당신이 '매우 큰 가치가 있는 존재'라는 점을 사람들이 감사한다고 생각되는 때라는 것을 말이다. 이전에 경험했던 굴욕은 모두 지워진다. 세상은 마침내 스스로 대우받아야 한다고 생각했던 대로 우리를 인정해주는 것이다. 우리는 다른 사람들의 모욕 앞에 굴복했을 때 좌절과 패배의 감정을 경험한다. 창피함을 경험하고 작아지는 것을 느끼지만, 결코 우리 자신의 가치에 대해 인정하지 않는 상대방의 시각을 수용하지 않는다. 프루스트(Proust)의 『잃어버린 시간을 찾아서』에서 뱅퇴이유(Vinteuil)가 그의 동성애자 딸에 대한 수치심을 숨기지 못한 것도 이와 같은 맥락일 것이다.

> 뱅퇴이유 씨가 사회의 시각에서, 평판이라는 시각에서, 자신의 딸과 자기 자신에 대해 생각해보았을 때, 그리고 자기 자신과 딸이 현재 존경을 받고 있는 사회적 지위를 유지할 수 있어야 한다고 생각했을 때, 그는 이와 같은 사회적 결정을 명확하게 할 수 있었다. 마치 콩브레(Conbray) 마을에서 가장 적대적인 주민이 이야기를 했듯이 말이다. 그는 자신과 딸이 사회적으로 가장 낮은 위치로 떨어진 모습을 상상할 수 있었다. (2003-4, 151-52)

다른 사람들이 우리에 대해 가지는 시각을 움직이고자 하는 우리의 지속적인 시도가 가져올 수 있는 결과는 어느 하나 확실한 것이 없다.

"다른 사람들이 생각하는 나"를 바라보기

하지만 때로 그 결과는 매우 엄청날 수도 있다. 사실, 끝이 없는 평판 게임을 매우 매력적으로 느껴지도록 하는 것은, 결과의 모호성이기도 하다. 우리가 우리 자신의 평판을 보호하기 위해 차용하는 단어들과 이미지들에 대해 조지 산타야나(George Santayana)는 이런 말을 했다. "평판은 조개껍질과 같아서, 사실 껍질이 보호하는 알맹이가 가장 핵심적인 것이다. 하지만 실제로는 밖에서 눈으로 관찰된 것에 의해 더 잘 표현되곤 한다."(1922, 131) 우리의 두 번째 특성은 우리 주위에 존재하는 사회적 환경에 의해서만 실제의 존재가 된다. 이러한 사실을 고려하면서, 필자는 이제 우리의 사회적 특성 — 다른 사람의 생각과 말을 통해서 굴절된 모습으로만 생명을 이어가는 두 번째 자기 — 에 대해 조금 더 깊이 들여다보려고 한다.

자기(self)의 표현

바닥을 가로질러 기어갈 때 자국을 남기는 달팽이처럼, 우리의 사회적 상호작용은 상대방의 마음 속에 쉽게 지워질 수 없는 정보의 자국을 남긴다. 이 자국은 쉽게 잊혀지지 않고, 쉽게 지워지지도 않는다. 우리는 이 자국에 대해 아주 약간만 통제할 수 있을뿐더러, 이 자국들을 무시하고 앞으로 나갈 수도 없다. 우리의 평판은 어떻게 구성되고, 재구성되는 것일까? 우리의 평판이 안정화되고, 사람들에게 알려지는 방법은 어떤 것이 있을까? 지속적으로 확장되는 커뮤니케이션을 통해 평판이 고정되고 널리 퍼지게 되는 방법은 무엇일까?

우리 자신의 평판이라는 자국을 비정기적으로 남기게 되는 사회적 맥락에는 대면 상호작용, 우리의 등뒤에서 퍼지고 있는 루머, 언론, 인터넷 등이 있다. 우리가 '사회적 정보'라고 부르는, 이 다양한 매개체들은 왜곡과 증폭 효과를 만들어내는데, 이에 대해서는 다양한 시각들이 존재하며, 서로 정반대되는 학문 분야들에서 연구되어 왔다.

어빙 고프만(Erving Goffman)[14]이 대면 상호작용에서의 평판 관리 연구 분야에 기여한 바는 그 영향력이 매우 크다. 고프만은 오늘날 우리가 "인상 관리(impression management)" — 각 개인이나 조직이 스스로의 평판과 가치를 개선하기 위해 활용하는 전략들 — 라고 부르는 것의 아버지라고 부를 수 있는 사람이다. 고프만은 사람들이 사회적 상호작용을 할 때 자신을 드러내는 방법을 만들어내고 꾸미는 방법에 대한 정교한 분석을 기반으로 하여, 일상생활에서의 전략 이론을 개발하였다.

대면 상호작용은 우리가 스스로의 사회적 이미지에 대해 협상하는 장면이며, 우리의 두 번째 자아가 주인공으로서 극에 나서는 장소이다. 이와 같은 자기의 무대 데뷔는 다소 어려울 수 있다. 스스로 특정한 사회 상황에 투사하고 싶은 모습을 우리는 진실이라고 믿고 있다. 그 가면에 대한 우리의 정체성을 (고프만의 설명에 따르면) 유지하기가 어렵거나 불가능하다 해도 말이다. 라틴어 "페르소나(persona)"의 정확한 의미가 "가면(mask)"이라는 것은 우연이 아니다. 고프만의 사회적 자기에서, 존재하는 나와 보여지는 나를 구분하는 선은 매우 흐릿하고 찾기 힘들다. 그는, 미국 사회학 분야의 선구자들 중 하나인 로버트 에즈라 파크(Robert Ezra Park)의 고전적 저서 『인종과 문화(Race and Culture)』의 통찰을 다음과 같이 인용하였다.

우리가 스스로에게 가지고 있는 신념 — 우리가 수행하고자 애를 쓰고 있는 역할 — 을 가면이 표현하고 있는 한, 그 가면은 우리가 되고자 하는 자기, 더 진실한 자기라고 말할 수 있다. 결국, 스스로

---

14   고프만(Goffman, 1956, 1967)

의 역할에 대한 우리의 신념은 두 번째 속성이 되어가고, 우리의 성격에서 핵심적인 부분이 되어간다. 우리는 하나의 개인(individual)으로서 세상에 태어나서, 독특한 특성(character)을 만든 후, 하나의 존재(person)가 된다.(1950, 149 – 50)

가면이 사람을 재탄생시킨다는 "도덕적 변형(moral transformation)"이라는 개념을 매력적인 영화로 만든 것이, 로베르토 로셀리니(Roberto Rossellini) 감독의 작품 중, 잘 알려지지 않은 1959년 작, ⟨로베레의 장군(General della Rovere)⟩이다. 이 영화에서는 엠마뉴엘 바르도네(Emmanuel Bardone)의 전쟁 경험에 대해 이야기하고 있다. 주인공은 1943년 제노아(Genoa)에서, 이탈리아 육군의 장군을 사칭했던 사기꾼이었다. 바르도네는 암시장의 불법거래를 알선해주면서 일을 시작하였고, 한 독일 장교와 공모한 후에는, 나치(Nazis)에 의해 감옥에 간힌 이탈리아 가족에게, 친척들을 풀어주겠다는 거짓 약속을 해서 돈을 빼앗는 짓도 하였다. 그리고 독일군에 의해 체포된 후에는, 형량을 줄이기 위해 독일군에 협조하겠다는 약속을 하였다. 간수는 바르도네에게, 최근에 저항군 리더로서 처형된 로베레 장군의 역할을 대신 해보지 않겠느냐고 제안하였다.

밀라노(Milan)의 산 비토리오(San Vittorio) 감옥에서 바르도네는 로베레 장군의 행세를 하면서, 일반 수감자들 속에 숨어 있는 다른 저항군 리더들을 찾아내라는 미션을 받았다. 하지만 감옥에 들어가자마자 그는 로베레 장군의 추종자들이 보내는 존경과 감사에 압도되고 흥분하게 되었다. 그 결과, 바르도네는 로베레 장군이 되어갔고, 자신의 역할에 완전히 동화되어버렸다. 그의 가짜 평판은 그를 지배해갔고, 결국 그의 유일한 정체성이 되었다. 파시스트들이 바르도네를 주축으로 하여, 동료의 살해에 대한 복수로서, 지하에 숨어있는 안티파시스트들 중 일부 사람들을 처형하자는 결정을 내렸을 때 이와 같은 완벽한 변화는 놀라울 정도로 분명해져서, 이 시점에서 바르도네는 저항군에게 발포하는 군대 앞에 자발적으로 나섰다. 죽음을 맞이했을 때, "이탈리아 만세! 이탈리아의 왕 만세!"라고 외치기까지 했다. 바르도네의 가짜 신분은 그의 평판이라는 제단에 자신의 몸을 제물로 바쳐버린 것이다. 그의 죽음은 뭔가 영웅적이었지만, 그렇다고 해도 바르도네가 로베레 장군이 아니었다는 것은 분명한 사실이다.

"타고난" 정체성을 의도적으로 꾸며낸 사회적 정체성으로 바꿀 수 있는 가능성에 대해서는, 이탈리아의 표현 "Ci sei o ci fai?" 한마디를 통해 깔끔하게 요약할 수 있을 것 같다. 번역해보면, "당신은 진짜로 흉내를 내고 있는 사람 그 자체입니까? 아니면 그저 거짓말을 하고 있는 것뿐입니까?"라고 할 수 있겠다. 인간의 행동은, 사회적 상호작용 내에 기반하고 있는 것이니만큼, 존재와 평판 사이, 우리의 개인적인 모습과 공식적으로 표현하고자 하는 모습 간의 불안정하거나 애증이 엇갈리는 관계로부터 항상 영향을 받는다. 어디가 끝이고, 어디가 시작이라는 것이 절대 명확할 수가 없는 것이다. 사실, "사회적 피부(social skins)"의 생성과 탈피는 끝이 없는 활동으로서, 우리가 다른 사람들과 사회적 정체성을 협상할 수 있게 해줄 뿐 아니라, 우리의 시각에서 그 정체성을 확인해주고 구성해주기까지 한다.

고프만은 인간의 행동에 대해 통찰력이 정말 뛰어난 설명을 하면서, "도덕적"인 원칙을 제시하였다. 이 원칙은 사회적인 상호작용을 만들어내고, 바르도네 즉, 가짜 로베레 장군이 어떻게 종국에는 도덕적 인물이 될 수 있었는지에 대해 설명해준다. "고프만" 학파는 다음과 같은 원칙을 기반으로 구성되었다. 사회적 특성을 가지고 표현하는 모든 사람들은 도덕적 권리를 가진다. 그 권리를 통해 자신의 사회적으로 정의된 특성에 대해 인정하고 수용해줄 것을 요구하는 것이다.

고프만은 1956년에 발표한 저서, 『자아연출의 사회학(The Presentation of Self in Everyday Life)』에서, "배우"가 자신의 이미지를 관리하고, 사회적 상황에서 다른 사람들에게 주는 인상에 영향을 미치기 위해 활용하는 전략들을 세부적으로 설명하였다. 고프만의 주장에 따르면, 사회적인 삶은 극장이다. 우리가 무대로 입장을 하게 되면, 청중들은 우리의 행동에 대해 의미를 부여하는 다양한 기대들을 가지게 된다. 우리가 입은 옷, 우리의 말투, 우리의 외모, 특정 시기와 상황에서 우리 자신을 표현하는 방법, 이 모든 것들은 우리의 사회적 위치를 정해주고, 우리가 어떤 사람인가를 보여준다. 이렇게도 말할 수 있을 것이다. 모든 사람들은 자신의 연극에서 공연하는 주인공이다. 또는, 앞으로 사람들이 스스로에 대해 갖게 될 인상에 영향을 미치는 오프닝신에 대한 각본을 쓰고 있다고 말이다. 고프만에 따르면, 이와 같은 자기의 투사는 암묵적인 합의 위에 만들어지고, 그 합의를 더 공고히 한다. 사회구성원들은 배우가 평판을 잃지 않도록, 그 합의규정을 존중해 준다. 우리의 사회적 이미지는 이와 같은 암묵적 조약에 기반하고 있다. 하지만 이 조약에 사인을 하려면, 우리는 스스로의 자기표현을 조절할 필요가 있다. 우리 모두는 다른 사람들이 수용하고자 하는 것이 무엇인지를 고려해야만 한다.

첫인상은 매우 중요하고, 바꾸기가 매우 힘들다. 왜냐하면, 첫인상은 배우와 청중이 암묵적으로 동의한 스토리라인을 정의하고 있기 때문이다. 확실히, 우리가 초기에 스스로를 소개한 방법을 좋아하지 않는 상호작용도 때로는 일어난다. 우리가 투사한 자기 이미지에 대해 의문을 품고, 거부감을 느낄 수도 있다.

이러한 경우, 배우는 예측하지 못한 상황 때문에 당황하게 되지만, 암묵적인 조약 때문에 청중은 그 배우를 곧바로 버리지는 않는다. 하지만 더 이상 설명할 수 없을 정도로 첫인상에 반하는 근거들이 너무 많이 쌓이게 되면, 청중은 배우의 자기표현을 수용하는 암묵적 조약을 포기하게 된다. 이쯤 되면 상호작용을 하는 상황은 깨지고, 소통에 대한 약속 또한 부서지는 것이다.

사례를 하나 들어보자. 은행 대출을 신청했을 때, 필자는 깔끔하게 잘 차려입고 내 주장을 펼칠 준비를 완벽하게 잘해갔다. 만약 필자가 은행과의 약속에 항상 늦었다거나, 제대로 설명도 하지 못했다면, 대출을 거절당한 것은 은행의 펀드가 부족해서가 아니라, 필자가 지나치게 바빴고, 신경쓸 것이 너무 많았기 때문일 것이다. 대화가 시작되자 필자는 예의바르게 미소를 지었다. 그리고 식은땀을 흘리면서도, 은행 직원의 강압적 질문들에 대해 모호하고 가냘프게나마 대답을 하기 시작했다. 대출이자를 잘 갚기 위해 어떤 계획을 세우고 있는지에 대해 말이다. 그런데 그 어떤 시점이 되자, 은행 담당자는 겉치레식의 예의를 내려놓고, 필자의 가면을 벗겨야 되겠다고 결심한 듯이 보였다. 이와 같은 장면은 연극과 영화에서 흔히 볼 수 있는 것이다. 어떤 때에는 희극에서 나타나기도 하고, 비극에서 볼 수도 있다. 이러한 장면들에서는 자기의 이미지가 투사된 후 부인되는 사회적 상황을 전형적으로 보여준다. 대부분의 경우에는, 그 이미지를 유지하기 위해 애쓰고 있는 사람이 엄청난 실수를 했을 때, 그러한 일이 일어난다.

실수(gaffes) 또한 사회적 상호작용이 갑작스러운 톤의 반전을 경험하는 방법을 증폭시켜준다. 실수쟁이(gaffeur)는 초기의 암묵적인 약속과 일치하지 않는 자신 및 타인에 대한 무엇인가를 노출시킨다. 배우와 청중이 초반에 협상된 역할을 더 이상 연기하지 못하는 때가 되면, 상황이 안 좋아지고, 누군가는 평판을 잃게 된다. 사회적 상호작용 관리가 잘 되지 않으면, 평판의 도덕적 공명(resonance)도 일어나고, (수치심이나 굴욕감과 같은) 평판

"다른 사람들이 생각하는 나"를 바라보기

의 파괴나 실패가 가져오는 고통스러운 감정도 발생한다.

이와 같은 실패에는 일종의 배신이 포함된다. 고프만의 이론에서 언급된, 대부분의 일상적 상호작용에서 기반이 되는 도덕적 약속은 더 이상 존중되지 않기 때문에, 우리는 배신감과 굴욕감을 느끼게 되고, 스스로의 사회적 자아를 잃어야 하는 상황에 놓여지며, 우리가 투사한 이중자아(double / 우리의 가장 좋은 모습)는 부서질 수밖에 없다. 이와 같은 깨어진 약속은 우리가 대우받아야만 하는 모습으로 존중받지 못함에 대한 도덕적 상처와 억울함 및 분함을 만들어낸다. 우리는 사실 솔직하지 않은 행동을 했고, 연기하고 있을 뿐이었고, 자기 자신을 위한 평판을 만들어내고 있었던 것이 분명한 상황에서도 부정적인 감정은 여전히 느껴진다.

말할 필요도 없는 것이지만, 우리가 연기하고 쓰는 것은 아무 역할이나, 아무 가면이 아니다. 특정 사회적 맥락에서, 우리가 성공적으로 투사한 신뢰로운 자기–이미지는 사회가 인정하는 다양한 가치들을 따른다. 더 나아가서 쿨리(Cooley)의 주장에 따르면, 이는 우리 모두가 경험하는 사회적 학습 프로세스의 일부이다. 우리가 스스로에게 제안하는, 수정되고 개선된 이미지는, 다른 사람들이 우리에게 보기를 원하는 것이라고 생각되는 모습을 반영해야 한다. 쿨리가 1세기 전에 주장했듯이, "현재 우리의 모습보다 조금 더 나은 모습으로 보이려 노력하지 않는다면, 어떻게 더 성장할 수 있을까? '외부의 시각을 받아들여서 우리 자신을 훈련시킬 수 있을까?'"(1902, 352) 다른 사람들이 존경하는 사람이 되도록 스스로에게 압력을 가하는 하나의 방법은, 사람들이 우리에게 보기를 원하는 특성을 우리는 이미 가지고 있다고 스스로에게 세뇌를 시키는 것이다. 이는 악순환일 뿐 아니라, 엄청나게 중요한 이슈이기도 하다. "지금의 나보다 조금 더 나은 나로서 보여지기 위해" 노력하게 되면, 보다 적절한 방식으로 행동하게 되고, 계속해서 흉내를 내다보면 이상적으로 강화하고 싶어하는 사회적 가치를 우리의 동기 내에 결국 통합시킬 수 있게 된다. 물론 이와 같은 순환은 해로울 수도 있다. 사회적 체제 순응주의를 촉진하는 기능이기도 하기 때문이다. 우리 모두는 자신의 평판에 대해 걱정한다. 하지만 어떤 사람들은 평판에 대해 지나치게 걱정을 하고 있다.

지금쯤 우리가 사회적인 규율을 내재화하는 방법은 때때로 기괴하고 우스꽝스러울 수 있다는 점을 이야기할 필요가 있을 것 같다.

몰리에르(Molière)의 '서민귀족(The Bourgeois Gentleman)'을 보면, 주르댕(Jourdain) 씨는 "상류사회"의 매너를 보여주고 싶다는 소망에 결사적으로 매달리지만, 그의 노력에 대해 아내와 하인들은 비웃을 뿐이고, 사교계에 진출할 수 있는 기회들을 만들어 주는 것은 그의 젠틀한 매너가 아니라 그의 지갑 속에 있는 돈이었다. 우리의 행동이 다른 사람들이 우리를 바라보는 시각을 지나쳐서 너무 멀리 가거나, 아니면 전혀 다른 방향으로 이루어질 때는, 항상 고통스러운 결과가 발생하게 된다. 루이지 피란델로(Luigi Pirandello)가 1926년 발표한 소설, 『아무도 아닌, 동시에 십만 명인 어떤 사람(One, No One and One Hundred Thousand)』의 비극적인 주인공인 비탄젤로 모스카다(Vitangelo Moscarda)는 자신의 "사회적 자아"로부터 결사적으로 도망쳐서 자신의 인생을 바꿔보겠다는 결정을 하였다. 어느 날 아침, 그의 아내는 모스카다의 코가 조금 더 휘어져 있는 것을 발견하였는데, 이는 본인에게 큰 놀라움이었다. 이때부터 모스카다는 스스로에게 느끼는 창피함에서 탈출하기 위한 시도를 해야겠다는 생각을 했다. 그는 "진정한 정체성"을 찾기 위해 아무런 성과도 없는 탐색을 계속했고, 결국은 정신이상까지 가게 된 결과를 낳았다.

우리가 남들에게 보여졌으면 하고 바라는 모습, 그리고 우리가 실제로 보여지는 모습 사이의 고통스러운 차이를 보여주는 유사한 사례들은, 상상을 활용하는 문학에서는 많이 찾아볼 수 있다. 프루스트의 『잃어버린 시간을 찾아서』에서, "사교계의 주역(mondaine)"이 되고 싶어하는 베르뒤랑(Verdurin) 부인을 떠올려보자. 그녀는 자신이 출입해본 적이 없는, 생제르맹 교외(Faubourg Saint Germain)에 있는, 파리지앵들의 살롱에 대한 동경으로 가득 차 있었다. 그래서 카를루스(Charlus) 남작에게 그의 친구들을 모아서 저녁 모임을 주최할 수 있도록 많은 지원을 하였다. 남작의 개인 네트워크를 활용해서 자신이 화려하게 데뷔할 수 있는 사회적 환경을 조성하려고 한 것이다. 하지만 모임이 열린 저녁, 그녀는 스스로 너무나 사랑한 자신의 얼굴에 누군가 정말 무례한 일격을 가한 듯한 느낌을 가질 수밖에 없었다. 카를루스 남작의 친구들 중 그 누구도 예의를 갖추어 그녀를 반겨주지 않았기 때문이다. "베르뒤랑 부인에게 소개해달라고 부탁을 해야겠다는 생각을 하는 사람은 아무도 없었다. 어느 날 저녁, 모르는 귀부인이 귀족사회에 들어온 것을 보는 극장의 청중보다 더 했다. 무관심한 시선만 존재했다."[15]

우리가 내재화하는 사회적 기준은 상황에 따라 매우 극단적으로 바뀔 수 있다는 이야기를 꼭 해야 할 것 같다. 그렇기 때문에, 우리가 원하는 대로 보여질 수 있도록 하려면 어떻게 해야 하는지는 더 복잡하고 어려울 수 있는 것이다. 예를 들어, 발자크(Balzac)가 집필한 잔혹한 소설 중 하나인 『잃어버린 환상(Lost Illusions)』의 주인공인 루시엔 샤르동(Lucien Chardon)이 앙굴렘(Angoulême)에서 베르게통(Bergeton) 부인을 만났을 때, 그녀의 의상은 고상함의 극치라고 느껴졌었다. 하지만 파리에서

---

15   마르셀 프루스트, 『잃어버린 시간을 찾아서』의 5권, 「죄수(The Prisoner)」

그들이 다시 마주쳤을 때, 베르게통 부인의 옷은 창피스러웠고 너무나 촌스럽게만 생각되었다.

> 너무나 우아하고 고상하게 옷을 입고 있는, 몇 명의 아름다운 파리 여성들 옆에 있자니, 베르게통 부인의 옷차림은 열심히 꾸미기는 했지만 한참 유행에 뒤떨어진 것이라는 것을, 그는 금방 알아챌 수 있었다. 앙굴렘에서 보았을 때 그에게 정말 매혹적으로 보였던 그녀의 머리 스타일은, 파리의 여성들이 섬세한 창의성을 발휘하여 꾸민 스타일과 비교했을 때 너무나 개탄스러운 것이었다. (2004, 161)

여기에서 다시 우리가 얻을 수 있는 교훈은, 우리가 다른 사람에게 보여지는 모습에 대해서는 아무리 열심히 노력을 하더라도 할 수 있는 것이 없으며, 그 평판 또한 매우 깨어지기 쉬운 것이라는 사실이다.

또 다른 한편에서, 우리의 사회적 이미지와 이상적인 자기 간의 상호적인 영향력, 다른 사람들이 우리를 보는 시각과 우리가 인정받고 싶은 모습간의 진취적인 조정은 우리의 사회적 도제제도에 있어서 매우 창의적인 부분이 될 수 있다. 우리는 사회적 기준에 순응하는 모습을 만드는 데 성공하기도 하고 실패해서 수치심을 경험하기도 한다. 엄청나게 복잡하고 매력적인 게임을 하고 있는 것이다. 실제로 우리가 아닌 모습을 표현해야 하는 초반 강수를 두어야 할 때도 생기기 마련이다.

시몬느 드 보바르(Simone de Beauvoir)는 여성의 의상에 대해 쓴 글에서, 이와 같은 복잡한 계책에 대해 매우 잘 묘사하였다. 사회적 코드를 논하기 전에, 적어도 세련된 여성이라면 "방금 전에 열심히 차려입었군"이라는 느낌은 주지 않는다. 그녀 전체의 존재를 보여주지는 않더라도 그녀의 특성을 잘 나타내는 그림의 주인공, 조각상, 무대에서의 배우, 매개체 (analogon) 그 자체로 보인다."(2009, 575)

고프만의 인상 관리 이야기로 다시 돌아가보자. 이 과정은 대면 상호작용에 대한 매우 정교화된 분석이라고 말할 수 있다. 우리가 집중하는 상황은 우리의 눈 앞에서 바로 일어나는 것들이다. "외모"와 "매너"와의 관계란, 실재하는 사람과 특정 사회적 코드의 숙달 간의 관계라고도 말할 수 있는 것이다. 인상 관리를 하기 위해서는, 어떤 동기는 숨기고, 또 다른 동기는 강조해서, 겉으로 보이는 모습과 매너 간의 일관성을 유지해야 한다. 그래서 고프만의 분석에서는 "얼굴"을 각 개인의 특질이라기보다는 사회적 상호작용의 자산이라고 분류한다. 인상을 유지하는 과정에서 발생하는 모든 것들은 눈부신 조명을 받으며 무대에서 보여지게 된다. 반대로, 평판은 배우의 등 뒤에서 만들어지며, 배우가 통제할 수 없는 곳에서 이루어지는 사회적 소통을 통해 퍼져나간다. 따라서 사회적 인상을 관리하기 위한 고프만의 교묘한 전략은, 결국 한 사람의 사회적 평판을 통제하기란 전혀 불가능하다는 것을 증명하는 것밖에 안 된다.

더 나아가 수치심, 후회, 자부심, 영광스러움과 같은 사회적 정서는 사회적 상호작용에 의해서만 만들어지는 것은 아닌 것 같다. 이러한 감정들의 본질은 관계적이고 비교적이기는 하지만 이 감정들을 만들어낼 수 있는 사회적 조건들은 아주 작은 것일 수 있다. 사회심리학 분야에서 진행한 실험들을 보면, 눈 두 개가 있다고 느껴지는 단순한 사람의 실루엣이 보이는 것만으로도, 상대방의 과제수행 성과에 대한 사회적 인정이나 불인정 여부를 충분히 바꿀 수 있다고 한다.

그리고 장 클로드 로망(Jean-Claude Romand)과 올랜도 파이지스(Orlando Figes)의 당황스러운 이야기에서 볼 수 있듯이, 사회적 자아에 대해 받게 되는 압력들은 사실 존재하지 않거나 순전히 상상일 뿐일 수 있다. 우리는 다른 사람들이 우리에 대해 아무런 생각도 하지 않음에도 불구하고, '저 사람들이 나를 좋아하고 있다'라는 기대에서 생기는 부담 때문에 무너질 수도 있다. 따라서 우리는 젊은이들에게 자주 이야기를 해주어야 한다. 교사와 부모의 기대에 맞추려면 이렇게 해야 한다는 부담 때문에 힘들어하지 말라고 말이다. 사실 우리 또한 이 세상이 우리에게 기대하는 바에 따라 살아가기 위해 애쓰고 있기 때문에, 자녀들과 학생들에게 엄청난 기대를 할만큼의 충분한 시간을 가지지 못하고 있다. 주위 사람들을 실망시킬 것에 대한 두려움은 자기 자신에게 스스로 부여한 환영에 불과한 경우가 많다.

어떤 경우에도, 사회적 감정들은 대면 상호작용만을 기반해서 생겨나지 않는다. 사회적 감정들을 촉진시키는 "사회적 상호작용"은 현실이 아닌 경우도 많다. 우리가 실제로 만났던 사건들이 마음 속에 남긴 잔여물들을, 상상 속에서 수천 개의 조각으로 쪼개어서 만든 허구의 상호작용일 수 있는 것이다.

어린이들은 평판에 대한 감각을 어떻게 얻게 될까?

심리학자 필리프 로샤(Philippe Rochat)의 주장에 따르면, 평판은 우리를 인간적으로 만드는 것이라고 한다. 인간을 다른 종의 동물과 명확하게 분류해주는 것은, 다른 사람들의 시각을 내재화시켜서 우리를 계속해서 두렵게 만드는 행동이라는 것이다.[16] 로샤는 평판이라는 것을 현대 사회에서 전형적으로 나타나는 현상으로 보지 않고, 그 근원을 생물의 개체발

---

16   로샤(Rochat, 2009). 오리기(Origgi, 2013a)의 책에서 로샤가 집필한 장의 제목을 통해, 이 부분의 제목에 대한 영감을 얻게 되었다.

"다른 사람들이 생각하는 나"를 바라보기

생시기부터 찾는다. 그는 다른 사람들에게 있어서 우리가 어떻게 보이는 지에 대한 불안은 모든 문화에 존재하고 있으며, 아동의 발달단계상 매우 초기부터 나타난다는 것을 보여주었다.

우리의 사회적 이미지에 대해 지나치게 걱정하는 태도는 몇몇 학자들이 주장하듯이 "현대사회에서 독특하게 나타나는 특성"이 아니라, 인간 심리학에서 특징적으로 나타나는 요소라는 것이다. 로샤의 주장에 따르면, 아이가 두 살이 되면 자기에 대한 "부의식(co-consciousness)"을 갖게 되는데, 이는 심리학자들과 정신분석학자들의 연구를 통해 유명해진 거울 단계(mirror stage)와 연결되어 있는 현상이다.[17] 거울 단계는 아동이 거울에 비친 모습을 통해 자신의 존재를 인식하게 되는 시기이다. 두 이미지에 대한 인식은 개인적인 정체성(personal identity)의 기반이 된다. 거울을 통해 우리의 두 가지 모습을 인식하는 행동은 정확한 우리 자신을 발견할 수 있게 한다. 라깡(Lacan)에 의하면, 아이는 거울을 통해 처음으로 자기 자신을 인식할 때, 자신의 신체를 통합된 전체로 지각함으로써 생기는 기쁨(jubilation)을 경험한다고 한다.

하지만 거울 단계를 더 흥미롭게 만들어주는 것은, 거울 단계가 아동 발달에 있어서 측정가능한 임계점(threshold)을 구성한다는 사실이다. 처음 스스로의 모습을 거울에서 보게 된 아이의 얼굴에 나타난 표정은, 그것이 자신인지를 알아챘는지 아닌지를 알 수 있게 해준다. 대부분의 아이들은 21개월이 되면 이 테스트를 자연스럽게 통과한다. 하지만 이 경험 자체가 라깡이 설명한 기쁨과 관련있는 것은 아니다. 오히려 자신이 인식하지 못했던 얼굴의 티를 발견하고는 불편감과 수치심을 느끼기 일쑤

---

17   앙리 왈롱(Henri Wallon)이 처음으로 연구한 거울 단계라는 개념은, 르네 자조(René Zazzo), 자끄 라깡(Jacques Lacan), 도날드 위니콧(D.W. Winnicott), 프랑소아즈 돌토(Françoise Dolto)에 의해 완성되었다.

이다. 그래서 자아에 대한 첫 경험은 성장의 느낌이기도 하고, 고통스럽기도 한 것이다. 로샤에 의하면, 자의식(self-consciousness)은 자기 자신을 들여다볼 수 있는 능력에서만 오는 것이 아니라, 자신의 개인적 정체성에 대해 다른 사람들이 바라보는 시각들을 통합하면서 생기기도 한다. 사회적인 존재로서의 정체감은 새롭게 태어난 아기가 갖추어야 할 가장 기본적인 인지적 역량들 중의 하나로서, 생후 1년 동안 발달되는 "관심의 공유(shared attention)"라는 역량이다.

갓난아기가 살아남으려면, 자신을 돌봐주는 성인의 관심을 끌 수 있는 능력이 있어야 한다. 주위 환경에 존재하는 사물들과 사건들을 어머니와 함께 경험하는 아이의 능력은 학습을 촉진하고, 새로 태어난 사람으로서의 존재감을 재확인하며, 사회적 필터를 통해 세상을 탐색할 수 있게 해주는데, 이러한 과정은 위험과 마주칠 수 있는 가능성을 최소화해준다. 전화를 받거나 산책중에 만난 지인과의 대화에 열중하느라 바쁜 어머니의 관심을 얻기 위한 행동을 시작하는 아이는 감정적 이유만으로 관심을 요구하는 것이 아니다. 어머니와 함께 생각하고, 주위의 사물들에 대해 어머니의 관심을 공유하면서 세상을 탐색하는 것은 아동기 발달을 가능하게 해주는 핵심적인 인지적 조건인 것이다.

인지의 사회적인 면이 엄청나게 중요하다는 사실은 이미 밝혀진 바 있다. 아이는 세상에 나올 때 인지적 메커니즘이라는 "도구"를 가지고 태어난다. 이를 통해, 사회적 환경에 대해 모니터링을 할 수 있고, 거울 이미지 — 다른 사람의 눈에 비친 자기 자신 — 에 대해 고려할 수 있게 된다. 이와 같은 자기자각과 사회적 인지는 사람을 독특한 존재로 만들어준다. 다른 사람의 판단에 대해 끊임없이 집착하는 존재 말이다. 다른 사람과 함께, 그리고 다른 사람의 시각을 통해 생각하다 보면, 다른 사람의 시각을 기준으로 하여 판단되고 평가되는 것에 익숙해지게 된다.

사회적 세상을 통합하고 내재화하여 자기 자신을 이해하는 행동은 두 가지의 기본적인 사회적 감정 간의 차이를 보면 명확하게 알 수 있다. 수치심과 죄책감. 수치심이 사회적 시각 — 실제적이든 상상한 것이든 간에 — 에 의존한다면, 죄책감은 다른 사람들의 존재에 상관없이 발생 가능하다. 수치심의 경우, 다른 사람들의 판단 기준을 우리 마음 속에 내재화한 후, 우리의 사회적 이미지를 "살리기 위해"라는 단일 목적하에, 우리의 실제 자기(physical self)를 비난과 처벌에 노출시키는 것이다.

요약해보면, 우리가 밖으로 보이는 모습과 실제 우리의 존재 간의 관계에는 매우 복잡하고 다양한 면이 존재한다는 것을 알 수 있다.

에드몽 로스탕(Edmond Rostand)이 만들어낸 캐릭터, 시라노 드 베르주락(Cyrano de Bergerac)은 진정성 있는 낭만적인 주인공이다. 비록 외모가 매우 못생겼지만 말이다. 그는 용감하게 위선, 잘못된 인식과 자부심에 맞서 투쟁한다. 그는 잘 알려진 독백에서, 자신의 진정성을 다음과 같이 표현한다.

영광이나 부를 염두에 두지 않고 일하고,
몽상에 젖어 달나라 여행을 꿈꿀 걸세!
자신에게서 나오지 않는 것은 결코 쓰지 않고,
겸허하게 자신에게 이렇게 말할 걸세.
"어이, 친구, 자네 정원에서 자네 손으로 딸 수 있다면,
꽃, 과일, 심지어 그 잎들로 만족하게!"
그러다 우연히 약간의 영광을 누릴 기회가 온다면,
공물로 바쳐야 할 것이 없도록 떳떳하게 행동하고,

스스로에게 부끄러운 것이 없도록 할 걸세.

간단히 말해, 참나무나 떡갈나무는 못 되더라도

빌붙어사는 덩굴이 되진 않을 걸세.

아주 높이 오르진 못해도, 혼자 힘으로 올라갈 걸세![18]

　하지만 시라노도 비겁한 적에게 상처를 입어 뜻하지 않은 죽음을 맞이했을 때, 사랑하는 사람 앞에서 "월계관도 장미꽃도 없이"라는 마지막 말을 남겼다. 불멸의 자산인 "위엄(panache)"과 함께 죽음을 맞이했음에도 말이다. 그를 금방 떠올리게 하는 커다란 깃털 장식, 유명한 큰 코, 화려한 매너, 이 모두는 그의 독특성을 사회적으로 인식하게 하는 자산으로 기능했다.

18　에드몽 로스탕(Edmond Rostand), 시라노 드 베르주락(Cyrano de Bergerac), 2막, 8장

Travailler sans souci de gloire ou de fortune,

À tel voyage, auquel on pense, dans la lune!

N'écrire jamais rien qui de soi ne sortît,

Et modeste d'ailleurs, se dire: mon petit,

Sois satisfait des fleurs, des fruits, même des feuilles,

Si c'est dans ton jardin à toi que tu les cueilles!

Puis, s'il advient d'un peu triompher, par hasard,

Ne pas être obligé d'en rien rendre à César,

Vis−à−vis de soi−même en garder le mérite,

Bref, dédaignant d'être le lierre parasite,

Lors même qu'on n'est pas le chêne ou le tilleul,

Ne pas monter bien haut, peut−être mais tout seul!

"다른 사람들이 생각하는 나"를 바라보기

평판

Reputation

Is Reputation
a Means
or an End?

2장

평판은
목표달성을 위한 도구인가,
아니면 최종 목표인가?

사람들은 그가 언젠가 살인을 한 적이 있을 거라 생각했다고 나에게 말해주었다.

스콧 피츠제럴드(F. Scott Fitzgerald), 『위대한 개츠비(The Great Gatsby)』

드 볼랑즈(de Volanes) 부인, 이 소식을 들으시면 매우 기뻐하실 거라 확신합니다. 그분은 드 발몽(de Volmont) 씨에 대해 다른 사람들이 저에게 전해준 모든 이야기들과 전혀 다른 행동을 했다는 것을 말입니다… 드 발몽 씨는, 어떤 동네를 방문하셨습니다. 운이라고는 없는 한 가족이 세금을 내지 못해서 모든 것을 뺏길 상황이었었지요. 드 발몽 씨는 그 불쌍한 사람들의 빚을 갚아주는 것뿐 아니라, 꽤 큰 돈을 전해주시기까지 하셨습니다. 그분의 이 자비로운 행동은 제 하인이 직접 목격한 것입니다… 동정이나 우연에 의해 한 행동이 아니었구요. 마음 깊은 곳에서부터 나온 선의와, 좋은 일을 하고자 하는 의도에서 나온 행동이었지요. 이야말로 고귀한 영혼이 가지고 있는 가장 고귀한 특성 아니겠습니까… 저는 이 이야기를 듣는 것만으로도 눈물을 흘리고 말았습니다.

피에르 쇼데를로 드 라클로(Pierre Choderlos de Laclos), 『위험한 관계(Les Liaisons Dangereuses)』

평판과 이성

절박하게 평판을 추구하다보면, 어떤 사람들은 극단적이고, 생각이
없으며, 말도 안되게 위험한 행동을 하기도 한다. 이와 같은 타인/자기
파괴적 행동과 관련되어 있는 폭력적인 감정들을 보면, 평판이라는 것
이 — 평판이란 상상속에서만 존재하는 것이 아니라 현실에 존재하는 것
이라고 전제하고 — 기본적으로 인간의 행동을 촉진하는 비이성적인 촉
진자가 아닌가 싶다. 장 클로드 로망(Jean–Claude Romand)이 자신의 행동을
결정하는 데 있어서 얻을 수 있는 것과 잃을 수 있는 것에 대해 분석을 한
번 해보았다면, 사회적인 평판이 사기였다는 것을 고백하는 창피함을 경
험하는 것이, 자신의 전체 가족을 살해하는 것보다는 감당해야 할 손실
이 적다고 결론내리지 않았을까?

솔직히 말해 지금까지 필자는 혼란스러움 속에서 평판을 추구했던, 매
우 독특하며 불편한 사례들에 초점을 맞추어왔다. 이 사례들을 보면, 다

른 사람들이 우리를 어떻게 생각하는지에 대해 강박적으로 집착하다보면, 맹목적이며 비이성적인 태도가 되어, 결국은 한 개인의 파국을 가져오게 된다는 것을 알 수 있다. 하지만 평판을 얻고, 유지하거나 포장하고자 하는 니즈가 항상 비이성적인 것이 아니라는 것은 분명한 사실이다. 자신의 사회적 이미지를 신중하게 관리하는 데에 시간과 에너지를 투자하게 되면, 거의 항상 긍정적인 성과를 얻을 수 있다. 예를 들어, 다른 사람들이 우리에 대해 어떤 긍정적인 의견을 가지고 있는지에 대해 알아보는 것은 가치있는 사회적 스킬이다. 신뢰할 만하고 배려하는 사람으로서의 이미지를 강화하는 능력 또한 대부분 긍정적인 성과를 얻는 경우가 많다.

한 사람의 평판을 관리하는 다양한 방법들을 탐색하는 데 있어서, 감수해야 하는 비용과 그로 인해 얻을 수 있는 성과를 고려하는 것은 이성적인 전략이 될 수 있기 때문에, 이쯤에서 이성에 대한 이야기를 하고 넘어가는 것이 좋을 것 같다. 방법론적인 탐색과정에서, 필자는 현대의 가장 유명한 사회과학자들이 이 문제에 대해 어떻게 접근하고 있는지에 대해 알아볼 것이다. 분석을 할 때 필자는 "이성(rationality)"이라는 용어를 매우 협의의 개념으로만 사용하려고 한다.

이익을 최대화하고 손실을 최소화하면서 효율성을 강화하기 위해 필요한 제한조건(constraint)을 기반으로 생각해 본다면 그 행동들은 이성적이라고 생각될 수 있다. 이는 매우 단순한 원칙으로서, 인간뿐 아니라 동물, 로봇, 대기업의 행동에 대한 예측을 하는 데에 모두 사용될 수 있다. 즉, 의사결정을 하는 주체가 될 수 있는 모든 존재에게 적용 가능한 원칙인 것이다. 앞으로 어떻게 행동을 할 것인지에 대해 판단을 할 수 있는 모든 이성적인 존재는 이 제한조건을 존중할 것이다. 예를 들어 보자. 어떤 사람이 인터넷 쇼핑몰에서 진공청소기를 사려는 결정을 하고, 두 곳의 사이트를 비교해보고 있다. A 사이트에서는 해당 상품을 200달러에 판매하고 있고, B 사이트에서는 동일한 제품을 150달러에 판매하고 있다. 필자가 그 사람에 대해 아무것도 알지 못한다고 해도, 그가 B 사이트에서 새 진공청소기를 구입하고 싶어할 것이라는 것은 예측 가능하다. 마찬가지로, 연못에서 금붕어 한 마리가 먹이를 던져주기를 바라는 것을 보았을 때, 필자가 두 개의 빵조각을 던진다고 해보자. 한 조각은 그 금붕어와 매우 가까운 곳에, 또 한 조각은 저 멀리로 던지는 거다. 그럴 경우, 금붕어는 자신과 가까운 곳에 떨어진 빵조각으로 헤엄쳐갈 것이라는 사실은 예측 가능하지 않은가. 이렇게 보면, 이성은 반드시 결정을 내리는 존재가 가지고 있는 인지적 역량일 필요는 없다. 그보다는, 이성이란 존재의 행동을 설명하고 예측하는 이론이나 모델에 포함된 제한조건이라고 보는 것이 나을 수도 있다. 그래야만 매우 다양한 유형의 의사결정주체 및 판단 맥락에 대해 효과적으로 '이성'을 적용해볼 수 있기 때문이다.

대부분의 현대 사회과학과 자연과학 분야의 이론들은 의사결정 모델에 대해 이성적 제한조건을 최소한의 범위로서 포함시키고 있다. 특정 존재(개인, 정보, 회사, 비즈니스, 동물 등)의 행동을 이해하기 위해서는, 그 존재의 의사결정 시스템이 이성이라는 제한조건 내에서 운영되고 있다는 것을 전제로 해야만 한다.

모든 존재는 효율성을 최대화하기 위해 어떻게 행동할 것인지 결정한다. 그 효율성은 다양한 형태로 나타날 수 있는 우선순위에 따라 판단된다. 어떤 사람은 일보다는 자녀를 더 중요하게 생각하고, 가족보다는 국가를 더 우선시하는 것과 같이 말이다. 이 우선순위에 따라, 사람들은 어떤 대안들이 가능한지를 보고, 어떤 결정을 할 수 있는지를 판단한다. 행동을 계획하는 과정에 있어서 가장 중요한 것은, 특정 논리규칙(예 : 수행 가능성)에 따라 일의 우선순위를 매기는 행동주체의 선호도이다. 필자가 바나나보다는 사과를 좋아하고, 사과보다는 딸기를 좋아한다면, 최소 합리성(minimal rationality)에 의해 필자는 바나나보다 딸기를 선호할 거라고 결론 내릴 수 있을 것이다. 이와 같은 제한조건이 존재한다는 것을 전제로 하지 않는다면, 특정 존재의 선호도를 안다고 하더라도 앞으로 그 존재가 어떤 결정을 할 것인지에 대한 예측을 한다는 것을 불가능한 일이다. 2장의 목적을 고려해볼 때, 이성적인 판단의 이론에 대해 더 깊이 알아보는 것은 불필요할 것 같다. 우리가 이성에 대해 이야기할 때 의미하는 것은, 인간의 행동에 대한 설명과정에 있어서 존재하는 제한조건이라고 설명하는 정도로 충분할 듯하다. 이 제한조건에 따른다면, "신비한 힘의 명령에 따라 그는 포크를 집어들었다"라는 설명보다는, "배가 고팠기 때문에, 그는 포크를 집어들었다"와 같은 설명이 더 선호될 것이다.

이와 같이 허용 가능한 설명과 수용불가능한 설명 간의 차이를 논하다 보면, 우리는 다시 핵심질문으로 돌아오게 된다. 최소 합리성의 기준을 가지고 있는 존재의 결정을 설명하려고 할 때, 그 존재가 자신의 사회적 평판을 개선하거나 복구하고자 하는 욕구를 가지고 있음을 알게 된다면, 어떤 식으로 설명을 할 수 있게 될 것인가?

사회적 특성은 어떻게 만들어지는가?

평판이라는 것은 잠재적 행동에 대한 예측이라고 생각한다는 것은, 평판을 기본적인 사회적 특성이라고 간주한다는 것을 의미한다. 그렇다면, 우리는 우선 사회적 특성(social traits) — 특정 사회적 집단을 다른 집단과 구분해주는 특징적 행동 — 이 무엇인지를 파악해보고, 특정한 사회에서 그러한 특성이 어떻게 나타나는지 설명을 해볼 필요가 있다.

이성적 모델을 통해 사회를 이해한다는 것은 '사회'란 다양한 사회적 특성들의 집합이라고 생각한다는 것이고, 그 특성들이 어떻게 상호작용하는지를 관찰한다는 것을 의미한다. 바로 이것이 지금부터 필자가 설명하려고 하는 사회적 행동에 대한 자연주의 이론들이 가지는 야망인 것이다.

진화에 대한 신다윈주의(neo-Darwinian) 이론과 이성적 판단에 대한 경제 이론이 통합되자, 20세기의 사회과학 분야에서 가장 중요한 패러다임 전환 중의 하나가 만들어졌다. 이 "새로운 통합"은 인간의 동기 및 행동 모델을 개인 수준뿐 아니라 전체 인류 수준에도 적용할 수 있게 해주었다("개체군 사고; population thinking"). 이 모델들을 이용한 설명에서는 모든 존재들이 "이성적"이라고 전제한다. 이 전제를 기반으로 하여 우리는 집단의 상호작용이 가지는 역동을 탐색할 수 있고, 특정한 사회적 특성이 어떤 사회에서 처음에 어떻게 생겨나게 되었는지를 이해할 수 있는 것이다. 이와 같은 역동을 연구할 때에는 공식적인 모델, 컴퓨터 시뮬레이션, 개체들에 대한 관찰과 같은 방법들이 활용되었다. 그 접근법들 중의 하나인 사회생물학[1]은 처음 소개되었을 때 환원주의적 시각 때문에 엄청나게 큰 비판을 받았다. 하지만 사회생물학은 오늘날 실험경제학과 진화게임이론 분야에서 새롭게 주목받고 있다. 이 분야의 학자들은 단순하고 우아한 모델을 통해 분석작업을 하면서, 협력과 같은 중요한 사회적 특성이 나타나게 되는 조건을 연구한다. 사실, 이 모델들의 활용가능성에 대해서는 논쟁이 계속되고 있다. 그리고 윌슨 이후에 발표된 엄격한 환원주의적 사회생물학에서는 이타주의나 협력과 같은 사회적 특성을 교환(exchange)으로 생각한다. 하지만 이와 같이, 각 개체의 진화를 신체 기관의 진화에 비유하는 시각은 이제 이 분야의 연구자들에게는 그다지 진지

---

[1]   에드워드 윌슨(E.O. Wilson)이 1975년에 발표한 『사회생물학(sociobiology)』은 이 분야에서 가장 처음 나온 교재로 생각되고 있지만, 사실 로버트 트리버즈(Robert Trivers)가 이타주의에 대해 쓴 몇 편의 훌륭한 논문들은 그보다 몇 년 먼저 발표되었다. 트리버즈(1971)의 자료 참고.

하게 받아들여지지 않고 있다.

　필자는 2장에서, 진화 이론과 이성적 판단 이론과의 통합에 대한 설명
은, 사회적 특성(평판과 같은)의 생성을 가능하게 해주는 조건을 강조해주
는 "이론적 모델"로만 사용할 것이다. 사회적 현실을 정확하게 "기술해
주는" 용도로는 활용하지 않을 계획이다. 이와 같은 형태의 과학적 이론
화 형태는 오늘날 다양한 분야에서 나타나고 있다. 생물학에서 경제학까
지, 진화심리학에서 사회학까지, 정치학부터 인공지능 및 다중 에이전트
시스템까지. 사회과학 연구 분야에서도 다양하게 나타나고 있기 때문에,
이와 같은 접근법은 무시하기 어려운 상황이다. 필자가 문헌조사를 한
바에 따르면, 이 통합 접근법은 "자연 상태(state of nature) / 개인-수준의
행동이 결국 정치적으로 구조화된 사회적 삶을 만들어낼 수 있게 해주는
초기 조건"의 존재를 상정할 때 활용했던 정치철학의 고전적인 사고 실
험(특히 근대 사회-계약 전통에서)의 발전된 버전으로 이해하는 것이 가장 좋다
고 한다. 홉스(hobbes)와 루소(Rousseau)와 같은 작가들이 묘사했었던, 친사
회적 자연 상태(인류는 상호적으로 이득이 되는 공존을 하자는 규칙에 기반한 사회적 계약
을 맺고 있다)에 대한 철학적 소설은 현대의 사회과학모델과 동일한 목적을
가지고 있다. 두 가지 모두 친사회적 환경을 가진 사회를 만들수 있는 조
건(논리적인 필요 & 충분조건)을 알아보고 있는 것이다. 정치철학의 창시자들
이 집필한 소설에서도 사회적 계약을 맺은 존재들은 행동에 대한 결정을
내릴 때 이성적 제약요인들을 고려해야 한다고 언급한다. 사회-계약 이
론과의 이러한 관계를 보면, 앞에서 언급된 사회-과학 모델의 실행가능
성과 생산성은 사회의 속성이나 자연과학의 모델에 따라 결정되는 것이
아니라는 것을 알 수 있다.

　이 이론들의 목표는 매우 간단하다. 사회의 논리에 대해 명확한 설명
을 제공하기.

인간의 속성에 대한 다윈주의 모델을 둘러싼 논쟁의 대부분은 "선천적인" vs. "후천적인(문화에 의해 개발된)" 설명 간의 차이에서 만들어진다. 하지만 이 이분법 자체는 방향이 잘못 잡힌 것이기 때문에, 20세기 사회학 분야에서 날카롭게 비판을 받았었다. 자연에 있어서 영원하거나 보편적인 것은 존재하지 않는다. 하나의 순간에서만 중요한 일일 뿐이다. 별도 수명이 다하면 빛을 잃게 되고, 공룡들도 지구에서 사라진 지 오래 되었다. 생물학적·사회적 현상의 인생 사이클은 매우 다양한 시간궤적을 가지고 있지만, 본질적으로 다르다고는 할 수 없다. 노베르트 엘리아스(Nobert Elias)는 "사회적 현상의 변화율과 생물학적 현상의 변화율 간의 복잡한 관계"를 다음과 같이 간결하게 정리하였다.

　　전자의 시각에서 보면, 후자의 변화는 너무 느려서 진화라는 것이 이루어지지 않는 것 같이 생각된다. 따라서 인류의 이미지를 '강'에 비유한다면, 세 가지 물줄기가 각자 다른 속도로 달리고 있는 강이라고 설명할 수 있겠다. 따로따로 보았을 때 각 물줄기는 독특하고 따라할 수 없는 것으로 보일 것이다. 하지만 변화의 다양한 비율이라는 맥락에서, 더 빠른 속도의 물줄기의 시각에서 보게 되면, 더 천천히 흘러가는 물줄기의 현상은 적절하고 불변적이며 영원히 계속되는 것으로 보일 수 있다. (1983. 14)

　심리학, 사회학, 생물학적 현상들이 가지고 있는 독특성을 무시하고, 그 현상들 간의 차이점을 지워보려고 애쓴다면 피상적인 이론이 될 수밖에 없다. 각 개인은 매일매일 쏟아지는 삶의 경험들과 마주하고 있고, 사회는 수많은 조직들이 생성했다가 어느새 소멸되어지는 과정을 관리해야 하고, 시간이 지남에 따라 사회적으로 획득한 지식과 경험이 체계적으로 손실되는 현상에 대처해야 한다. 생물학적 속성 또한 지속적으로 진화적 변화를 겪고 있으며, 생성되었다가 없어지고, 이득과 손실이 동시에 일어난다.

하지만 어떤 만족스러운 설명을 제공하는 이론에서도, "존재"의 행동은 모든 수준에서, 앞에서 설명한 이성의 제한조건 안에서 이루어진다고 주장한다. 이는 인간의 행동(예 : 배우가 커뮤니티에서 좋은 평판을 얻기 위한 행동)에 대한 공식적인 모델링을 위해 필요한 조건이다.

이타주의와 평판

이타주의(altruism)를 설명한다는 것은 합리적 선택 이론이 가지고 있는 고전적인 도전과제들 중의 하나이다. 이타주의는 근본적으로 사회적인 특성인가? 그렇지 않다면, 어떻게 이성적이지만 자신에게 주된 관심이 있는 존재로부터 이타주의가 나올 수 있는 것일까? 이득을 최대화하려는 합리적인 존재는 왜 다른 사람들을 도우면서 시간을 낭비하는 것일까? 합리적인 이득 극대화 주의자는 왜 자신을 희생하며 다른 사람에게 도움을 주는 것일까? 사회생물학자들은 이해가 되지는 않지만 경험적 관찰자료에 의해 존재하고 있는 이타주의에 대한 설명을 혈연선택(kin selection)의 이론에서 찾을 수 있다고 주장한다. 자연적 선택이 개인수준이 아니라 유전자 수준에서 이루어진다면, 존재들은 유전학적으로 관계가 있는(부모나 자녀) 대상, 또는 모든 구성원들이 동일한 유전적 유산을 공유하고 있는(예 : 벌) 전체 그룹을 위해 이타적인 행동을 하게 된다는 주장이다.[2] 이와 같은 사회생물학적 가설이 가지고 있는 문제점은, 인류가 단순한 혈연−기반의 이타주의를 넘어선 행동을 한다는 데에 있다.

---

2   홀데인(Haldane), 1955 ; 노박(Nowak)과 지그문트(Sigmund), 2005

인간은 혈연과는 별 상관이 없는 상황에서도, 선의를 반영하는 협력행동을 하고자 하는 의지를 표현하고, 전혀 관련성이 없고 아예 모르는 사람들과도 상호적으로 도움이 되는 교환을 하려는 모습을 보인다.

대단한 명성을 가진 생물학자인 로버트 트리버즈(Robert Trivers)의 경력을 보면, 영광의 순간도 있었지만 학계에서 완전히 잊혀졌던 시기도 있었다. 1971년에 발표한 논문에서, 트리버즈는 인간의 이타주의가 가지는 모순 문제에 대한 해결책은 전적으로 평판에 달려 있다고 주장했다. 어릴 때부터 영재로 자란 트리버즈는 지속적인 신경쇠약 때문에 법학사 과정을 끝마치지 못했다. 그는 그 후에 진화생물학 박사학위를 따야겠다는 결심을 하고 에른스트 마이어(Ernst mayr) 교수의 제자로 들어갔다. 그전에는 단 한번도 생물학 과목을 수강한 적도 없었는데 말이다. 1971년에 그가 발표한 대단한 논문은 진화생물학 분야에 있어서 중요한 이정표가 되기에 충분했다. 이 논문 하나로 인해 얻은 명성 때문에 트리버즈는 하버드 대학에서 몇 년 동안 교수 역할을 할 수 있게 되기도 했다. 그 후에 그의 모습은 다시 사라졌다. 누군가는 트리버즈가 자마이카로 갔다고 하기도 하고, 누군가는 블랙 팬더(Black Panthers) 조직에 들어갔다고 하기도 했다. 그러더니 2000년 초, 갑자기 다시 나타나서 몇 편의 영향력이 큰 논문들을 발표하였다.

오늘날 트리버즈는 현존하는 가장 위대한 진화생물학자로 칭송받는다. 1971년의 유명한 논문, "호혜성 이타주의의 진화(The Evolution of Reciprocal Altruism)"에서, 자연 선택(natural selection)은 이타주의가 행동주체의 이기적 합리성과 양립하는 상황을 설명할 수 있다고 제시하였다. 물에 빠진 사람을 구하는 것과 같은 이타적인 행동은, 행동주체가 긍정적인 평판을 쌓을 수 있도록 도와주고, 그 이타적 행동의 수혜자로 하여금 도

덕적·정서적 압력을 받아 미래에 보답 행동을 하도록 만든다는 것이다.[3]

즉, 이타주의자는 단기적인 이득을 희생하면서도 위험한 순간에 자신을 노출시킨다. 미래의 이득을 기대하기 때문이다. 자신보다는 다른 사람을 배려하는 듯이 보이는 행동으로 인해 미래에 이득을 얻을 수 있을 거라는 희망이 번져나가는 현상은 실험 경제학에 의해 많은 검증을 받았다. 실험참가자들은 상호작용과 거래에 대한 단순한 규칙을 따를 것을 요구받는다. 예를 들어 보자. 독재자 게임에서, 한 실험 참가자는 자신이 원하는 만큼 다른 동료와 돈을 나눠가지라는 지시를 받는다. 두 명의 참가자들은 서로 모르는 상태이다. 하지만 독재자(일방적으로 돈을 배분할 수 있는 권한이 있는 사람) 역할을 하는 참가자가 완전히 자기이득만 챙기는 방향으로 행동을 하는 경우는 매우 드물다. 평균적으로, 독재자는 다른 참가자에게 최소 20%의 돈을 나눠준다. 즉, 이와 같은 실험 연구자들에 따르면, 인간은 약간이라도 다른 사람들에게 도움이 되는 행동을 했을 때 어느 정도의 좋은 일이 생기기를 기대한다.[4] 인간이 그때에 가장 받고 싶어 하는 것은 '좋은 평판'이다.

하지만 앞으로 절대 볼 가능성이 없는, 완전히 모르는 사람이 우리에게 동일하게 이타적인 조력 행동을 해줄 것이라고 어떻게 기대할 수 있을까? 아무리 독재자 게임 실험 게임에서 그러한 결과가 나왔다고 해도 말이다. 우리가 세느(Seine) 강에서 건져준 불쌍한 친구가 미래에 우리가 바로 그를 필요로 하는 그 순간에, 우리 앞에 나타날 가능성은 얼마나 될까? 연구 결과에 따르면, 사람들은 필요한 정도보다 훨씬 더 자신의 평판에 대해 걱정한다. 즉각적으로 얻을 수 있는 이득에 대해 단순한 계산을

---

3   협력의 진화에 대한 액설로드(Axelrod, 1984)의 저서는 이 원칙에 기반하고 있다.
4   엔리치, 보이드와 동료들(Henrich, Boyd et al., 2004) 참고.

평판은 목표달성을 위한 도구인가, 아니면 최종 목표인가?

해보고 나서, 또는 우리가 과거에 했던 이타적인 행동을 기억해줄 누군가가 제공해줄 이득을 받고 싶은 희망 때문에 말이다. 그렇다면 이와 같이 분명한 이타주의의 "이득"을 기대하는 태도는 어떻게 설명할 수 있을까?

간접적 호혜성 : 좋은 평판의 혜택

인류가 끈질기게 평판을 관리하는 이유는 다른 종(특히 공생행동을 보이는)에 있는 것과 동일한 선택 메커니즘 때문이라는 일부 이론가들의 주장과는 달리, 인류는 "내가 너의 등을 긁어줄게, 너는 내 등을 긁어줘"라는 식의 회계장부관리자 스타일에 만족하지 못한다. 우리는 종종 한 번도 본 적이 없는 사람들에게도 이타적인 행동을 한다. 다시는 보지 않을 사람들과 협력을 잘 하기도 한다. 우리 자신에게 친절하게 대해주었던 사람들뿐 아니라, 제3자에게 친절을 베푸는 사람에게도 우리는 배려 행동을 한다. 간접적 호혜성(indirect reciprocity)은 이와 같이 요청받지 않은 이타주의가 존재할 수 있음에 대한 설명을 해줄 수 있는 개념이다. 합리적인 사고를 하는 행동주체가 다시는 만날 가능성이 거의 없는 사람을 대상으로 이타적인 조력행동을 하는 것이 관찰되는가에 대한 설명 말이다.[5] 간접적 호혜성은 이런 상황으로 묘사해볼 수 있겠다. A가 B를 위해 이타적인 행동을 한 것이 또 다른 이타적인 행동을 불러일으키지만, B가 A를 향해 하는 행동은 아닌 상황이다. (즉, 가장 처음에 일어났던 이타적인 행동은 또다른 이타적인 행동을 촉진하지만 처음에 만났던 사람들이 다시 만날 필요는 없는 것이다.) 사려깊은 행동(generosity)은 두 가지 다른 방식을 통해 간접적으로 또 다른 사려깊은 행동들을 만들어낸다. 첫째, 이타적인 행동의 수혜자는 제3자에게 이타적으로 행동하고 싶은 마음이 생기게 된다. A가 B를 도왔다면, B는 C

---

5   알렉산더(Alexander, 1987), 노박(Nowak)과 지그문트(Sigmund, 2005)

를 도울 마음이 생기는 것이다. 둘째, A가 B에게 했던 이타적인 행동은 C가 A를 돕게 할 수 있다. 간접적 호혜성의 두 번째 유형은 평판이 가지고 있는 사회적인 힘을 잘 보여준다. A에 대한 C의 이타적인 조력행동은 이타적이고 사려깊은 사람이라는 A의 사회적 이미지에 의해 촉진된 것이 분명하기 때문이다.

피에르 쇼데를로 드 라클로(Pierre Choderlos de Laclos)의 유명한 서간체 소설,『위험한 관계(Les Liaisons Dangereuses)』(2장의 첫부분에서 소개되었다)를 보면, 투르벨 법원장 부인(la présidente de tourvel)은 볼랑즈 부인(Madame de Volanges)과 이야기를 하면서, 거짓말을 잘하는 조카, 발몽 자작(Vicomte de Valmont)의 평판을 포장해주려 한다. 발몽의 편에 선 사람들이 주로 이야기하는, 그의 너그러운 행동들에 대한 이야기를 전해주면서 말이다. 투르벨 부인이 볼랑즈 부인에게 전한, 발몽의 이타적인 행동들에 대한 이야기는, 사실 발몽의 계산된 행동의 결과였다. 자신에게 항상 거만하고 근엄한 태도만을 취하는 볼랑즈 부인의 태도를 변화시켜서, 자신에게 "이타적인" 태도를 보여주기를 바란 것이다. 투르벨 부인이 전했던 '발몽 자작에 대한 긍정적인 평가'는 발몽이 가지고 있던 기존 평판의 "가치"를 바꾸었고, 그 결과 볼랑즈 부인이 발몽을 바라보고 판단하는 기준을 바꾸게 되었다고 할 수 있겠다.

그렇다면 사회과학에서는 이와 같은 사례에 대해 어떻게 이야기하고 있을까? 진화게임이론에 따르면, 평판의 발생은(이타적인 평판을 포함해서) 간접적인 협력을 촉진하는 역할로서 설명할 수 있다고 한다. 사회적 협력이 가능하려면 다음과 같은 조건이 충족되어야 한다. 사람들이 서로에게, 서로에 대해 이야기를 해야 하고, 이 프로세스에 관련되어 있는 모든 사람의 사회적 이미지를 지속적으로 만들어내고, 수정하고, 지우는 작업을 해야만 한다. 따라서 평판이란 실체가 없는 유령이 아닌 것이다. 그보다, 평판은 집단 속에서 수집된 정보들의 형체를 만들어내고, 그에 대해서 소통을 하며, 집단적으로 평가 결과를 공유한다. 바로 이러한 특성 때문에, 평판은 집단에서 가장 기본적인 규준을 개발하고 강화하는 데 있어서 필수불가결한 역할을 수행하는 것이다.

이러한 전통에 대해 글을 쓴 많은 작가들에게 있어서,[6] 사회적 정서들(예 : 수치심, 분함, 죄책감, 도덕적 거부감)은 인류가 가지고 있는 독특한 경향성의 결과이다. 우리가 개인적으로 마주한 사람들과의 상호작용에만 관심을 가지는 것을 넘어서서, 우리와 직접적인 관련이 없는 사람들에게도 관심을 가지는 경향성 말이다.[7]

간접적 호혜성은 인류에게서 독특하게 나타나는 현상이며, 이 이론에서 보면 도덕적 규준의 진화에 대한 기반을 제공해준다. 생물학자 리처드 알렉산더(Richard Alexander)는 "간접적 호혜성"이라는 표현을 다음과 같이 설명했다.

> 간접적 호혜성은 도덕적, 윤리적, 법적 시스템의 근본이다. 인류의 사회적 삶에 있어서 간접적 호혜성이 존재하고, 전파되어 있다는 사실은, 인류의 정신이 가지는 속성과 복잡성을 분석하는 데 있어서 고려해야 할 가장 중요한 요소라고 나는 주장하고 싶다. 내가 생각하기에, 간접적 호혜성이야말로 극장에 대한 인류의 다양한 관심을 설명할 수 있는 요소이다. TV드라마부터 셰익스피어까지, 시에서 사회학까지, 이웃의 파티부터 올림픽 경기까지 말이다. (1987, 107)

---

6   미국의 경제학자이자 심리학자인 로버트 프랭크(Robert Frank, 1988)
7   알렉산더(Alexander, 1987)

알렉산더의 주장에 의하면, 우리의 마음에서 중요한 위치를 차지하고 있고, 인류의 독특성을 나타내주는 것은 다른 사람의 행동에 대해 지속적으로 평가하는 우리의 행동이다. 이 평가가 가지는 일부 목적은, 우리가 관찰하는 사람이 미래에 다른 사람들과 어떻게 상호작용할 것인지를 이해하기 위함이다. 즉, 이런 질문에 대한 답을 찾고 싶은 것이다. 누가 누구를 도와줄 것인가? 누가 누구를 못살게 굴 것인가? 여기에서는 문학적 표현을 소개하는 것이 좋겠다. 그 표현들에는 동일한 질문에 대한 대답이 다양하게 숨어 있으니까 말이다. 누가 누구에게 무엇을 했는가?(Who did what to whom?)

다양한 의견이 있을 수 있겠지만, 필자의 생각에 모든 도덕성은 평판에 의존한다. 사회적·도덕적 규준들은 복잡한 프로세스를 통해 생겨나고 구속력을 얻는다. 사회적 배우들이 서로에 대한 특성파악과 평가결과를 서로에게 전달하는 프로세스 말이다.

또한 이 프로세스는 호혜성의 사회적 진화에 있어서도 핵심적인 역할을 수행한다.

다른 사람의 시각에서 보는 평판, 그리고 우리 자신이 보는 평판

진정한 도덕적 동기와, 다른 사람들에게 좋은 평판을 남기고 싶다는 전략적 관심을 구분하기란 쉽지 않은 경우가 종종 있다. 어떤 이론가들의 주장에 따르면, 모든 이타주의는 위선일 수밖에 없다고 한다. 즉, 이타적인 행동은 실제로는 다른 사람들로부터 긍정적인 반응을 이끌어내기 위해 계산된 것이기 때문이라는 것이다. 하지만 이렇게 냉소적인 시선으로 이타주의를 바라보는 것은 그다지 현실적이지 않은 듯하다. 이 주장에 대한 반론사례를 찾기란 쉬운 일이다. 자신의 삶을 희생하면서까지 사회 및 공유된 가치체계에 용감하게 도전하고, 자신이 살고 있는 세상에서는 아직 인정해주지 않는 도덕적 가치를 지키기 위해 애쓴 사람들이 많다.

내서니엘 호손(Nathaniel Hawthorne)의 『주홍 글씨(The Scarlet Letter)』의 여자 주인공인 헤스터 프린(Hester Prynne)은 자신이 낳은 딸의 아버지가 누구인지를 왜 밝히지 않았을까? 그럼으로써 지역사회로부터 낙인이 찍혔고, 간음한 여인을 상징하는 빨강색 A를 옷에 붙이는 수치를 견뎌야 했음에도 말이다. 그녀가 내면의 (우리가 생각하기에, 더 "고차원의", "더 공정한") 도덕성을 지키면서 얻을 수 있었던 "이득"은 무엇이었을까? 그녀의 침묵은 결국 자신의 사회적 평판을 회복불가능할 정도로 더럽힐 수밖에 없었다.

니콜라스 보마르(Nicolas Baumard)와 단 스페르버(Dan Sperber)는 최근에 발표한 논문에서, 독일 영화 〈타인의 삶(The Lives of Others, 2006)〉에 나오는 주인공에 대해 기술했다.

> 비즐러(Wiesler)는 동독의 비밀경찰인 슈타지(Stasi) 요원으로서, 실제로는 부패한 총리로부터 피해를 입었지만, 오해를 사서 반체제 인사로 의심받고 있는 한 커플을 감시하고 있었다.
>
> 비즐러는 그 커플들을 감시하기 위해 관찰하면서, 오히려 정서적으로 그들에게 점점 더 가까워지게 된다. 그 커플은 처음에는 오해를 받은 것이었지만 나중에는 진짜로 반체제 인사가 되기로 결심을 하게 되었는데, 그때 비즐러는 그들을 보호하는 역할을 선택하였다. 엄청난 위험을 감수해야 할 것이라는 사실을 알면서도 결정을 한 것이다. 마지막에 비즐러는 모든 것을 다 잃는다. 직장도 평판도. 그리고 그가 보호하던 사람들과도 다시 만나지 못하게 된다. 그의 사회적인 평판을 모두 희생한 것이다. 상대방이 알아주지 않는 도덕적 행동을 통해서 말이다.[8]

---

8   보마르(Baumard)와 스페르버(Sperber), 2013, 12. 오리기(Origgi) 번역.

진화적 시각을 가지고 있는 보마르와 스페르버에 따르면, 자연 선택은 이와 같이 개인적 수준에서 나타나는 진정한 도덕적 감정을 좋아해서, 인류는 간접적 호혜성으로부터 집단적인 이득을 얻을 수 있다고 한다. 그래서 한 개인은 진정한 도덕적 경향성을 가질 수 있고, 다른 사람들에 대해 진정으로 걱정할 수 있다는 것이다. 이와 같은 이타적인 경향성이 우리의 인지적 지도 안에 들어온 것은, 간접적 호혜성이 전체 종(species)의 생존에 기여하기 때문이다. 이렇게 볼 때, 자연은 집단을 위해 전략적인 행동을 한다. 그렇기 때문에 각 개인은 숨은 동기따위가 없이도 도덕적으로, 비전략적으로 자유롭게 행동할 수 있는 것이다.

욘 엘스터(Jon Elster)는 진정한 사심없는 행동이 가능한가에 대한 질문에 대답을 하기 위해 두 권짜리 책을 집필한 사람이다.[9] 그의 주장에 따르면, 그러한 이타주의가 그들의 눈이나 제3자의 눈에 우리의 명성을 어떻게 높여줄지 계산하지 않고 다른 사람의 이익에 우선순위를 매기는 것이 지극히 합리적일 수 있다고 한다. 개인적인 도덕성과 자신의 사회적 평판에 대한 염려는 다른 계보를 가지고 있다는 것이다. 즉, 보마르와 스페르버의 모델이 설명한 것과 같이, 비즐러가 다른 사람들을 위한 행동을 한 것은, 사회집단이 선택해서 그에게 도덕적 감정을 느끼게 해서만은 아닌 것이다.

엘스터의 시각에 따르면, 비즐러는 자기존중감에 대한 스스로의 합리적인 욕구에 의해, 낯선 사람의 행복을 우선시하는, 완벽하게 합리적인 경향성을 가진 개인존재라고 할 수 있다.

엘스터의 논지를 이해하려면, 합리성의 두 가지 속성을 구분할 필요가

---

9   엘스터(Elster), 2009, 2013

52

평판은 목표달성을 위한 도구인가, 아니면 최종 목표인가?

있다. 우리가 하는 의사결정의 내적인 일관성과, 흥미의 극대화.[10] 실용주의 경제학과 진화 이론에 따르면, 이 두 가지는 당연히, 그리고 필수적으로 같이 갈 수밖에 없다고 한다. 하지만 엘스터는 그 주장에 반대하며 이렇게 주장하였다. 인간은 한편으로는 합리적이고 일관될 수도 있고, 다른 한편으로는 이러한 부분에 대해 완전히 관심이 없을 수도 있다. 합리적이라는 것은 자기 자신의 신념과 욕구에 따라 행동하는 것을 의미한다. 예를 들어, 필자가 자기 자신에 대해 가지고 있는 도덕적 이미지 — 나는 좋은 사람이고, 정직하며 선의를 가지고 있는 사람이라는 확신 — 가 스스로에게 가장 중요한 것이라면, 필자는 다른 사람의 생각에 상관없이 그 자기이미지를 해칠 가능성이 있는 방법으로 행동하는 것을 거부할 것이다. 비즐러는 감시대상의 삶을 몰래 관찰하는 과정에서, 자신의 가장 깊은 곳에 위치한 개인적인 가치관과 마주하게 된다. 그러고 나서, 자신의 도덕적 일관성을 지키기 위해, 자신의 사회적 입장을 자유롭게 외치게 되는 것이다. 그는 자신의 존재(즉, 자신이 진정으로 되고 싶은 모습)를 이해했고, 이해한 바를 지키기 위해 사회적인 평판을 자발적으로 희생한다. 도덕적으로 강직한 비즐러에게 있어서, 슈타지 비밀경찰조직에서 인정받는 것은 더 이상 중요하지 않게 된 것이다. 그는 마음 깊은 곳에서 자신이 원하는 바를 결국 알아낸 것이고, 스스로에게 정직한 사람으로 남아있기를 결정한 것이라고 말할 수 있겠다.

　비즐러나 헤스터 프린과 같이 우리는 더 높은 수준의 도덕성을 지키기 위해, 또는 내면의 일관성을 유지하기 위해 스스로의 평판을 희생시킬 수 있는 존재이다.

10　　이 두 가지의 구분은 프랑스 대학에서 엘스터가 교수로 부임해서 처음으로 진행했던 강의 주제였다. "이성과 합리성(reason and rationality)", 2006.7.1. (영어로는 2008년 프린스턴 대학 출판사에서 출판되었다).

하지만 그와 동시에 우리는 권위적인 규준에 따를 수도 있다. 그 규준이 이미 시대에 뒤떨어졌고, 도덕적으로 문제가 있으며, 그 누구에게도 이해되지 않으며 그저 우리 자신에게만 의미가 있는 규준일 때에도 말이다. 가즈오 이시구로(Kazuo Ishiguro)의 소설 『남아있는 나날(The Remains of the Day)』에 나오는 너무나 완벽한 집사인 스티븐스 씨(Mr. Stevens)는 충성스럽게 그리고 자부심을 가지고 영국의 저명한 귀족 가문 가족의 시중을 드는 일을 하는 데 일생을 바친 사람이다. 시대가 바뀌었고, 그가 일생을 바쳐 모셨던 모든 "신사"들은 비겁했고 부패했고 나치(Nazis)가 제시한 불공정한 협약에도 타협했던 것으로 밝혀졌지만, 스티븐스 씨는 '나무랄 데 없는 집사'라는, 스스로 좋아하고 있는 자기이미지에 거스르는 행동을 하지 않으려 했다. 아주 오래 전에는 절대 하지 않겠다고 선언했었지만, 사실 자신이 보기에 행복한 삶을 넘어서서 가치있는 삶을 살았던 아버지의 모습을 이어받는 것이었기 때문이다. 스티븐스 씨의 이야기를 통해 우리가 다시 한번 생각해볼 수 있는 것은 다음과 같다. 내면적인 가치를 부정하면서도 밖으로 알려진 자기이미지에 충실한 행동을 한다는 것은 도덕적 고귀함을 강화하는 것이 아니라 그저 관습적이고 습관적일 수 있는 것이며, 변화하고 있는 주위 세상에 대해 의도적으로 눈을 질끈 감는 일일 수 있는 것이다. 즉, 전쟁터에서의 사회적 압력에 대해 순응하는 것은 더 높은 수준의 도덕성과는 관련이 없을 수도 있다.

스스로에 대해 우리가 가꾸고 있는 이미지는 그 어떤 경우에도 매우 중요한 것이기 때문에, 우리는 때로 그 이미지를 보호하기 위해 자기 자신의 이익과는 반대되는 행동을 할 때가 있다. 엘스터가 주장했듯이, "대부분의 사람들에게 있어서 가장 중요한 두 가지는 다음과 같다. 첫째, 자신에게 이득이 되는 것. 둘째, 이익추구만으로는 만들어지지 않는 외부에 대한 자기이미지."(2013, 32) 톨스토이(Tolstoy)의 표현을 빌자면, 모든 사람들은 공통적으로 자기 자신에게 이득이 되는 것에 관심을 가지지만, 스스로의 이득에만 관심을 가지는 것은 아니다. 엘스터에 따르면, 우리가 이타적으로 행동하도록 만드는 다양한 메커니즘이 실행되는 때는, 우리가 스스로 이해하고 있는 자기이미지를 보호하고 싶을 때이다. 자신의 특성을 표현하고 싶을 때, 자신의 도덕성에 대해 염려할 때, 자신의 정체성을 일관적으로 보여주고 싶을 때("진정한 자기 자신으로서 존재하기"), 커뮤니티나 문화공동체에서의 소속감을 느낄 때. 자기이미지라는 것이 상상속에서만 존재하는 것이라도 말이다.

마지막에 언급한 메커니즘은 철학자이자 역사학자인 파스콸레 파스퀴노(Pasquale Pasquino, 2007)가 자끄 프로멘탈 알레비(Jacques Fromental Halévy)의 오페라 〈유대 여인(La Juive)〉의 주인공인 엘레아자(Éléazar)의 역경에 대해 이야기한 내용에서 강조된 것이다.

유대인이라는 이유로 처형을 당한 엘레아자는 이미 그전에 죽음을 피해 몇 번의 탈출을 시도했었고, 아이들이 기독교 광신도들에 의해 처형되는 것을 본 후 로마에서 쫓겨났던 사람이다. 그가 피난을 왔던 콘스탄츠(Constance)라는 작은 마을의 종교회의에서는, 1414년 이교도 엘레아자를 화형시키기로 결정하였다. 종교회의 의장인 브로니(Brogni) 추기경은 감옥으로 엘레아자를 면회와서 거래를 제안하였다. 브로니가 엘레아자와 딸 라헬(Rachel)의 목숨을 구해주면, 유대교 신앙을 버리고 기독교로 개종하라고 말이다. 엘레아자는 추기경의 제안에 대해 이렇게 대답하였다.

제가 지금 제대로 들은 건가요?
도대체 저에게 뭘 제안하신 거죠?

우리 조상의 종교를 포기하라구요!

외국인의 우상신을 모시기 위해서요!

그 우상신에게 고개 숙여 절하고 엎드리라구요!

절대 그럴 일은 없습니다! 차라리 죽는 게 나아요![11]

어떤 역경에도 굴하지 않고 조상의 종교에 대한 충성심을 보이는 사람으로서의 평판(실제로 존재하거나 상상속에 존재하는)을 잃어버린다는 것은, 엘레아자에게는 불타 죽는 것보다 더 나쁜 유형의 죽음이었던 것이다.

그의 두 번째 자기, 자신의 가장 중요한 부분은 그의 물리적 생존보다 더 중요했던 일이었다. 따라서 그는 완벽하게 합리적인 행동을 하였다. 화형을 당하지 않고 종교적 커뮤니티의 신실한 구성원으로서의 평판을 포기하는 것보다는, 입양한 딸과 함께 순교자로서 고통스러운 죽음을 맞는 것을 선택한 것이다.

이러한 사례들에서 볼 수 있듯이, 자신의 평판에 대해 염려한다는 행동의 합리성이란 단순하게 이득을 계산하는 것보다 훨씬 더 복잡하다. 사실, 우리의 이득에 대한 무관심(disinterestedness)은 100% 합리적일 수 있다. 우리가 생각하기에 매우 중요한, 우리 자신의 이미지를 보호하는 데에 도움이 되는 경우라면 말이다. 이렇게 보면, 2장의 제목에서 제기하였

---

11 L'ai－je bien entendu?…

que me proposes－tu?
renier la foi de mes pères!
vers des idoles étrangères
courber mon front et l'avilir,
non, jamais plutôt mourir!

La Juive, Act 4, scene 18

평판은 목표달성을 위한 도구인가, 아니면 최종 목표인가?

던 질문에 대해 대답을 할 수 있을 것 같다. 때때로 평판은 이득을 얻기 위한 수단이 아니라, 목표 그 자체가 될 때가 있다. 우리는 일생 동안 자기 자신의 이미지를 구축하고, 그에 맞는 행동을 하기 위해 최선을 다한다. 이와 같은 이상적인 자기는 우리 스스로가 만들어낸 것이고, 실현하기가 가장 어려운 것이다. 완벽하게 만들어낼 수 없는, 완성이 불가능한 걸작이라고 말할 수 있겠다. 이득을 얻을 수 있는 기간도 이렇게 짧은 무엇인가를 위해, 자신의 인생에서 중요한 것을 버린다는 것은 정말 합리적인 행동이라고 말할 수 있을까?

인간의 속성에 대한 다원주의 모델은 때때로 짊어지고 가기에는 너무 무거운 경우가 있다. 우리가 스스로에게 가지는 기대, 다른 사람들이 우리에게 주는 기대는 달성하기에는 지나치게 커서, 이상적인 자기 자체가 우리를 무자비하게 고문하는 일도 생긴다. 이와 같은 경우에는 사실 우리가 만들어놓은 평판을 포기하고, 다른 모습의 사람이 되는 것이 더 합리적일 수도 있다. 이전에 우리가 애를 써서 만들려고 했고, 다른 사람들에게 표현하려 애썼던, 지나치게 훌륭한 우리 자신에 대한 기대에 대해 알지 못하는 전혀 다른 사회로 도망쳐서, 새로운 사람들로부터 인정을 받는 것이 더 나을 수도 있다는 것이다. 즉, 때로는 신체적인 자기의 건강을 위해 이상적인 자기를 포기하는 것이 더 합리적일 수 있다.

갈릴레오 갈릴레이(Galileo Galilei)는 이 이야기에 꼭 맞는 실례라고 할 수 있겠다. 그는 이단적인 주장을 한 죄로 기소된 후 종교재판소로부터 고문 협박을 당했고, 결국 항복하여 1633년 그의 이론을 공식적으로 포기하였다. 갈릴레이의 인생은 구제되었고 고문도 피할 수가 있었다. 피렌체(Florence)에 있는 자택에서 생활하라는 명령을 받았지만, 그는 그곳에서 가족과 제자들을 만나면서 죽을 때까지 연구를 지속할 수 있었다.

갈릴레이는 자신이 발견한 것을 출판할 수 있는 자유와, 두려움 없는 코페르니쿠스(Copernican)의 제자라는 중요한 평판을 버리고, 물리적인 생존을 산 것이다. 이런 경우, 갈릴레이의 행동은 합리적인 동시에 자기이득을 추구한 것이라고 말할 수 있다. 그러나 그가 자신의 평판과 아이디어를 보호하기 위해 스스로의 인생과 자유를 버렸다고 해도, 그 또한 똑같이 합리적인 선택이었을 것이다.

방법론적 경고 : 진화학, 계보학, 철학적 픽션

자신을 보호하려는 본능이 우선시될 때, 대부분의 사람들은 수치심과 같이 강한 불편감을 느끼게 된다. 자신의 목숨을 구하기 위해, 자신의 삶의 조건을 더 낫게 만들기 위해 스스로의 평판을 "희생시켜야" 한다는 감정 말이다. 하지만 우리는 항상 이상적인 자기기대에 맞춰 살 수 있는 세상에 살고 있지 않다. 때로는 현실에 굴복하기도 하고, 실제 존재하는 자기를 위해 이상적인 자기를 포기해야 할 때도 있다. 하지만 이와 같은 경우에 우리가 느끼는 후회감은 실재하는 것이기 때문에, 우리는 행동을 할 때 비전략적이지만 도덕적으로 고려하는 모습을 보인다.

이와 같은 인류의 "고귀한" 비전을 유지하려면 다양한 어려움이 존재한다. 엘스터가 주장했듯이, 이상적인 자기이미지의 일관성을 유지하는 것과, 파스퀴노가 주장했듯이 도덕적인 커뮤니티나 전통에 대해 이타적인 일치를 시키는 것은 둘 다 합리적인 동기가 될 수 있다. 따라서 아직의문은 존재한다. 행동에 대한 이 두 가지 동기들은 특정 사회집단에서 어떻게 발생하게 되었을까.

1장에서 우리는 평판을 인지적 특성으로 다루거나, 개체발생(onto-genesis)의 핵심 단계로서 생각하는 심리학 이론들을 몇 가지 요약해 보았다. 그리고 2장에서는 계통발생론(phylogeny)에 초점을 맞추거나, 전체 인구 수준에서의 사회적 특성의 진화로 생각하는 이론도 정리해보았다. 이제 특정 행동이 존재하게 된 이유를 설명하기 위해서는, 사람들이 특정 행동을 하도록 만드는 원인이 어떻게 발생하게 되는지를 보여주는 이론이 필요하다. 창발적 특성(emergent properties)에 대한 이론에서는 현대 사회과학에 대해 특별한 관심을 가지고 있고, 평판과 같은 사회적 특성의 기능을 제대로 이해하려면 그 기원에 대해 세심하게 검증해봐야 한다고 주장한다.

철학의 역사는 인간 사회의 시작을 설명하는 계보학들로 가득하다. 루소(Jean-Jacques Rousseau)가 1754년에 발표한 『인간 불평등 기원론(Discourse on the origin of inequality among men)』을 예로 들어보자. 그는 인류의 역사를, 사람들이 사회적 계약에 함께 참여하도록 만드는 동기와 니즈에 기반하여 재구성하였다.

생존의 욕구를 충족한 후, 함께 사냥하고, 가족과 함께 생활하고, 스스로를 보호하기 위한 주거지를 짓는 것을 배운 다음에, 인류는 서로에 대해 탐색하기 시작한다고 루소는 주장하였다. 원시적인 주거지에서 사람들과 함께 밤을 보낼 때, 다른 사람들의 시선을 느끼게 되면서, 자기애 및 다른 사람에게 잘 보이고 싶은 욕구가 생기기 시작한 것이다.

사람들은 오두막 앞이나, 커다란 나무 주위에 모이곤 했다. 할일이 없는 남성과 여성들이 함께 모였을 때, 노래와 춤, 사랑과 놀이를 하는 것은 그들의 즐거움이 되었고, 그러한 일을 직업으로 하는 사람들도 생겼다. 사람들은 서로를 바라보았고, 상대방이 자기를 봐주기를 바랐다. 사회적인 이미지를 좋게 만드는 것은 가치있는 일이 되었다. 노래를 가장 잘하거나 춤을 제일 잘 추는 사람, 가장 아름다운 사람, 가장 힘센 사람, 가장 똑똑한 사람, 가장 우아한 사람이라는 호칭을 듣는 것은 매우 중요한 일이 되었고, 이는 사람들 사이의 불평등이 생기게 된 첫 번째 단계이며, 동시에 악(vice)이 생기게 된 시초이기도 했다.

이와 같은 개인적인 선호로부터 자만과 경멸이 생겨났고, 수치심과 질투가 생겨났다. 이와 같은 새로운 변화에 의해 생겨난 소동은 결국 행복과 순수함에 치명적인 해를 미치는 복합물을 만들어내었다. 사람들이 상대방에 대해 평가를 하게 되면서, 그리고 자존감에 대한 생각이 형성되기 시작하면서, 각 개인은 자신의 권리를 주장하기 시작했고, 처벌이라는 것이 존재하지 않는 상태는 더 이상 존재할 수 없게 되었다. (2012, 95 – 96)

진화적 설명과 마찬가지로, '사회라는 것은 자연에서 어떻게 생겨나게 되었을까'에 대한 계보학의 자료를 보면, 자부심과 같은 행동의 무의식적 촉진제가 한 인간의 의식적 이성 및 행동 동기로부터 어떻게 생겨났는지, 그래서 악순환을 피할 수 있게 해주었는지에 대한 사회학적인 설명을 찾아볼 수 있다. 이러한 자료를 보면, 사회적 특성의 발생 조건에 대한 엄격한 철학적 탐색과, 일반적인 역사적·인과적 탐색을 통합하는 경우가 대부분이다.

그 결과, 사회의 발생에 대한 현대 진화론적 설명은 자연의 속성에 대한 전통적인 우화와 동일한 강점과 약점을 가지게 되었다. 인식론적 시각에서 볼 때에는 매우 의심쩍은 내용들이 많다. 그 이유를 보려면, 미셸 푸코(Michel Foucault)가 모든 기원 이론들에 대해 제시한 비판들을 떠올리기만 하면 될 것이다. 그가 사용한 고고학 및 계보학에 기반을 둔 방법은 "메타 – 역사적으로 이상적인 의미를 밝히는 방법들과 막연한 목적론" 및 모든 "기원 탐색"에 반대하며 형성되었다. (1977, 140) 푸코가 비판했던 모든 포괄적 설명들은 실제적인 개념의 발생 조건에 대한 이해를 오히러 혼란스럽게 만들었기 때문에, 그는 니체(Nietzsche)의 역사 비판 이후로 없어졌다고 생각되었던 역사적 목적론을 재소개하였다.

기존의 거대 담론들은 선형적 형태의 역사를 가진 고정된 형이상학적 우주를 연구한다는 전제를 가지고 있었다.

푸코의 계보학적 방법은 이와 같은 거대 담론에 대한 해결책으로 제시되었다. "가치, 도덕, 금욕주의, 지식에 대한 계보학은 '기원'에 대한 탐색을 할 때 혼란을 겪게 되는 경우가 없다. 역사속에서 일어난 많은 일들을 빠짐없이 고려하기 때문이다. 오히려 모든 기원에서 발생하는 세부사항과 사건들을 더 세심하게 파헤친다."(1977, 144) 이 문구를 읽다보면, 우리가 의문을 가지고 있는 문제에 대한 해답을 찾을 수 있다. 자신의 평판에 대해 관심을 가지는 행동은 모든 시대와 모든 사회에서 공통적으로 나타나는 것은 아니라는 사실이다. 특정한 역사적 시기에는 그러한 행동이 핵심적인 가치였지만, 어떤 시기에는 귀족의 허영과 자만으로 비난받았던 행동이었다. 중세 시대에서 평판은 사회적으로 인정을 받는 가치였고, 명확한 법적 기능[12]까지 지니고 있었지만, 앤디 워홀(Andy Warhol)의 대중적인 개그와 같이 "순간적인 명성"을 추구하는 것은 이제 완벽하게 헛되고 소용없는 행동으로 생각된다. 사회학자 노베르트 엘리아스(Norbert Elias)의 주장을 보면 이러한 사실을 강조하고 있다. 엘리아스는 유럽의 궁정사회(court society) — 그 어떤 이득도 기대하지 않는 소비 습관이 사회적 지위를 결정하는 사회 — 가 어떻게 존재할 수 있었고, 그리고 오래지 않아 사라질 수밖에 없었는지를 보여주었다. 그는 특히 17세기 유럽의 궁정사회에서 독특하게 나타났던 귀족적 기풍(ethos)을 설명하는 데 있어서,

---

12   법적 프로세스에서 한 사람의 명성이나 평판을 정직의 근거로 제시하는 것이 가능했던 시기가 있었다. 펜스터(Fenster)와 스메일(Smail, 2003).

이폴리트 테느(Hippolyte Taine)가 프랑스의 구체제 역사에서 설명한 리슐리외(Duc de Richelieu) 공작의 행동을 예로 제시한다.

> 그는 아들에게 돈으로 가득찬 지갑을 주어서 부자처럼 소비하는 방법을 배우게 하려 했다. 그래서 아들이 돈을 돌려주었을 때, 아들의 눈앞에서 그 지갑을 창문 밖으로 던져 버린 것이다. 이와 같은 사회화(socialization)는 사회적 계급이 높으면 그에 따라 낭비를 해야 한다는 사회적 전통을 따른 것이라고 할 수 있다.(1983, 67)

젊은 신사의 교육에 있어서 핵심이 되는 것은, 물질적 만족을 위해서가 아니라 자신의 높은 사회적 위치를 나타내기 위해서 소비하는 것이라는 사실을 배우게 하는 것이었다!

이와 같은 놀라운 사실은 현재에도 나타나고 있다. 도널드 트럼프(Donald Trump)가 미국 대통령이 되기 전에 그의 행동 스타일에 대해 가장 날카로운 해석을 했던 내용들 중에서 한 가지 살펴보자.

> 트럼프는 멸종위기에서 살아남은 공룡과 같이 맨하탄(Manhattan) 지역에 쿵 하고 떨어졌다. 베블런(Veblen)이 설명한 19세기 후반의 『유한계급론(Theory of the Leisure Class)』 ─ 1899년에 발표된 책으로서, 강도 귀족(robber barons)에 대해 인류학적으로 탐색하였음 ─ 의 시대착오적 실례같이 말이다. 베블런은 이 재계의 거물들에 대해 이렇게 설명하였다. 엄청난 소비 및 산업화 시대 이전에 존재했던 봉건주의의 상징인 사회적 계급을 보여주는 자산을 과시함, 여성을 "전리품(trophies)" ─ 더 낮은 수준의 문화발달단계인 야만적 시대에 시작된 구시대적인 행동 특성 ─ 으로 생각하고 다루는 태도를 보임. 이와

같은 태도들을 이해하기 위한 핵심은, 그들이 실제적인 생산적 노동과 거리를 둔 상태에서 사회적 지위를 쌓아올렸다는 사실이다.[13]

하지만 "중산층(bourgeois)"의 절약하는 태도와 생산적인 노동에 대해 우월적인 태도로 무시하는 행동이 모든 역사적 시기에 나타났던 것은 아니다.

문명화 작업의 절정기였던 유럽인의 의식 형성시기에는 이와 같은 행동이 핵심적인 역할을 했었지만, 오늘날의 선진사회에서는 대부분의 경우 합리성이 부족한 행동으로 생각되고 있다.

또한 이제 우리는 평판을 관리하는 방법이 사회적 계층과 지리학적 위치에 따라 매우 다르다는 점을 지적하면서, 평판의 사회적 기능에 대한 반역사적인 설명에 대해 비판하고 있다. 평판에 대해 집착했던 귀족들의 태도는 사회적 사다리를 올라가는 것에 과도하게 관심을 가지는 중산층의 특정 구성원들로 이어졌다. 하지만 최빈곤계층과 자본주의 중산층들은 이와 같은 태도를 경멸하였다. 오늘날 이탈리아아인과 일본인들에게 있어서 자신의 가장 좋은 모습을 보여주려는 것은 가장 영향력있는 행동 동기로 남아있지만, 북유럽이나 미국의 문화에서는 크게 나타나지 않는 특성이다. 일본에는 사무라이의 예의를 갖추는 문화 유산을 이어받아, 현대에도 체면 문화(culture of honor)가 존재한다. 이는 매너, 사회적 계층, 특히 도덕적 가치의 상대적인 비전과 상관관계가 있다. 대조적으로, 미국 남부나 이탈리아 남부의 체면 문화는 남성성(masculinity) 및 폭력과 더 관계 정도가 크다.[14] 도널드 트럼프 대통령이 정말 끈질기게도 세상의 이목을 끌고 싶은 욕구를 드러내고, 언론에서 어떻게 다루어지는가에 대해 집착

---

13   블루멘탈(Blumenthal, 2017)

14   미국 남부의 체면 문화에 대해서는 니스벳과 코헨(Nisbett and Cohen, 1996)을 참고; 일본의 체면 문화에 대해서는 이케가미(Ikegami, 1995)를 참고

하는 것은, 보기 흉하거나 평판이 안 좋은 모습으로 나타내기를 꺼려하는 일본 스타일이라기보다는, 마초적인 "승자"로 보여주기를 원하는 것과 더 관련이 높은 것이다.

평판이라는 개념의 발생에 있어서 "인식론적인 부재" 또는 일시적으로 역사적 불연속점이 있었다는 것에 대한 계보학적 재구성(푸코의 스타일로)을 해본다면, 현대의 사회적 인식론에서 평판이 담당하고 있는 역할을 이해하는 데에 도움이 될까? 필자는 몇 가지 이유 때문에 회의적이다.

첫째, 푸코의 계보학 — 모든 대담론들에 대해 비판을 한, 인식론적으로 가치가 높은 프로젝트 — 은 오늘날 특히 미국의 문화연구 분야에서는 가장 포스트모던한 접근법으로 각광받고 있는, 모든 형태의 내러티브들을 포함하는 또 다른 형태가 되었다. 도덕적 개념들과 사회적 개념들의 모호한 기원들을 찾는 데 있어서, 그 안에 숨겨진 권력과 권력 남용 간의 부적절한 관계를 밝혀주고 있다. 둘째, 필자가 생각하기에는, 인식론적 접근법들(진화학적 접근법과 계보학적 접근법)은 동일한 방법론적 이의를 제기하면서 비판할 수 있을 것 같다. 두 가지 접근법 모두 발생학적 오류를 가지고 있어서, 개념의 역사와 개념 자체 간의 명확한 인과관계를 밝히지 못하고 있다. 그래서 개체발생(ontology)은 계통발생학(phylogeny)을 설명하지 못하고, 마찬가지로 문헌학(philology)도 설명하지 못한다. 특정 개념을 설명할 수 있다고 해서, 그 개념의 역사가 항상 설명가능한 것은 아니다.[15] 예를 들어, 복잡한 현대 사회를 여행하기 위해 필요한 일상적 지식을 갖추는 데 있어서 핵심적인 기능을 하는 평판은 평판의 기원에 대해 계보학적 재구성을 하

---

15   "개체발생이 문헌학을 설명하지 못하고 있다"라는 문구는 여기에서 부정적으로 사용되었는데, 이는 미국의 철학자 윌라드 콰인(W.V.O. Quine)의 표현에서 빌려왔다. 콰인(Quine, 1960) 참조

지 않고는 이해할 수가 없는 것이다.

평판과 같은 복잡한 현상을 이해하는 데 있어서 전형적인 진화이론에서 "발생의 조건"을 찾거나, 계보학적 접근을 통해 "인식론적 부재 순간(epistemological breaks)"을 찾는 것은 큰 도움이 되지 않는 것 같다. 왜냐하면, 이 방법들의 공통적인 목표 — 우리의 행동에 숨겨진 동기가 어떻게 생겨나게 되었는지에 대해 반역사적으로 설명하기 — 는 전반적으로 달성하기 매우 어려운 것이기 때문이다.

이 책의 남은 장에서, 필자는 두 가지 인식론 모두 활용하지 않을 것이다. 필자가 선호하는 것은 보다 현대적인 인지적 접근에 가깝다. 일상생활에서의 언어를 사용하고, 사회과학연구방법론을 사용하여 평판이라는 아이디어에 대해 개념적 분석하기.

필자는 평판의 의미가 어떻게 변화해왔는지를 이해해보고 싶고, 기존 이론들의 맥락에 적용해보고 싶으며, 2장의 초반에 제시했던 최소 합리성 기준에 적합한지에 대해서도 알아보고 싶다. 이 작업을 하는 동시에, 평판이란 복잡하고 변화무쌍한 현상이며, 매우 순간적으로만 존재하는 역사적·사회적 차원이라는 것을 잊지 않으려고 한다. 필자가 활용하고 있는 사회 인식론, 또는 "상황 인식론(situated epistemology)"은 이언 해킹(Ian Hacking), 로레인 대스턴(Lorraine Daston), 스티브 샤핀(Steve Shapin)과 같은 학자들이 이끌고 있는 지식 이론에게서 많은 영향을 받았다. 이 학자들에게 있어서 철학이란 현재의 역사, 또는 역사적 인식론의 한 종류였다. 합리적 설명을 위한 조건을 유지하기 위해, 이들은 개념에 대한 철학적 연구를 하는 데 있어서 상황적·맥락적 시각을 활용하였다. 현대의 역사를 쓴다는 것은, 특정한 역사적 순간에 한 개념이 어떻게 구조화되고 안정되었는지를 분석하는 것이다. 그 개념에 관련된 특정한 가치와 관행들에 대해 알아보고, 현대에서의 중요성에 대해 이해하는 작업이라고 말할 수 있다. 역사적 인식론의 조건을 갖추려면, 개념의 발생에 대해 "최소 유명론(minimal nominalism)"을 수용할 필요가 있고, 해당 개념이 만들어낼 가능성이 있는 모든 세계 속에서 실제로 발생에 기여하고 있는 것에만 초점을 맞출 필요가 있다. 그렇게 해야만 효과적인 개념 분석을 할 수가 있다고 필자는 주장한다. 모든 역사적 대담론들로부터 떨어져서(심지어 반대되는 방향으로) 개념들을 탐색한다는 것은, 개념을 해체하거나 "사회적으로 구성되었다"는 사실을 밝히는 것이 아니다. 이는 해석학의 문제도 아니고, 망상적 계보학의 문제도 아니다. 우리 학생들이 홉스(Hobbes)나 루소(Rousseau)의 책을 읽는 데 있어서 더 이상의 해석학이 필요하지 않은 이유가 바로 이것이다. 아이디어에 대해 실재감을 부여하는 맥락을 이해하는 것이 역사적으로 그 아이디어를 해체하는 것을 의미하는 건 아니다. 개념적 추출, 실증적 분석, 역사적 해석이 동시에 이루어질 수 있고, "평판"과 같은 개념에 대해 충분한 이론적 배경, 명확성과 생산성을 주기 위해 협력할 수 있는 이유가 바로 이것이다.

평판의 진화적인 실재에 대해 역사적으로 민감하고 분석적으로 파악하는 탐색을 하고 싶다면, 물론 문헌조사를 게을리해서는 안 된다. 이를 통해 개념적 분석을 풍부하게 할 수 있는 무궁무진한 사례들 및 반사실적 상황들을 얻을 수 있고, 우리의 현실과 매우 비슷한 세상들을 소개해 주는 멋진 여행(실제는 아니더라도)을 할 수 있기 때문이다.

필자가 하고자 하는 주장의 핵심을 전달하는 3장으로 넘어가기 전에, 여기에서 한 가지의 분석 도구를 더 소개하려고 한다. 2장의 초반에 제시된 합리적 배우 이론과 같이, 평판의 형성 및 유지 방법을 우리가 이해할 수 있도록 도와줄 것이다. 신호 이론(signaling theory)에 대해 간단히 알아보도록 하자.

당신의 평소 행동을 말해주면, 당신이 어떤 사람인지 내가 말해줄게요 : 신호로서의 평판

가이우스 무키우스 스카이볼라(Gaius Mucius Scaevola)의 이야기는 몇몇 고대 학자들 — 리비우스(Livy), 플루타르크(Plutarch), 핼리카나소스의 디오니시오(Dionysius of Halicarnassus) — 에 의해 전해졌다. 기원전 507년, 로마공화국의 젊은 영웅은 에트루리아의 포르세나(Porsenna) 왕 앞에서, 왕의 눈을 똑바로 쳐다보며 불 속으로 오른손을 집어넣고, 이렇게 말했다. "보시오. 위대한 영광을 기대하는 사람에게 있어서, 자신의 몸 따위란 너무나 하찮은 것임을 알게 될 것이오!" 무키우스는 이 행동을 통해, 에트루리아인들이 재개한 공격에 대해 공화국을 지키고자 하는 커다란 헌신과 전념의 태도를 보여주었다. 포르세나 왕은 이 젊은 로마인의 굳건한 마음가짐에 감동을 받아서 무키우스를 풀어주었는데, 그때 무키우스는 자기 자신을 기꺼이 희생해서 에트루리아의 왕을 살해할 준비가 되어 있는 로마의 병사들이 300명 더 있다고 외쳤다.

포르세나 왕은 이 말을 듣고 질겁해서, 바로 후퇴를 하고 말았다.

타오르는 불 속에 한 손을 집어넣고, 고통을 느끼면서도 눈 하나 깜짝하지 않는 행동은 자신의 조국에 대해 강한 헌신의 태도를 보이는 전사의 용맹함을 있는 그대로 보여주는 표현이다. 아무 말 없이 자신의 적의 눈을 바라보면서 한 손을 불태우는 행동은 두려움 없고 헌신적인 전사가 아니라면 정말 보여줄 수 없는 행동이다. 무키우스는 자신의 평판을 스스로 만들었고, 그 자리에서 바로 평판의 타당성을 증명한 것이다.

이렇게 무키우스와 같이 자신의 적에게 겁을 주기 위한 목적을 넘어서서, 평판의 전략적 활용에 대한 설명을 하기 위해, 많은 연구들은 신호 이론(signaling theory)을 활용하였다. 사회학자인 디에고 강베타(Diego Gambetta, 2009)는 이 이론이 다양한 연구들을 통합한다고 설명하였다. 소스타인 베블런(Thorsten Veblen)의 과시적 소비(conspicuous consumption) 연구부터 부르디외(Bourdieu)의 사회적 구별(social distinction)에 대한 상징까지, 그리고 고프만(Goffman)의 이론부터 토마스 셸링(Thomas Schelling)과 로버트 저비스(Robert Jervis)의 국가간 전략적 상호작용까지. 강베타는 진화 생물학과 동물들 사이에서 교환되는 신호에 대한 연구까지 포함시켰다.

합리적 계산을 기반으로 한 평판의 전략적 이론과 달리, 신호 이론은 전략적 행동에 대한 합리적 제약(rationality constraints)과, 기본적인 소통 현상으로서의 평판에 대한 이해를 결합시키는 장점을 가지고 있다. 이에 대해서는 앞으로 조금 더 자세히 살펴볼 예정인데, 평판의 가장 큰 특징은 이렇게 소통이 가능하다는 점이다. 누가 누구에 대해 뭐라고 얘기하는가?(Who says what about whom?) 또한 신호 이론은, '우리의 행동은 다른 사람들에게 우리 자신에 대한 무엇인가를 항상 이야기하고 있다'는 사실을 어떻게 전략적으로 활용할 수 있는지에 대해 잘 설명해준다.

신호들의 소통을 어렵게 만드는 핵심 문제는 이런 것이다. 나는 k라는 특성이 있다는 것을 상대방에게 보여주고 싶다(예 : 나는 정말 엄청나게 돈이 많다, 나는 복수심에 불타고 있다, 사람들은 잘 모르지만 나는 발이 매우 넓다, 나는 사람들이 깜짝 놀랄만큼 똑똑하다).

내 신호를 받는 사람들에게, 나의 특성에 대해 소통하기 위해 취할 수 있는 행동은 매우 다양하다. 내 신호를 받고 상대방이 나의 특성을 잘 알아채준다면, 나는 이득을 얻을 수 있다. 하지만 조심할 것은 이것이다. 내가 k라는 특성을 가지고 있든 안 가지고 있든 간에, 나는 이득을 얻을 것이라는 사실이다. 약속시간을 정확하게 지키고 옷을 잘 갖춰입음으로써 대출 담당 은행원에게 '나는 매우 신뢰할 만한 사람이다'라는 메시지를 성공적으로 전달한다면, 나는 낮은 이자로 대출을 얻을 수 있을 것이다. 실제로 내가 신뢰할만한 대출대상자인지는 상관없이 말이다. 하지만 은행의 입장에서 생각해보면, 은행이 이득을 얻는 것은 실제로 내가 k라는 특성을 가지고 있을 때에만 가능하다. 나는 신뢰할 만한 사람이 아닌데도 대출 담당 은행원이 나를 믿는다면, 매달 대출 상환금을 제대로 갚지 않는 골칫거리 고객 한 명을 더 얻게 될 뿐인 것이다. 신호 이론은 신호 송신자가 알고 있는 것과 신호 수신자가 알고 있는 것 간의 근본적 비대칭 현상을 기반으로 한다.

다른 사람들에 대해 파악하는 것의 중요한 대부분의 것들 — 정직성, 신뢰성, 효율성, 부(wealth), 지능 — 은 경험적으로 관찰하기가 쉽지 않다. 우리는 신호를 통해 보이지 않는 특질들을 추론해야만 한다. 하지만 그 신호들은 정확할 수도 있고 부정확하기도 하다. 따라서 신호 이론은 사인(signs)과 시그널(signals) 간의 고전적인 구분을 기반으로 하여, 정확한 신호와 부정확한 신호를 구분한다.[16] 시그널은 '의도적으로' 만드는 것이다 (예 : 나는 관찰불가능한 k 특질을 내가 가지고 있음을 다른 사람들에게 의도적으로 소통한다). 반대로 사인은 의도적으로 만들어지는 것이 아니다. 특별한 악센트를 가지고 외국어를 말하게 되면 다른 사람들은 나의 출생지에 대한 정보를 얻게 되지만, 그때 내가 의도를 가지고 특정 악센트를 사용하는 것은 아니다. 사인은 환경에서 지각할 수 있는 모든 것이고, 사람이나 사물에 대해 우리가 가지고 있던 신념을 수정해준다. 사인이 의도적인 것은 아니지만, 항상 "자연스러운" 것은 아니다. 사인이 가지고 있는 정보적 가치는, 수신자가 지각 및 해석을 할 수 있는 것이 어떤 것이냐에 따라 달라진다.

예를 들어 헤어스타일은 사회적 환경 내의 특정 사회계층에 속해 있다는 것을 보여주는 사인일 수 있다. 또 언젠가 필자는 친구와 함께 런던 펍(Pub)에 간 적이 있다. 친구는 필자에게 맥주 말고 와인을 주문하라고 했

---

16   그라이스(Grice, 1957)

는데, 그 이유는 그때 당시 펍에서 여성이 맥주를 마신다는 것은 낮은 계층이라는 것을 의미했기 때문이었다. 이와 같이 사인은 의도적인 것은 아니지만 "자연스러운" 것은 아닐 수도 있다. 주름은 비의도적으로, 비자발적으로 나이가 들었다는 것을 보여주는 사인이기는 하지만 사람들이 주름살에 대해 나이듦의 사인이라고 지각하고 특정 상황에서 그 주름살에 관심을 보이는 것은, 특정 맥락과 사회적·문화적 규준(특정한 사인에 대한 수신자와 해석자의 민감성을 형성하는)에 따라 달라진다.

우리가 사인과 시그널을 구분해야 하는 이유는 분석을 위해서이다. 하지만 우리가 사인에 대해 과시적인 태도를 가지고 있을 때, 사인은 시그널이 될 수 있다. 본인의 신체 일부를 사람들 앞에 의도적으로 보여줌으로써, 도발적으로 자신의 상처나 타투를 노출시키겠다는 마음을 먹을 수 있는 것 같이 말이다. 우리가 가지고 있는 특질 중 대부분은 의도적으로 전달하는 시그널이 되는 경우가 드물지만, 그러한 경우도 존재한다. 이것이 바로 우리의 "평판"을 구성하는 것으로서, 우리가 의도적으로 표출하는 사인의 하위세트이며, 결론적으로는 우리의 통제를 벗어나서 우리를 관찰하는 사람들의 손으로 들어가는 것이다. 다른 사람들이 우리의 특질과 행동을 해석해서, 우리의 숨겨진 특성이라고 간주하는 방법에 대해 대강 인식할 수 있기 때문에, 우리는 특정한 특질이나 행동을 더 표현함으로써 특정 사인을 조종하기 위한 시도를 할 수 있다. 주위 사람들이 우리에 대해 특히 만족스러워하고 긍정적인 정보를 얻을 수 있도록 하기 위해서 말이다.

반대로, 과거의 시그널은 오늘날의 사인이 될 수도 있다. 처음에 내가 타투를 했던 이유는 아무런 제약이 없이 자유롭게 사는 소녀라는 것을 보여주기 위해서였지만, 진지한 학자가 된 후 그 타투는 당황스러운 것이 되어버릴 수 있다. 한때는 내가 타투를 통해 전달하고자 하는 평판의 혼적으로 타투가 남아있지만, 이제는 그 타투를 숨겨버리고 싶은 것이다. 생물학자들이 연구한 "시그널"들은(몇 가지 예외는 있지만) 의도적인 것이 아니었다.

그 시그널들은 자연 선택(natural selection) 과정 — 최적의 상대 추구 — 에서 선택된 것이었다. 멋진 공작의 꼬리가 완전히 펼쳐진 상태는 '아름다움'의 사인을 나타낸다. 수컷 공작은 암컷을 유혹하기 위해 본인의 꼬리를 펼쳐서 흔들 것인지를 "결정"할 수 있지만, 자신의 깃털 길이를 결정할 수는 없다. 암컷 공작이 긴 길이의 깃털을 가진 수컷이 자신의 짝이 될만한 힘과 기량을 가지고 있다고 해석한다 해도 말이다.

베블런과 부르디외의 주장에 따르면, 사람들은 공작 수준의 의도를 가지고 시그널을 만들어낸다고 한다. 사람들은 자신이 자발적으로 시그널을 보낸다고 생각하고 있고, 얼핏 보면 실제 그런 것 같이 보이기도 하지만 사실은 사회적 위계체제 안에서 본인의 위치를 표현하고 있는 것이라고 말할 수 있다. 현실에서, 개인이 자신의 상대적인 사회적 지위를 표현하는 방법은 자신의 사회적 계층의 기능을 통해서만 가능한 것이고, 결국은 상위계층(master class)이 자신의 권력을 공고히 하기 위한 욕구를 지원해주게 된다. 1899년, 새롭게 나타난 미국의 부유층의 라이프 스타일을 묘사한, 사회학의 고전인 『유한계급론(The Theory of the Leisure Class)』에서 베블런은 다음과 같이 주장했다. 여가는 사회의 지배계층이 자신의 부에 대한 시그널을 보내는 방법이다. 매우 높은 수준의 운동 스킬을 갖추었거나, 고대 언어를 마스터했다는 것은 본인이 마음대로 쓸 수 있는 시간이 정말 충분했다는 것을 보여주는 사인이라는 것이다. 이는 부유한 사람들만이 할 수 있는 사치스러운 행동이다. 마찬가지로, 예쁘게 꾸민 숙녀가 손톱을 길게 길렀다는 것도 충분한 여가를 즐기는 생활의 사인일 수 있는 것이다. 매일 저녁 요리를 하고 설거지를 하면서, 예쁜 매니큐어를 바른 손톱을 유지한다는 것이 말이 되겠는가!

신호 이론이 가지는 문제점들 중의 하나는 바로 사기(misrepresentation)를 치는 것이 가능하다는 것이다. 자신이 충분히 갖고 있지 않은 특성인데도, 마치 그 특성을 갖고 있는 것처럼 신호를 보낼 수 있기 때문이다. 따라서 전략적 사기의 발생가능율은 매우 높다고 말할 수 있다. 그렇기 때문에, 게임 이론에서는 불완전한(semi-sorting) 균형(equilibria)에 대해 언급을 하고 있다. 즉, 누군가는 k라는 특성에 대해 시그널을 보내고 싶은데 s라는 시그널로 표현될 수도 있고, k라는 특성을 가지고 있지 않은 사람이 s라는 시그널을 보낼 수도 있는 것이다.

그렇다면, 정직한 송신자와 수신자는 사기꾼의 위협으로부터 스스로를 어떻게 보호할 수 있을까? 다르게 말해본다면, 정말 정직한 시그널(honest signal)이란 어떤 것일까?

이렇게 대답할 수 있을 것 같다. 정말 완벽하게 정직한 시그널이란 절대 성공적으로 꾸며낼 수 없는 신호이다. 정직한 시그널(거짓으로 꾸미기가 매우 어렵게 설계된) 이론은 동물의 행동부터 국가 간의 상호작용까지 다양한 현상들에 대한 설명을 가능하게 해준다. 우리는 이미 무키우스의 사례를 살펴보았었다. 정직한 시그널(사기꾼이 흉내낼 수 있는 가능성이 별로 없는)에 대한 좋은 사례를 또 하나 들어본다면, 자신이 설계한 고층빌딩의 최고층으로 이사가려고 하는 건축가의 결정을 이야기할 수 있겠다. 그와 같은 행동을 보면, 빌딩이 무너져 내릴 위험이 없다는 것에 대한 믿을 만한 근거를 얻을 수 있을 것이다. 하지만 일상생활에서 우리가 보내는 시그널들은 불완전한 형태인 경우가 대부분이다. 우리는 믿을 만해 보이기는 하지만 완벽하게 신뢰하기는 어려운 정보들을 담아서 시그널을 보낸다. 정직한 시그널은, 그 시그널을 흉내낼 수 있는 사람은 거의 없다고 생각되는 만큼 믿을 수 있는 것이다. 정직한 시그널을 흉내내기 위해서는 대부분의 경우 위험부담이나 비용이 너무 커진다.

하지만 어떤 사기꾼 시그널 송신자들은 매우 큰 위험부담을 감수하려 하기도 한다. 자살 테러리스트의 이야기를 해보자. 숭고한 목적을 위해 죽을 준비가 되어 있다는 것은 매우 위험부담이 큰 시그널이다. 하지만 오늘날 우리는 겉치레만 번지르르한 허상의 "순교자들"을 매우 많이 볼 수 있다. 실제로는 서구를 공격할 욕구가 전혀 없는, 명확한 이데올로기도 없고, 헌신하고자 하는 열정도 없으며, 폭력 성향도 없는 사람들 말이다. 그들은 인터넷을 통해 가벼운 분위기에서 모집되며(또는 자발적으로 나서며), 제대로 된 이유도 알지 못하고 매우 위험한 시그널을 자발적으로 표현한다. 어떤 사람들은 파라다이스에 가고 싶어 하고, 또 다른 사람들은 별로 하는 일도 없다. 하지만 이와 같은 시그널을 관찰하는 사람들은 자기를 희생하는 자살 테러리스트의 강한 목적 의식에 투사를 할 수 있다. 실제로 대부분의 경우, 그와 같은 목적 의식에 대한 헌신은 실재하지 않음에도 불구하고 말이다. 영웅적인 헌신으로 보이는 행동을 의미있는 시그널로 해석하게 되면(우리가 그렇게 하는 경우가 많듯이), 잘못 형성된 급진주의 포기(deradicalization) 정책을 이끌어낼 수 있다. 그와 같은 영웅적 헌신은 실제로 존재하지 않고, 위험한 시그널에 대한 잘못된 해석에 의해 만들어진 수신자의 상상에 불과한데도 말이다.

물론, 신호 이론이 "정직한 시그널"은 언제나 신뢰도가 높다라고 주장하는 것은 아니다. 시그널의 상대적 신뢰도를 높이는 것은, 정직하게 시그널을 보내는 것(내가 k라는 특성을 진짜 가지고 있을 때)과 정직하지 않게 시그널을 보내는 것(내가 k라는 특성을 가지고 있지 않을 때)의 차이이다. 하지만 대부분의 경우 극도로 큰 위험부담 때문에 부정직한 시그널을 보내기가 어려움에도 불구하고, 부정직한 시그널을 보내는 것이 완전히 불가능한 것은 아니다.

신호 이론은 사회적 정보를 교환하는 일반적 시스템의 맥락에서 이득을 얻을 것을 기대하면서, 자신의 평판에 대해 정직하게 또는 부정직하게 소통하는 전략을 이해할 수 있게 해준다. 하지만 이 이론에서는 특성 k의 존재나 부재에 관련하여 평판의 매우 단순한 형태만을 다루고 있다. 평판의 기본적인 사회적 요소에 대해 고려하지 않고 있는 것이다. 우리는 사회 내에서 평판이 퍼져 나가는 복잡하고 다양한 방법에 대해 더 살펴볼 필요가 있다.

기존의 방법론들에 대해 살펴보았으니, 이제는 다음 장으로 넘어갈 수 있을 것 같다. 평판이 가지고 있는 핵심적인 소통적 특성에 대해 탐색을 해볼 필요가 있다. 평판은 다른 사람들의 시각 속에서만 존재하는 것이 아니라, 다른 사람들끼리 그리고 다른 사람들이 우리와 함께 공유하는 엄청난 양의 단어들과 이야기들 속에도 존재하고 있다.

평판은 목표달성을 위한 도구인가, 아니면 최종 목표인가?

평판

Reputation

"Somebody Told Me," or How Reputations Spread

3장

"누가 나한테
이런 얘기를 하던데…":
평판이 전파되는 방법

내 생각에, 사기꾼 힐러리(Crooked Hillary)와 나는 둘다 세부적인 의료기록을 공개해야 한다. 나는 아무 문제 없이 할 수 있다! 힐러리는 어떨까?

트럼프 대통령의 트위터 @REALDONALDTRUMP, 2016년 8월 20일

이런 종류의 평판은, 만약 그 평판이 진실이라 하더라도, 다른 사람의 아이디어로 만들어진 것이다.

마르셀 프루스트(Marcel Proust), 『스완의 사랑(Swann in Love)』

평판은 다른 사람들의 의견이 모여서 만들어진 것이다. "의견(opinion)"
을 참고한다는 것은 평판의 어휘적 정의에 있어서 필수적으로 포함되
는 요소이다. 예를 들어, 옥스퍼드 영어 사전을 보면, 평판은 다음과 같
이 정의되어 있다. "1. 높은 평가를 받는 상태나 사실", "2. 한 사람의
특성 및 성격에 대한 일반적 의견 또는 추정; 한 사람과 한 사물에 대한
상대적 존경". 라루스(Larousse) 사전에도 평판의 정의는 유사한 내용으
로 실려 있다. "사회에서 사람이나 사물에 대해 가지고 있는 호의적 또
는 비호의적 의견."

이와 같은 정의들의 내용이 정확하기는 하지만 평판의 핵심적인 부분
을 설명하지는 못하고 있다. 즉, 평판(Reputation)이라는 단어에서는 반복
을 의미하는 "re"라는 접두사에 초점을 맞춰볼 필요가 있다. 평판은 단순
한 의견이 아니다. 평판은 언어화되어 이야기되어지고, 반복되며 퍼뜨려
지는 것이고, 가장 핵심적인 속성은 '소통'이 된다는 것이다. 셰익스피어
(Shakespeare)는 카시오(Cassio)에 대한 내용을 쓸 때, 평판의 핵심적인 속성
이 '소통'이라는 것을 너무나 잘 알고 있었다. 카시오는 오델로(Othello)의

눈에 비친 자신의 평판이 더럽혀진 후 좌절감에 빠져서, 이 단어를 세 번 외쳤다. "평판, 평판, 평판! 아, 나는 내 평판을 잃어버렸다! 내 몸의 불멸의 부분을 잃고 말았으니, 남아있는 것은 짐승같은 것뿐." 카시오는 회복 불가능할만큼 큰 상처를 입었다. 카시오의 불멸의 부분은 오델로가 그에 대해 가지고 있는 시각뿐 아니라, 더 넓은 세상이 내리는 평가였고, 곧 이 사람으로부터 저 사람에게 메아리쳐 나갈 것이라는 것을 너무 잘 알고 있었기 때문이었다. 이와 같이 사회 내에서 울려퍼져 나가는 의견들은 다른 사람들이 주고 싶어하는 명성과 인정의 표현들을 담고 있다. 평판은 다른 사람들로부터 전해 들은 말을 통해, 그리고 또 정보(예를 들어 기록된 말과 같이, 보다 통제 가능한 형태의)를 퍼뜨릴 수 있는 다른 방법들을 통해 돌아다닌다.

평판은 자신만의 규율에 따라 순환되는 의견의 모음으로서, 의견을 가지고 소통하는 각 사람들의 개인적 신념과 의도와는 상관없이 움직인다. 2장에서 언급했던 평판의 전략적 활용을 보면, 때때로 평판은 의식적으로 그리고 성공적으로 조종될 수 있다고 한다. 하지만 통제불가능한 평판의 전파와 확산, 명예훼손의 위험, 루머와 가십을 통해 망쳐진 평판에 대한 복구의 어려움 때문에 생기는 전반적인 불안과 모호함을 줄일 수 있는 방법은 거의 없다.

평판의 핵심인 '소통'이라는 특성은 종종 이 현상에 대한 연구에서 무시되곤 한다. 하지만 평판이라는 것은 단순한 의견과는 전혀 다른 개념이고, 우리가 다른 사람의 의견이라고 믿는 것의 사회적 표현이라고 말하는 것이 더 정확하다. 우리는 정말 다양한 이유를 가지고 이와 같은 '의견에 대한 의견(opinion about opinions)'을 표현하고 전달한다. 그 의견에 대한 의견은 모든 사람들의 의견과 전혀 다르기도 하고, 일치하기도 한다. '단순한 의견'과, '우리가 권위자라고 생각하는 사람들의 의견을 바탕으로 하여 누군가에 대해 이렇게 생각해야 한다'고 믿는 것 사이에는 명확한 차이점이 존재한다. 예를 들어, 나는 국무총리에 대해 나 나름대로의 의견을 가질 수 있다. 하지만 그 의견은 내가 정기적으로 읽고 있는 신문에 실린 총리에 대한 논평으로부터 영향을 받을 가능성이 있다. 이러한 경우, 나는 아무런 비판 없이 내가 선호하는 논설위원의 시각을 있는 그대로 받아들이게 될 것이다. 우리 주위에 있는 사람들과 사물들에 대해 우리가 가지는 대부분의 의견은, 다른 사람들에 의해 표현된 의견에 대해 우리가 주는 가중치에 따라 달라진다. 우리가 권위자들의 의견에 대해 어떤 생각을 가지는지를 보면, 평판의 핵심인 '의사소통'이라는 특성과, 사회적 위계를 중요시하는 특성을 명확하게 알 수 있다. 즉, 평판은 2차적(second-order)인 의견으로서, 우리가 믿어야 한다고 생각하는 것이라고 말할 수 있겠다.

평판이 퍼져나가는 다양한 경로들을 탐색하려면, 우선 두 가지 기본적인 카테고리를 분류할 필요가 있다. 1) 비공식적 평판 2) 공식적 또는 "객관화된(objectivized)" 평판. 첫 번째 카테고리는 의견의 순환과 관련된 모든 사회인지적 현상들을 포함한다. 루머, 가십, 빗대어 하는 말(innuendo), 기밀 누설, 계단식 정보전달 등. 두 번째 카테고리에는 평판을 "객관적인" 형태로 만들고자 하는 모든 공식적인 전략을 포함한다. 평가와 순위매기기 시스템, 생산 라벨, 인터넷 검색을 기반으로 한 알고리즘에 의해 구축된 정보의 위계. 필자는 공식적인 평판에 대해 이 책의 후반에서 다뤄볼 예정이다.

3장에서는, 비공식적으로 전파되는 평판에 대해서 주로 초점을 맞춰 보도록 하겠다.

비공식적 평판의 명성은 매우 좋지 않다. 뚜렷한 목적이 없는 가십이나 떠벌려지는 남의 소문들은 거의 근거 없고 잘못된 의견들로 구성되어 있는 경우가 대부분이다. 사회라는 세상은 비공식적인 소통 경로들이 복

81

"Somebody Told Me," or How Reputations Spread

잡하게 얽혀 있는 곳이다. 익명의 정보들이 돌아다니는 뒷골목, 지도에도 없는 오솔길, 여행자들이 오고가면서 밟고 다녀서 만들어진 작은 길들 말이다. 이와 같은 은밀하고 비공식적인 채널을 통해 우리의 많은 신념들이 만들어지고 집단의 무지, 군중의 비합리성, 무비판적인 섣부른 믿음들이 악화되는 것이다. 하지만 이것이 진짜 중요한 문제일까?

비공식적 소통이 가지고 있는 위험에 대해 우리가 끊임없이 들어온 경고는 어느 정도 맞는 이야기인 듯하다. 하지만 우리가 세상에 대해 가지는 믿음의 원천에 대해 권위자들이 통제하려는 욕구에 대해서는 그다지 많은 이야기가 되고 있지 않다. 대신에, 본인을 폄하하거나 당황스럽게 하는 의견들이 자유롭게 오가고, 보이지 않는 곳에서 돌아다니는 비밀의 통로에 대한 근본적 불안은 명확하게 존재한다. 3장에서는 이러한 경로들을 명확히 정리해서, 그 경로들이 항상 위험한 것은 아니며, 오히려 아이디어의 순환과 의견 구축에 긍정적인 기여를 할 수 있다는 것을 보여주려고 한다. 즉, 우리는 각각의 사례를 통해서만 알고 있는 비공식적 평판의 구조와 형태에 대해 이해하고, 어떻게 통제할 수 있을지에 대해 배울 필요가 있는 것이다.

사람들 사이에서 돌아다니는 의견들을 평판이라고 부른다. 즉, 평판은 우리가 꼭 알아야만 할 것 같은 다른 사람들의 시각인 것이다. 로버트 단턴(Robert Darnton, 2010)이 보여주었듯이, 프랑스 혁명 이전 시대에 중상모략(calumny)은 하나의 문학 장르라고 인정받을 정도였다. 그 시기에, 중상모략은 주권의 남용에 대해 대항하는 효과적인 도구로서 생각되기도 했다. 방탕한 작가들, 논객들, 기자들은 프랑스의 엘리트들의 평판을 공격하는 불법 출판물을 만들었다는 이유로 체포되어 고문을 당했다. 법관들과 왕의 명예를 훼손하는 글들은 빠르게 퍼져 나갔기 때문이다.

하지만 비공식적 평판의 이와 같은 나쁜 명성과 반대로, 긍정적인 인지적 역할을 보여주는 사례들도 존재한다. 다원적 무지(pluralistic ignorance)는 사회과학자들에게 매우 잘 알려진 개념이다. 때때로 사람들은 사회적 환경 때문에 특정 의견에 대해 마음이 끌리게 된다. 특정한 정당에 대한 선호, 특정한 미술 작품에 대한 긍정적 평가. 하지만 그들의 생각과 달리, 나중에 보면 실제로 그러한 의견을 가지고 있는 사람은 아무도 없다는 것을 발견하게 되지만 말이다. 터키계 미국인 사회학자인 티머 쿠란(Timur Kuran, 1997)은 혁명과 같은 정치적 변화를 예측하기 어려운 이유 중의 하나로, 사람들이 겉으로 공공연하게 표현해야 할 것 같은 압력을 받는 선호도와 실제 그들이 가지고 있는 선호도는 다르기 때문이라고 주장했다. 사회구성원들이 가지고 있는 불만의 정도와 강도가 알려지는 것은, 구 시스템이 붕괴하기 시작할 때에만 가능하다. 예를 들어, 독재정부의 통치를 받는 국민들은 정부에 대해 솔직하게 불만을 이야기하지 않도록 조심하는 경우가 대부분이다. 안전을 보장받기 위해, 그들은 고개를 들지 않고 다수의 의견이 무엇이든지 간에, 그 의견에 대해 동조하는 척을 할 뿐이다. 그러면서 국민들은 자신이 동의하지 않는 친정부 의견들을 퍼뜨릴 수 있지만, 사실 모든 사람들이 그러한 의견을 가지고 있으리라는 믿음은 틀린 경우가 많다. 다원적 무지 현장은 평판의 핵심적인 '소통' 속성을 잘 보여준다. 평판은 의견들에 대해 옳거나 틀린 의견들이 유포되면서 유지된다. 마찬가지로, 평판은 동일한 방법으로 없어지기도 한다. 여기서 필자가 강조하고 싶은 것은, 평판은 언제나 '의견에 대한 의견'이라는 사실이다. 즉, 평판은 다른 사람들에 대해 우리가 '가져야 하는(should)' 의견이 어떤 것인지 지시하는 "메타−표상(meta−representation)"이라고 말할 수 있겠다.

정리해보면, 평판은 우리가 다른 사람들에 대해 생각해야 하는, 또는 생각하는 것처럼 꾸며야 하는 것이 어떤 것인지를 고르는 선택을 가이드

해주는 아이디어에 대한 아이디어이다.[1]

　다원적 무지는 새롭게 나타난 현상은 아니다. 심리학자 대니얼 카츠 (Daniel Katz)와 플로이드 헨리 올포트(Floyd Henry Allport)는 1931년에 이 개념을 사용해서, 수업시간에 설명한 자료들을 100% 명확하게 이해한 척하고 아무런 질문을 하지 않는 학생들의 태도를 설명하였다. 왜냐하면, 그들은 본인 외의 다른 학생들은 모든 것을 완벽하게 이해했다고 확신하고, 동료들 앞에서 체면을 구기기 싫었기 때문이었다. 때로 우리는 그래야 한다고 믿기 때문에, 특정한 태도를 취하거나 특정 의견을 주장한다. 우리는 전체 집단의 의견(collective verdict)에 동의하지 않으면 나쁜 평판을 얻을 것에 대한 두려움 때문에 좋은 평판을 가진 아이디어, 사람, 미술작품, 조직을 선호하는 표현을 한다. 하지만 이와 같은 전체 집단의 의견은 실제로 존재하지 않을 때가 종종 있다. 모든 사람들이 그러한 의견을 가지고 있다고, 사람들이 잘못 확신하는 것뿐일 때가 있는 것이다. 이쯤에서 정리해본다면, 첫째, 실제로는 우리가 믿지 않지만 마치 믿는 듯이 행동하도록 만들만큼 강한 특정 개인의 신념이 존재한다. 둘째, 집단적 합의라는 것은 매우 깨지기 쉬운 것이다. 왜냐하면, 몇 명의 반대자들이 진실한 자신의 선호를 드러내고, 또 몇 명이 그들의 의견을 따르게 되자마자, 집단적 합의는 마치 도미노와 같이 무너진다. 가짜 집단적 의견은 이렇게 붕괴되는 것이다.

　다원적 무지는 평판이라는 "정보 구름떼(information clouds)"를 태우고 다니는 유일한 교통수단은 아니다. 계단식 정보전달, 루머, 가십과 같은 교통수단들도 존재한다. 이들은 모두 평판의 핵심인 메타-표상이라는 속

---

[1]　메타-표상(meta-representation)과 2차 의견(second-order)의 개념에 대해서는 스퍼버(Sperber, 1996, 2000) 참고

성에 의존한다. 우리가 생각하는 것은, 그렇게 생각해야 한다고 우리가 믿는 것이다. 이때 우리는 다음의 두 가지 일을 동시에 진행한다. 우리 자신의 평판에 대해 집착하기(이는 우리의 가장 좋은 모습을 다른 사람들에게 보여줄 수 있다고 믿는 신념을 가져야 한다고 주장한다). 그리고 다른 사람들의 평판을 전파하는 과정에 참여하기.

이는 개인의 심리적 태도가 집단적인 아이디어의 확산으로 바뀌는 현상을 보여준다. 이와 같은 현상의 거시적 효과는 처음 현상을 발생시킨 미시적 원인과는 매우 달라질 수 있다. 인간의 비합리성과 경솔한 믿음에 대해 지나치게 비관적인 결론을 내리는 것을 피하려면, 이러한 차이를 이해하는 것이 중요하다. 우리는 특별히 잘 속아넘어가는 존재도 아니고, 구제불능의 멍청이도 아니다. 가십이나 루머와 같이 가장 날것의 형태로 돌아다니는 정보들도 어느 정도의 정보성 형태를 갖추고 있다. 사회의 구성원들이 합의한 시각을 거부하기 위해서 지불해야 하는 비용이 너무 높거나, 특별한 문제에 대해 어떤 것을 믿어야 할지 모를 때라면, 그 시각을 받아들이는 것이 합리적이고 이해할만한 것으로 보인다. 우리가 신문기사에서 읽은 내용을 믿게 되는 이유는, 만약에 다른 진실이 존재한다면 아마 먼저 들었을 거라고 스스로에게 이야기하기 때문이다. 우리가 가십에 관심을 가지는 이유는, 특정 상황과 특정 순간에는 우리가 알고 싶어하는 주제에 대한 정보를 얻을 수 있는 유일한 방법이 그것밖에 없기 때문이기도 하다. 물론, 그 정보는 단편적이거나 부정확할 수 있긴 하지만 말이다. 하지만 이와 같은 현상이 반복되다보면 결국 집단의 비합리성이 발휘되게 된다. 우리는 우리가 믿지도 않는 의견을 말하게 되고, 다른 사람들은 진정으로 자신이 말하고 있는 것을 믿는다고 확신하게 되며, 그 가십이 사실일 경우 생겨날 수 있는 영향력 때문에 가십의 확산 과정에 참여한다("너는 이 얘기 들어도 정말 믿지 못할 거야!"). 그 가십의 내용이 정말 맞는지는 상관없이 말이다.

계단식 정보전달

계단식 정보전달(informational cascades)은 언론과 인터넷에서 흔히 나타나는 현상이다. 어떤 집단에서 그 의견이 진실한지에 대한 근거가 없는 상태에서 한 가지 의견을 받아들일 때 — 또는 수용하는 것같이 행동할 때 — , 그 현상은 발생한다.

사회학자 파브리스 클레망(Fabrice Clément)은 그 문제에 대해 잘 알지 못하는 사람들이, 자신이 속한 집단의 의견을 앵무새처럼 전달만 하는 이 현상에 대해, 캐스 선스타인(Cass Sunstein)이 루머에 대해 쓴 책의 프랑스판 서문에서 이렇게 설명하였다.

> 사람들은 해당 의견의 "전령"이 된 것처럼 행동한다. 그 의견을 꼭 믿을 필요도 없다. 그 루머를 접한 사람들이 가치있는 정보라고 믿게 하기 위해서는, 그 사람들 앞에서 그 문제에 대해 의문만 표시하지 않으면 충분하다(예 : 동료 집단 구성원들의 존경을 잃을까봐 두려워서). 그 신념은 사회적 네트워크를 통해 더 많은 사람들에게 퍼져나간다. 이들은 '이렇게 많은 사람들이 잘못된 정보를 알고 있을 가능성은 없으니까'라고 스스로에게 말해준다. 이러한 방법으로 계단식 정보전달은 진행되고, 루머의 확산이 가져올 수 있는 위험성은 엄청나게 커지게 된다.[2]

사람들이, 자신이 받아들이는 정보가 어떤 것인지 제대로 확인하지 않

---

2   클레망(Clément), 2012, 18, 19

고, 눈을 감은 채로 그 정보를 "받아들일 때", 정보전달의 계단은 만들어진다. 왜냐하면, 모든 사람들은 대부분 그와 동일한 정보 수용 행동을 하기 때문이다. 그들은 스스로 해당 문제를 잘 알아보려는 노력을 하지 않고, 그 대신에 "옳은" 의견을 선택해주는 "집단 지성"을 신뢰한다. 모든 사람들이 동일한 생각을 하고 있다면, 아마 그럴만한 좋은 이유가 있을 것이라고 믿는 거다. 그 이유가 무엇인지에 대해서 우리가 생각하지 않을 뿐.

우리 모두는 특정 정보의 타당성에 대해 다시 확인해보지 않고, 이와 같은 계단식 정보전달 효과 때문에 수동적으로 그 정보를 받아들였던 경험을 가지고 있다. 2012년 미국 대선 캠페인 기간에 버락 오바마(Barack Obama)와 미트 롬니(Mitt Romney)가 첫 번째 토론을 마친 후, 진보성을 가지고 있는 필자의 미국 친구들 대부분은 오바마가 형편없는 토론자라는 사실이 드러났다는 이야기를 했던 것을 기억한다.

필자는 이와 같은 친구들의 평가내용을 별 생각 없이 주위 사람들에게 전달하기 시작했다. 솔직히 그 토론 영상을 제대로 볼 시간도 없었고, 모든 사람들이 그 토론에 대해 이야기할 때 뭔가 내 생각을 이야기해야 한다는 압력을 계속해서 느꼈기 때문이었다. 필자는 무심코 오바마가 첫 번째 토론에서 "참패했다"라는 정보를 계단식으로 전달하고 있었던 것이다. 하지만 시간을 내어 그 토론 동영상 전체를 본 다음에는 그때까지 필자가 타당도가 의심스러운 판단내용을 전파했다는 것을 알게 되었다. 오바마는 롬니보다 훨씬 더 토론 스킬이 좋았고 표현의 정확성 수준도 높았다. 롬니는 이와 같은 텔레비전 토론에서 자주 나타나는 부정확한 데이터, 의심스러운 수치들, 꾸며낸 통계들을 늘어놓는 "헛소리 전쟁"으로 오바마를 끌어들이려 했지만, 그는 쓸모없는 말싸움에 말려들지 않으려고 했다. 이 사례를 보면, 중요한 이슈가 관련되어 있을 때에도 아무 생각 없이 다른 사람들의 시각을 내재화시키고 앵무새처럼 따라하는 일이 얼마나 쉬운지를 알수 있을 것이다.

계단식 정보전달 효과에 빠져 있을 때, 우리는 특정 상황이나 사람에 대해 객관적인 비판을 할 수 있는 거리를 유지하기가 어렵게 된다. 우리는 이미 "영향을 받아" 행동하고 있기 때문이다. 그리고 다른 사람들의 영향력에 굴복하기란 너무나 쉬운 일이다. 다른 사람들이 그렇게 생각하기 때문에, 그 생각의 정확성을 타당화하기 위한 노력을 하지 않은 채 나도 동일한 생각을 가지는 것은 인지적 실패가 아니라 잘 검증된 인지적 전략으로 이해해야 한다. 대부분의 환경에서 정보를 전파할 수 있는 가장 흔한 방법으로서 가치가 있는 것이기 때문이다. 통제불가능하게 전파되는 루머와 의견들이 가지고 있는 큰 위험은 두 가지 이유 때문에 생긴다. 첫째, 사회적 학습에 대한 우리의 인지적 기능. 정보를 획득하고 더 신속하게 학습을 하기 위해 다른 사람들의 믿음을 받아들이는 행동은 자신의 스승을 따라하는 제자와 같이 인지적 성과를 빨리 만들어낼 수 있는 지름길을 택하는 것이라고 말할 수 있다. 둘째, 정보의 확산을 가능하게 해주는 사회적 네트워크. 이 네트워크에서 중요한 것은 우선 그 정보를 순환되게 만들었던 첫 번째 사람이고, 그 다음은 다른 사람들이 자신의 시각을 가지도록 만드는 명성을 얻고자 하는 사람들의 욕구이다.

몇 가지 실례들을 들어보자. 크리스찬 디오르(Christian Dior)와 네슬레(Nestlé)와 같은 기업들은 모니카 벨루치(Monica Bellucci)와 조지 클루니(George Clooney)와 같은 유명인사들의 "얼굴"을 사용하기 위해 수백만 달러를 쓴다. 마케팅 전문가들은 모방을 통해 학습을 하고자 하는 우리의 경향 — 다양한 휴리스틱(heuristics)(역주 : 시간이나 정보가 불충분하여 합리적인 판단을 할 수 없거나, 굳이 체계적이고 합리적인 판단을 할 필요가 없는 상황에서 신속하게 사용하는 어림짐작의 기술. 심리학용어사전 — 한국심리학회 http:www.koreapsychology.or.kr)을 너무나 쉽게 받아들이는 ― 을 어떻게 이용해야 하는지를 잘 알고 있다. 이 와 같이 쉽게 이용 가능한 경험법칙(rule of thumb)은 "리더를 따르라"라는 강행 규범(imperative)이 있다. 진화 심리학자 조지프 하인리히(Joseph Hen‐rich)와 프란치스코 질 화이트(Francisco Gil‐White)에 따르면, 이와 같은 휴리스틱은 명성의 오류라고 말할 수 있다. 진화 역사를 살펴보면, 휴리스틱은 제자들이 학습을 하도록 도와주는 큰 이득을 주었기 때문에 존재해 왔다. 가장 바람직한 스킬들 중의 일부는 정말 습득하기가 어렵다. 훌륭한 테니스 선수나 위대한 요리사로서 성공하려면 어떻게 해야 하는지를 잘 모르는 사람들이 많다. 위대한 성공을 만들어낸 모든 요소들을 분해 해서 제자가 하나씩 따라할 수 있는 개별 행동의 목록을 만든다는 것은 거의 불가능한 일이기도 하다. 따라서 무언가를 배우고 싶다면 초기에는 롤모델의 행동을 따라하는 것이 더 나을 수 있다. 그러다보면 스승의 성 공을 만들어낸 요소들뿐 아니라, 그와 관련없는 것들까지 따라하게 된다.

하지만 여기에서 중요한 것은 모델을 선택하는 일이다. 매우 전략적인 태도가 필요하기 때문이다. 루드비히 비트겐슈타인(Ludwig Wittgenstein)을 20세기의 가장 매력적이고 유명한 철학자 중의 하나로 만든 특성과 경향 성 조합은 어떤 것인지에 대해 알수 있는 사람은 아무도 없다. 그렇기 때 문에, 너무나 많은 젊고 열정에 넘치는 철학자들이 자기도 모르게 비트겐 슈타인의 모습 ― 틱증상, 실수, 악센트, 옷차림 ― 을 따라하는 것이다. 혹시 그렇게 하면 롤모델이 가지고 있는 훌륭한 명성을 얻을 수 있지 않 을까 하는 마음으로 하는 주술적 행동에 가깝다. 필자의 친구 중에서 옥 스퍼드(Oxford)에 있는 한 호주 철학자가 기억난다. 그는 대가의 스타일을 따라하고 싶은 마음에 비트겐슈타인과 같이 트위드 자켓을 입고 싶은 마 음을 억누르지 못했다. 문제는 서핑을 즐겼던 그의 어깨넓이를 고려하지 않았다는 것이었고, 결과는 별로 좋지 않았다.

새삼스럽게 말할 필요도 없지만, 이 젊은 호주 철학자는 비트겐슈타인이라는 사람 자체를 따라하고 싶은 마음이 있었던 것이 아니다. 다만, 비트겐슈타인이 가지고 있었던 명성과 인정을 얻고 싶었기 때문에 그의 스타일로 옷을 입으려 한 것이다. 하지만 우리에게 롤모델의 행동을 따라하라는 조언을 하는 사람들이, 우리가 평소와 다른 행동을 하는 것에 대해 전략적 관심을 가지고 있다면, 이는 자발적인 모방이라고 말할 수는 없다. 이것이 바로 광고에 대한 이야기이다. 바로 여기에서는 사회적 학습의 이득이 사라지고, 완전히 겉으로만 그럴싸한 이유 때문에 우리는 롤모델의 행동을 따라하게 되는 것이다.

계단식 정보전달, 가십, 다원적 무지와 같은 사회인지적 현상은 여러 가지 인지적 메커니즘과, 사회적·자연적·가상적 환경 내에서의 정보 확산을 좋아하는 생태적 요소가 통합될 때 발생된다. 우리가 다른 사람들의 판단을 받아들이도록 만드는 동기는 심리학적 용어로서 많이 연구되고 있고, 영향력의 심리학, 더 최근에는 실험경제학, 특히 확률적 추론을 이끌어내는 데 사용되는 휴리스틱에 대한 연구에서도 다루어진다.[3] 휴리스틱은 정보가 없는 상태에서 우리가 생각하도록 도와주는 추론을 가리킨다. 경제학자이자 심리학자인 허버트 사이먼(Herbert Simon)이 상황인지(situated cognition)라고 부른 접근법에 따르면, 우리는 꼭 더 좋은 정보를 알지 못할 때에만 이와 같은 휴리스틱을 사용해서 극단적인 판단을 내리는 것은 아니라고 한다. "간결한 것이 아름답다(Less is more)"라는 말은 부득이한 경우 선택하는 경험법칙과는 거리가 먼 휴리스틱 중 하나이며, 특정한 맥락에서는 복잡한 문제를 해결할 수 있는 가장 최고의 방

---

3   치알디니(Cialdini, 1984), 기거렌처(Gigerenzer), 헤르트비히(Hertwig), 패처(Pachur), 2011; 리처슨(Richerson)과 보이드(Boyd), 2005.

법이기도 하다.

　모순적이지만, 더 적은 정보를 가지고 추론을 덜 하게 되면 더 명확한 결론을 내릴 수 있기도 하다. 이 문제에 대해 연구한 현대 심리학자들 중의 하나인 게르트 기거렌처(Gerd Gigerenzer)에 따르면, 계단적 정보전달의 상황에서 우리를 이끌어주는 휴리스틱은 "다수의 의견을 따르자!"이다. 대부분의 상황에서는, "옳은" 의견을 수용하거나 정확한 판단을 내리려면 우리가 정보를 얻는 집단 내에서 다수의 사람들이 믿고 있는 것을 고려하는 것이 더 좋다. 따라서 이와 같은 휴리스틱은 집단의 비합리성 때문에 생기는 현상은 아니지만, 우리를 가차없이 모든 것을 무조건 믿어버리는 사회(credulous society)로 끌고 가는 것이라고, 제럴드 브로네르(Gérald Bronner)와 캐스 선스타인(Cass Sunstein)은 명확한 비난조로 설명하였다.[4] 계단식 정보전달은 완벽하게 타당한 휴리스틱을 적용하는 데 있어서 생태적으로 부적절한 조건 때문에 발생한다. 우리가 믿는 신념들의 기원에 대해 잠깐 생각해보자. 사실 특정 신념을 믿을 수 있는 이유는 이 휴리스틱들 때문이다. 그러므로 모든 우리의 신념들이 근거도 없고 비합리적이라고 결론내리는 것은 다소 지나친 일이 될 것이다.

"여성의 연설" : 루머와 가십

　대부분의 호사가들은 평판이 좋지 않다. 그들은 호기심으로 가득차 있고, 아는 것이 별로 없으며, 말이 정말 많은 사람들이다(주로 여성들의 특성으로 생각되는 경우가 많다). 지치지도 않고 모든 사람들이 좋아할 만한 대화 주제를 가져온다. 즉 다른 사람들에 대한 이야기. 그들은 스캔들을 좋아하고, 스캔들을 만들기를 즐긴다. 주위 사람들의 평판을 망쳐놓으려는

4　　선스타인(2009), 브로네르(Bronner, 2013)

목표를 가지고 사람들에 대한 잘못된 정보를 기꺼이 퍼뜨린다. 발자크 (Balzac)는 자신의 소설 『베아트리체(Béatrix)』에서, "평온한 행복을 누리는 삶보다 스캔들이 있는 유명인의 삶을 더 좋아하는 것"은 전형적인 여성의 특성이라고 언급하였다. "여성들은 기꺼이 사회에 반기를 들면서 비난을 받는다. 그들은 무슨 수를 써서라도 사람들의 입에 오르내리고 싶어한다."(1999, 108)

중상모략을 위한 루머, 악의적인 수다, 뒷담화, 비방 — 현재 자리에 없는 사람들에 대해 이야기하는 모든 방법들은 가십이라는 카테고리에 모두 포함할 수 있다. 이 자리에 없는 사람에 대해 평가적인 비판을 하는 유형의 대화는(주로 여성의 특성으로 생각되어 왔지만), 사실 모든 사회의 뒷마당에서 이루어지고 있다. 이 뒷마당에서 모든 평판은 만들어지고, 또 없어지기도 한다. 하나의 루머가 퍼지기 시작함과 동시에(그 루머의 사실 여부와는 상관없이), 그 루머는 대상으로 하는 사람의 평판을 망가뜨릴 수 있다. 히브리 법률에서는 뒷담화를 하는 행동을 금하고 있다(그 이야기의 내용이 진실이든 아니든 간에). Lashon Hara("악의 혀"라는 뜻). 즉, 특정 사람이 듣지 못할 때 그에 대해 이야기하는 것은 금지한다는 것이다. "누구는 마치 돼지처럼 먹는다", "누구는 아내를 배신하고 있다"라고 말한다고 해보자. 사실이라고 하더라도, 그러한 이야기는 안정적으로 구축되어 있던 사회적 관계를 망쳐버리는 심각한 문제를 야기할 수 있다. 따라서 악의적인 가십은 사회적 질서를 망가뜨릴 수 있는 힘인 것이다. 이 이유 하나만으로도 비난받아 마땅하다.

인류학자 니코 베스니에(Niko Besnier)는 피지(Fiji)의 많은 섬들 중 하나인 누쿨라엘라에(Nukulaelae)에 거주하는 여성들의 수다에 대해 연구를 하였다. 이들은 야외의 원두막 — 그 지역 언어로는 우무(umu) — 에서 전체 마을 주민들을 위해 요리를 하면서 수다를 떨곤 했다. 그 원두막은 공공의 장소도 아니고 사적인 장소도 아니었으며, 마을과 해변을 이어주는 독특한 공간이었다. "집안"일을 하는 곳이기는 했지만, 모든 사람들이 왕래할 수 있는 곳이기도 했다. 이곳에서 여성들은 모여서 요리도 하고, 다른 사람들에 대한 이야기도 나누었다. 이 작은 산호섬은 "가십의 섬"이라는 평판도 가지고 있었다. 잠든 아이들에게 커다란 야자수 잎사귀로 바람을 부쳐주거나, 점심을 준비하면서 여성들은 함께 웃고, 농담을 하며, 동맹을 맺고, 다른 사람들이 듣지 못하도록 둘씩 가까이 붙어서 속삭이곤 했다. "가십"이라는 부정적인 평판을 얻을 수 있는 위험을 항상 두려워하고 있었던 것이다.

베스니에(2009)가 그 섬이 가지고 있는 평판에 대해 남성들을 인터뷰했을 때, 그들은 주저하지 않고 가십이 문제라고 입을 모았다. 그들에게 있어서 여성들의 수다는 위험성이 높은 것으로 느껴졌다는 것이다. 왜냐하면, 그 수다들은 통제불가능한 상태로 여기저기를 떠돌아다녔고, 회복할 수 없을 만큼 사람들의 평판을 훼손시켰기 때문이다.

이와 같이 여성과 가십을 너무나 당연한 듯이 연결시키는 태도는 사회의 권력 구조와 관련이 있다. 대부분의 경우 편견에 기반하고 있는 경우가 많다. 통계자료를 보면, 그 자리에 없는 사람에 대해 이야기를 하는 경우는 전체 성인들의 대화 중 60%를 차지한다. 이 경우 대화를 하는 사람의 성별은 전혀 관계가 없다.[5] 공신력이 없는 사람들에 의해 퍼지는데도 불구하고, 가십은 다른 사람들의 평판에 대해 비공식적인 영향력을 미치는 것은 분명하다. 바로 이것이 사회적 질서를 불안정하게 만들고 흔들어댈 수 있는 대안적인 "정치적 대화"로서 가십이 가지고 있는 기능인 것이다. 하지만 가십은 또한 사회적인 관계를 튼튼하게 만들고, 동맹관계를

---

5   던바(Dunbar), 1996

구축하는 것을 도울 수도 있다. 그렇기 때문에 가십을 퍼뜨리는 사람들은 사회적 관계들을 전략적으로 이용할 수 있게 되기도 한다. 사회언어학자 데보라 태넌(Deborah Tannen)은 『그래도 당신을 이해하고 싶다(You Just Don't Understand)』라는 멋진 제목을 가진 책에서, 여성과 남성의 대화를 비교분석하였다. 가십에 대한 대화가 남성보다 여성 사이에서 더 많이 이루어진다는 편견을 점검해보려고 한 것이다. 그녀의 주장에 따르면, 남성은 여성보다 서로의 성과를 비교하려 하고, 약점을 숨기려고 하는 경향성이 더 높았다. 여성과 남성은 사회적 관계 네트워크에 대한 관리 방법도 달랐다. 확실히 여성은 남성보다 사회적 관계 중 비공식적인 측면을 더 편안하게 느끼고 있었다. 17세기와 18세기의 살롱과 궁정사회에서 여성들이 주로 맡았던 역할은 다음과 같은 가장 위험한 무기들을 사용하는 것과 관련이 있었다. 폄하와 악의적인 가십, 한 번 발사하면 다시는 원래대로 돌려놓을 수 없는 화살들.

가십은 이와 같은 사회적 기능 외에도 다른 유형의 대화와 구분해주는 매우 특별한 기능을 가지고 있다.

가십은 "아마 그런 것 같은데", "사람들이 그러던데"라는 표현으로 시작되는 경우가 많다. 즉, 그 말을 하는 사람은 자신이 가십을 퍼뜨린 원천이 되고 싶지 않고, 단순한 전달자 역할만 하고 싶은 것이다. 가십은 전해들은 이야기이며, 위험을 각오하고 한 사람이 다른 사람들에게 전달하는 소문이지만, 이때 그 이야기를 한 사람이 자신의 행동에 대한 책임을 지지는 않는다. 즉, 말하는 사람은 자신이 한 이야기에 책임을 질 것이라는 직접적인 표현을 하지 않는 것이다. "나는 이런 이야기를 하고 있어."라는 수준에서 그친다. 하지만 이와 같은 인식의 모호성은 가십이 퍼져나갈 가능성과는 별 관계가 없다. 언어학의 용어에서, "아마 그런 것 같은데", "사람들이 그러던데."와 같은 표현은 "증거의 구축(evidential constructions)"

이라고 불린다. 증거성(evidentiality)은 언어의 속성으로서, 모든 언어들에서 다 찾아볼 수 있다. 말하는 사람이 자신의 말하는 행동을 통제할 수 있는 정도를 가리키는 것이다. 이 개념은, 사실의 실재에 대한 인식적 명확성 정도를 가리키는 인식적 양상(epistemic modality) — "이런 것은 가능한 일이야" — 과는 구별된다. 언어학에 있어서, 이러한 표현들은 직설적 대화가 전형적으로 가지고 있는 "실재성"을 약화시키는 것으로 보여진다. 이와 같은 형태의 대화는 가능성에 대한 생각으로 가득 차 있기 때문에, 절대 일어날 수 없거나 아예 존재하지도 않는 일에 대해 사람들이 이야기할 수 있게 되는 것이다. 하지만 이와 같은 인식적 차이를 안다고 해도 가십이 돌아다니는 것을 막을 수는 없다. 왜 그런 걸까? 자신의 행동에 대해 최소한의 책임감도 느끼지 않는 화자(speaker)가 가십에 관련된 표현을 할수 있는 권력은 어디에서 오는 걸까? "증거의 구축(evidential constructions)"은 차별화된 종류의 권력(authority)을 가지고 있다. 다른 사람에 대해 생각해야 하는 것과, 생각하지 말아야 하는 것에 관련된, 사회적 세계에서의 권력을 전달해준다. 사실적인 내용의 명확성이 떨어질수록, 가십의 사회적 내용이 가지는 힘은 커지게 된다. 또 다른 권력은 사회나 우리의 참조 집단이 그 사람에 대해 가지고 있는 생각에서 온다. 그 결과로서, 내가 다른 사람으로부터 배운 것에 대해 전달을 하는 경우라면, 나는 같은 생각을 하는 집단 내에 소속되어 있다는 사실을 확인하는 것이 되는 것이다.

　나는 자신의 행동에 대해 동일한 사회적 권력에게 책임을 미루게 되고, 집단에 대한 소속감을 강화하게 된다. 즉, 자신에게 영향력을 미칠 수 있는 권력을 가진 원천 — 내가 소속되고 싶은 사회적 환경이거나, 내가 현재 소속되어 있는 곳 — 으로부터 소문과 가십을 얻어서 공유할 가능성이 더 커지는 것이다. 만약 내가 어떤 환경에 처음 발을 들이게 되었는데, 그곳에서 명성을 얻고 싶은 마음을 가지고 있다면, 내가 그 집단에 얼마나 잘 융합되었는지, 아니면 얼마나 그곳에서 잘 적응하기를 바라는지를 보여주기 위해, 그 집단이 생산해낸 가십을 전달하는 시도를 할 것이다. 그로 인해 나는 해당 집단의 코드, 기준과 언어를 보다 신속하게 배울 수 있게 된다. 이와 같은 형태의 소통에서 전형적으로 나타나는 "증거의 구축"은 문제가 되는 내용의 진실 여부에 대해서는 약간의 의혹이 있기는 하지만 그렇다고 해서 인식적 권력이 없지는 않다. 그저 다른 수준에서 기능할 뿐이다. 이는 사실에 기반을 둔 권력(factual authority)이 아니라, 사회적 권력(social authority)이다. 평판이 가지고 있는 참조 체제(circle of reference)는, 무엇이 가십에 대해 권력을 부여했는가이고, 해당 집단에 소속되어 있는 사람으로서의 평판을 얻고자 하는 나의 니즈로 인해, 나는 특정 정보의 확산과정에 참여하게 된다.

가십의 확산 과정에 대해 숙달을 했다는 것은 사회적으로 특별한 지위를 얻었다는 것의 표시일 수 있다. 사교계의 거물들이 전형적으로 보이는 모습은, 해당 사회의 어디에서든지 편안한 태도를 보인다는 것이다. 그들은 가벼운 대화를 하는 데 있어서 대가다운 모습을 보인다. 그들은 자신이 은밀하게 영향을 미치고 싶은 사람들에게 의도적으로 비밀정보를 흘리는 방법을 잘 알고 있다.

> "나는 절대 말을 옮기기 않아." 이는 중상모략을 하는 사람이 잘못된 확신을 심어줄 때, 무슨 의식과 같이 항상 하는 말이다… "네 말을 옮기기를 원하지 않는다면, 그 이야기를 하는 이유가 뭐야?" 이는 싸움을 좋아하는, 비사교적인 사람이 하는 대답이다.[6]

---

6   프루스트(Proust), 2003–4, vol.2, '싹트는 숲속에서(Within a Budding Grove)', 킨들판, loc.2524.

"누가 나한테 이런 얘기를 하던대…": 평판이 전파되는 방법마르셀 프루스트(Marcel Proust)는 『잃어버린 시간을 찾아서(In Search of Lost Time)』에서, 조심스럽게 사회적 정보를 관리하는 사교계 명사들의 비밀에 대해 적나라하게 보여주었다. 그들은 자신의 행동에 대해 완전한 책임을 지지 않으려 하고, '당신 외에는 다른 사람에게 이야기하지 말아달라'고 간절하게 부탁까지 함으로써, 상대방이 그 정보에 대해 더 큰 매력을 느껴서 결국은 전파하고 말게 만든다. 프루스트는 이렇게 묘사했다.

> 전 세계에서 모든 사람이 비난하는 것, 그 어떤 사람도 변명을 해줄 생각이 없는 것이 바로 가십이다. 그 가십이 우리 자신에 대한 것이고 특히 우리의 나쁜 이야기를 하는 것이거나, 우리가 잘 모르는 사람에 대한 이야기이든 간에, 특정한 심리적 가치를 가지고 있다. "일이 이렇게 되어야 하는데", "겉으로 보이는 모습 외에는 아무것도 아니야"라는 머릿속의 복잡한 생각을 움켜쥐고 잠을 설치지 않게 해준다. 또, 이상주의자 철학자가 마음 속에 가지고 있는 마술 같은 재주를 바깥으로 꺼내게 해주며, 옷감의 반대쪽 면에 숨겨져 있는 한 구석으로 신속하게 시선을 돌리게 해주기도 한다.[7]

즉, 가십은 두 가지의 사회적 기능을 가지고 있다. 받아들인 아이디어에 대해 의문을 가질 수 있게 해주는 비공식적이고 공인되지 않은 정보를 전달하게 해주고, 가십에 의해 전달된 "사회적 근거"가 가지고 있는 권위를 받아들인 사람들의 집단에 속한 소속감을 강화시켜준다.

---

7   프루스트(Proust), 2003−4, vol.4, part 2, chap. 3, 킨들판, loc.7856

"Somebody Told Me," or How Reputations Spread

인류학자들과 심리학자들도 가십의 사회적 기능에 대해 연구를 하고 있다. 기능주의자의 시각에서 볼 때, 몇몇 학자들은 가십이 사회적 접착제로서, 한 집단의 공유된 기준을 강화한다고 주장하기도 한다. 1963년, 남아프리카의 인류학자이자, 인종차별정책을 반대하는 정치활동가인 맥스 글럭먼(Max Gluckman)은 원시사회에서의 가십 및 스캔들의 가치에 대한 첫 번째 글을 발표했다. 가십은 집단내의 일치성을 강화하는 작업을 도와준다고 그는 주장했다.

한 사람에 대한 이야기를 만들어내는 과정을 통해, 스캔들은 사회 내에 존재하는 한 집단의 "건국신화(founding myths)"로서 기능한다. 한 사회의 유명한 구성원에 대한 스캔들에 대해 알지 못하거나, 흥미가 없다는 것은 아웃사이더가 된다는 것이다. 비공식적 커뮤니티 — 공식적인 커뮤니티에서 벗어난 규준과 가치를 가지고 있는 — 가 유지되게 되면, 사회적인 응집이 도덕적인 것으로 생각되게 된다. 남아프리카에서 강한 사회분리 정책이 이루어졌던 1960년대의 비공식적 소통에 대해 글럭먼(Gluckman)이 관심을 가진 이유가 바로 그것이다.

보다 최근에는, 심리학자이자 영장류 동물학자인 로빈 던바(Robin Dunbar)는 진화에 대해 가십이 주는 긍정적 영향을 발견하면서, 기존의 문화인류학의 범위를 벗어난 한 걸음을 내딛었다. 그의 가설에 따르면, 인간 사회에서의 가십의 기능은 원시 사회에서의 몸단장(grooming) — 영장류들이 사회적 관계를 준비하기 위해 함께 몸을 깨끗하게 하는 과정 — 이 가지고 있던 기능을 대체한 것이다. 던바에게 있어서, 가십은 해당 사회 내에서 누가 어떤 행동을 할지에 대한 사회적 관계의 지도를 상세하게 그려주는 기능을 하는 것이라고 생각되었다. 인류에게 있어서, 언어는 두 사람 사이의 상호작용을 넘어선 무언가를 만들어낼 수 있게 해주고, 상대의 평판에 대한 상호적 지식에 기반한 "가상의" 관계 패턴을 발달시키게 해준다.

즉흥적으로 이루어지는 대화의 3분의 2를 차지하는 것은, 사회에서 일어나는 일들에 대한 정보이다. 누가 무슨 일을 했다구? 그런 행동은 용납할 수 있는 건가? 던바(Dunbar, 1996)에게 있어서, 언어가 가지고 있는 진정한 기능과, 인류에게 있어서 언어가 발전되게 된 이유는, 아인슈타인(Einstein)이나 셰익스피어(Shakespeare)를 위한 것이 아니라, 끊임없는 장광설 — 벌의 붕붕거리는 소리와 비슷한 장광설(blabla) — 을 퍼뜨리기 위함이었다. 이와 같은 수다들을 통해 사람들은 우리 집단에 무임승차하려는 — 답례를 하지 않고 다른 사람의 이타주의적 행동을 통해 도움을 받기만 하려는 — 사람이 누구인가를 알아내면서 사회의 응집력을 유지할 수 있었다.

권력자, 전문가, 정부기관들은 언제나 가십을 규탄하는 태도를 보인다. 하지만 가십은 시시한 헛소리도 아니고, 가짜 뉴스도 아니다. 가십은 인지적 질서를 구축하는 데 — 때로는 뒤집어엎는 데 — 있어서 중요한 역할을 하는 사회적 정보이다. 그게 아니라면, 왜 독재정권은 국민들 사이에서 암암리에 퍼지는 비난의 소리를 그렇게 두려워하는 것일까? 민주정권에서는 지저분한 타블로이드 신문을 용인해주고, 가십을 가상의 미디어 산업으로 이끌어내고 있는데도 말이다.

1941년, 소비에트 연방에서 니나 바톨리나(Nina Vatolina)는 가십의 위험성을 고발하는 유명한 포스터를 제작하였다. 그 포스터에는 존재감 있는 한 여성이 모든 사람에게 조용히 해달라고 간청하는 그림이 그려져 있고, 공산주의자 시인인 사무엘 마르샤크(Samuil Marshak)의 시가 적혀져 있다.

눈을 크게 뜨세요

요즘 세상에는 벽에도 귀가 달려 있으니까요.

가십과 소문들은

반역죄의 위험을 가져옵니다.

그림 1. "말하지 마세요!(Ne boltai!)", 니나 바톨리나(Nina Vatolina, 1941)

Copyright ⓒFineArtImages/Leemage

"누가 나한테 이런 얘기를 하던데…": 평판이 전파되는 방법

"사람들이 다 그 이야기를 하던데" : 루머의 심리학

루머는 특별한 유형의 계단식 정보전달(informational cascade)이라고 말할 수 있다. 흥미로운 점은, 루머가 매우 짧은 시간 내에 정말 멀리까지 퍼진다는 것이고, 루머가 가지고 있는 가장 뚜렷한 특성은, 루머의 속성에 대해 사람들이 매우 잘 알고 있다는 것이다. 루머는 매우 짧은 기간 내에 시공간을 초월하여 많은 정보들을 모을 수 있다는 명성을 가지고 있다. 꼭 다른 사람들에 대해 평가적인 의견을 퍼뜨릴 필요는 없다. 즉, 루머는 평판을 퍼뜨리는 단순한 수단이 아닌 것이다. 루머는 가십이나 소문과 많이 비교되지만, 사실 질적으로 다르다. 루머는 사람들에 대해 단순하게 뒷담화를 하고, 그들의 행동에 대해 평가를 하는 것만으로 구성되지는 않는다.

루머는 스캔들을 담은 사실적 정보를 퍼뜨리는 과정에서 생겨난다. 예를 들어 보자. 도널드 트럼프(Donald Trump)는 2005년 유출된 NBC 테이프에서, 여성 대상의 성추행 발언을 하였다. "당신이 스타라면 여성들의 그곳을 움켜쥘 수 있다(Grab them by the pussy)." 마찬가지로, 2000년이 되기 전 새로운 천년 시대가 밝아 오면서 "밀레니엄 버그(millennium bug)"에 대한 루머가 퍼졌었다. 이 이야기들은 특정한 사람을 대상으로 한 것이 아니었지만 한때 유통된 루머였다. 즉, 루머는 아직 타당화되지 않은 정보로서, 그 정보의 진실성이나 현실가능성과는 상관없이 매우 빠른 속도로 전파된다는 속성을 가지고 있다.

스트레스가 많은 위기 상황에서 나오는 루머의 심리학 또한 오랜 역사를 가지고 있다. 루머는 전쟁을 겪는 시기와 독재정권치하에서도 중요한 역할을 한다. 로버트 냅(Robert Knapp, 1944)이 1944년에 발표한 연구결과, 그리고 고든 올포트(Gordon Allport)와 조셉 포트먼(Joseph Portman)이 1947년에 발표한 고전적 연구에서는 루머에 대해 처음으로 중요한 데이터를 제시하였다. 하지만 전쟁은 왜 루머를 퍼뜨리기에 좋은 맥락인 것일까? 냅 (Knapp)에 의하면, 이에는 두 가지 이유가 있다고 한다. 첫째, 전쟁기간에 는 전략적 정보가 새어나가는 것을 막기 위해 특별한 군대의 도구가 도 입되고, 검열이 강화되다 보니 오히려 비공식적인 루머의 확산을 촉진 하게 된다. 둘째, 전쟁기간 동안 사람들의 감정 강도는 더 커진다. 사람 들이 정서적인 위안과 확인을 바라는 마음에서, 그 어떤 정보든지 얻기 를 바라는 상황에서는, 자연스럽게 루머에 귀를 기울이게 된다. 위기 상 황에서는, 떠돌아다니는 정보들이 아무런 타당화 작업 없이 계속해서 전 달된다. 단순히 정보에 대한 "갈망"이 너무 강하고, 사람들이 그 어떤 정 보도 믿을 준비가 되어 있기 때문이다. 냅(Knapp)의 주장에 따르면, 유머 가 사람들을 웃기듯이, 루머는 사람들을 믿게 만든다. 루머는 무언가를 믿고 싶어하는 우리의 니즈를 충족시켜주는 정보로서의 기능을 한다. 루 머의 화용론(pragmatics)은 루머가 성공하는 데 있어서 핵심적인 역할을 한 다. 올포트와 포트먼은 실험과정에서, 참여자들로 하여금 중국어 귓속말 게임(Chinese whispers game)과 같이, 입으로 말을 하면서 정보를 전달할 것 을 요청하였다. 그들이 이 실험에서 발견했던 것은, 전달되는 정보들은 체계적으로 왜곡되면서 기억용이성, 적절성, 전달속도가 더 좋아졌다는 것이었다. 이 연구의 실험적 맥락은 프레데릭 바틀렛(Frederic Bartlett)이 기 억의 구성에 대해 진행한 고전적 연구에 기반하고 있다. 1932년에 발표 된 『기억(Remembering)』이라는 책에서, 바틀렛은 중국어 귓속말 게임(또는 미국인들이 "전화"라고 부르는 것)을 통해 전달되는 메시지가 재구성되는 것은, 우리 자신의 기억에 대한 접근을 제한하는 인지적 필터의 기능 때문이라 는 것을 보여주었다.

루머는 이해하기 쉬운(conventional) 형태를 띄는 경향성을 가지고 있 다. 루머가 사람들을 거쳐 전달될수록, 메시지의 내용은 점점 왜곡되어

평이하고 기억하기 쉬운 형태가 된다. 그렇기 때문에 루머가 정치 선전 (propaganda)으로 활용 가능한 것이다. 전쟁기간 동안, 국민들을 설득시키는 가장 효율적인 도구는 비공식적 선전이다. 쉽게 기억될 수 있고, 그럴 듯하고, 특정 맥락에서 잘 나타날 수 있는 루머를 — 권력을 가지고 있는 편에서 — 의도적으로 퍼뜨리는 것이다. 이와 같은 루머들은 틀린 내용이더라도 빠르게 퍼져나갈 수 있다. 이걸 보면 스피노자(Spinoza)의 주장은 옳았다는 것을 알 수 있다. 희망과 공포는 어떤 정보를 선택하고 보유할 것인지에 대해 가장 큰 영향을 미치는 두 가지 정서라는 주장 말이다. 신뢰성과 강한 정서가 혼합된다면, 그 어떤 경우에라도 특정한 사회적 맥락에서 루머가 퍼져나가게 만들 수 있다.

가십 및 그 외의 전달된 정보들과 마찬가지로, 루머 또한 메타–표상적(meta–representational) 특성 — 다른 사람들의 의견에 대한 생각이 그 의견의 전달 속도에 영향을 미치는 방법 — 때문에 성공을 거둘 수 있다. 루머는 루머이기 때문에 빠르게 확산된다. 루머가 퍼져나가면 정보도 전달된다. 루머는 많은 사람들이 참여하는 이벤트로서, 누군가 혼자서 퍼뜨릴 수 없다. 트럼프(Trump)가 자신의 경쟁자는 "에너지 수준이 낮고", "정직하지 않다(crooked)"라고 한 주장은 신속하게 퍼져나가서 루머가 되었다. 루머가 된 이유는, 내용도 내용이지만 확산 속도 때문이기도 했다. 트럼프는 비공식적 정치선전의 장인이라고 말할 수 있을 듯하다. 루머는 수단이기도 하고, 메시지 그 자체이기도 하다. 텔레비전 스타들이 텔레비전에 출연하기 때문에 스타가 된 것과 마찬가지로, 모닥불과 같이 정보가 퍼져나가는 이유는, "루머"라는 지위를 획득해서 그 누구도 멈출 수 없는 정보의 산사태가 되기 때문이다. 하지만 편견 — 커뮤니티의 인지적 삶의 안정적인 요소이며, 평판의 영구적인 왜곡 — 과 달리, 루머는 수명이 매우 짧고, 쉽사리 잊혀진다.

평판을 능숙하게 다루는 기민한 전략가들은 루머가 자신의 이미지에 남긴 오점은 언젠가 지워질 수 있다는 사실을 잘 알고 있다. 사람들의 입을 통해 전달된 비방은 시간이 지나감에 따라 흐려져 간다. 루머는 특별히 중요한 정보적 내용을 담고 있기 때문에 큰 영향력을 가지는 것이 아니라, 그 오점을 흡수하기에 매우 좋은 그 순간의 조건 때문에 빨리 퍼져나가는 것이다. 사실 루머는 그저 루머일 뿐이다. 루머를 전달한다는 것은 사회적 역량을 강화하는 과제이며, 내용이 중요해서가 아니라, 그저 반복되어 전달되어야 하는 말들이기 때문에 전달하는 집단적 의식에 가깝다.

그렇다면, 루머를 통한 정보 확산은 어떤 상황에서나 잘못된 이야기를 전달하기 위한 목적이 있는 것이 맞는가? 캐스 선스타인(Cass Sunstein)은 그렇게 생각한다. 그의 주장에 따르면, 우리의 사회에서는, 루머보다 더 위험한 것은 없다고 한다. 선스타인에게 있어서, 루머란 우리가 선천적으로 가지고 있는 인지적 경향성의 비뚤어진 효과이다. 우리는 이미 알고 있었던 것을 믿는 경향이 있고, 다양한 아이디어들의 시장에서 "더 좋은 인지적 속성"을 가지고 있어서가 아니라 다른 사람들이 동의한다는 이유로 특정 정보를 수용하는 경향성이 있다. 선스타인의 시각에 따르면, 바로 이것이, 루머의 확산을 촉진하는 개방적 사회는, 전염성이 강한 정보의 바이러스 감염현상을 통제할 수 없을 경우 파국을 맞이할 수밖에 없는 이유이다.[8]

그의 주장은 옳은 것일까? 조용한 사회 — 인류의 역사에서 특징적이었던 시끄러운 뒷담화들을 완전히 제거한 사회 — 가 더 "합리적"인 사회인 걸까? 필자는 확신할 수 없다. 사람들이 루머를 활용하는 방법을 세

---

[8]   선스타인(Sunstein), 2009

"누가 나한테 이런 얘기를 하던데…": 평판이 전파되는 방법

부적으로 분석해본다면, 상식과 정서적 반응이 지혜롭게 통합되어 있는 다양한 인지적 전략들을 찾아볼 수 있을 것이다.

예를 들어 보자. 루머 확산이 매우 잘 될수 있는 위기상황에서, 트위터 (Twitter) — 위기상황에 자주 활용되는 — 와 같은 소셜네트워크를 활용하는 사람들은 그 어떤 정보들도 신뢰하지 않는 것으로 보인다.

루머는 매우 잘 전달되는 것이지만 그와 동시에 신뢰를 얻지 못하고, 신속하게 수정되며, 몇 번의 교정을 거친 다음에는 제거되는 속성을 가지고 있다. 사람들은 인식론적 각성제 — 정보의 타당성을 입증하는 — 의 역할을 하는 일종의 필터로서 기능한다(이와 같은 "인식론적 의무"는 전통적 인식론에서는 존재했지만, 우리 모두가 살고 있는, 정보로 지나치게 꽉 차 있는 환경에서는 사실 실행 자체가 쉽지 않다). 각성작용은 아주 작은 휴리스틱들을 기반으로 한 다양한 형태의 선택과정에 의해 영향을 받는다(예 : 메시지의 형태, 빈도, 재전달하는 사람들의 영향). 이러한 과정을 통해, 우리는 다양한 정보들 중에서 어떤 것이 신뢰할 수 있는 정보인지를 골라낼 수 있게 된다.[9]

정리해보자. 진실에 대한 우리의 목마름이 가져오는 부작용이 '쉽게 믿는 행동'이긴 하지만 잘못된 정보는 우리의 갈증을 풀어줄 수 없다. 어떤 것이 신뢰할 만한 정보인지를 선택하고, 수용하게 되는 집단적인 과정을 보면, 해리 프랭크퍼트(Harry Frankfurt)가 정확하게 명명한 "개소리 (bullshit)"의 많은 부분을 우리가 섭취하고 있다는 것을 알 수 있다.

---

[9] 우리는 위기 상황에서의 트위터 활용에 대해 니코 연구소(Institut Nicod / 파리 고등사범학교)에서 연구를 진행하였다. 오리기(Origgi)와 보니에르(Bonnier), 2013.

Assessing Uncertainty:
How Trustworthy
Is a Reputation?

4장

불확실성에 대한 접근 : 평판은 어느 정도 믿을 만한가?

"개츠비(Gatsby)라는 이름을 가진 남성이야." "그러니까, 출신이 어디인데? 그리고 직업은 뭔데?" … "음 … 언젠가 들었는데 옥스퍼드맨(Oxford man)이었다고 한 것 같아… 하지만 믿을 수는 없지." "그러면, 개츠비가 정말 옥스퍼드맨이었던 것을 알았겠네", 조던(Jordan)이 도와주듯이 말했다 … "옥스퍼드(Oxford), 뉴멕시코(New Mexico)", 톰(Tom)이 경멸하듯이 콧방귀를 뀌었다.

스콧 피츠제럴드(F. Scott Fitzerald), 『위대한 개츠비(The Great Gatsby)』

제이 개츠비(Jay Gatsby)는 정말 옥스퍼드 대학에서 공부를 한 것일까? 그의 과거를 아는 사람을 아무도 없는데다가, 그렇게 큰 자산과 사회적 인맥에 대한 평판이 미스터리 속에 숨어 있는 사람에게 있어서 옥스퍼드 대학에서 교육을 받은 경험은 얼마나 중요한 것일까? 이와 같은 질문의 중요성은 톰 부캐넌(Tom Buchanan) ― 데이지(Daisy)의 상류층 남편이자, 미국에서 가장 큰 규모의 자산들 중의 하나를 물려받게 될 후계자 ― 이 그 백만장자의 비밀스러운 이력에 대해 의구심을 표현하면서 개츠비를 망신주기로 결심했을 때 명확해졌다.

톰은 바로 그것이 개츠비의 아킬레스건이라는 사실을 알고 있었다. 신흥부자들이 돈으로 살 수 없는 것이 몇 가지 있는데, 그것이 바로 좋은 가정교육과 저명한 조상들의 존재이다. 반대로 톰이 태어난 가문은 ― 대부분 19세기에 형성된 미국 부호의 기준에 따르면 ― 오랫동안 부유했었다. 그는 자신이 속해 있는 사회적 세계의 규칙에 대해 잘 알고 있었고, 옥스퍼드와 같이 운이 좋은 소수의 사람들만을 위해 만들어진 특별한 클럽에 대해 특히 익숙했다. 그래서 개츠비가 정말 옥스퍼드에서 공부를 했는지에 대해 의심을 할 만한 이유가 있는 것이었다. 물론 개츠비의 말은 거짓이었다. 그는 옥스퍼드에서 공부한 적이 없었다. 1차 대전에서 육군장교로 근무할 때 옥스퍼드 지역에 몇 개월 동안 머물렀을 뿐이었다. 톰이 속해 있는 오래된 부자 가문에 대해 개츠비가 느끼는 분개는, 평생 동안 그와 같은 사회에서 소외되어 있으면서 느꼈던 굴욕감으로부터 온 것이었다. 평판은 의도적으로 포장될 수도 있고, 더럽혀질 수도 있다. 하지만 그중에서도 특정한 부분은 가려서 숨기기가 어렵다. 개츠비의 말투에서 옥스퍼드 졸업생의 악센트를 발견한 것이 좋은 실례가 될 것이다. 각 단어를 발음하기 전에 약간 망설이는 소리를 내기, 작은 소리로 "음"이라고 말하기, 각 문장을 말하기 전에 목을 가다듬는 방법 — 이와 같은 특성들은 옥스퍼드를 다니지 않은 사람이 흉내내기가 거의 불가능한 것들이기 때문에 옥스퍼드 교육을 받았다는 거짓말을 하기가 거의 불가능하다고 인정받고 있는 만큼, 베일에 싸인 낯선 사람이 가지고 있는 평판을 평가하는 사람들이 보기에 개츠비의 주장은 확실한 것으로 평가될 수 있었다.

옥스퍼드 대학의 입학허가를 받았다는 것은 개츠비와 부캐넌과 같은 사람들이 속해 있는 세상 — 진지한 문화는 그다지 중요하지 않고, 저속한 선입견과 피상적인 대화들이 난무하는 곳 — 에서는 매우 중요한 문제로 생각한다는 사실은 알아둘만한 가치가 있다. 어떤 신호는 신뢰할 수 있고, 어떤 신호는 신뢰할 수 없는 이유는 무엇일까? 특정한 라벨이 가지고 있는 가치에 대해 전혀 이해하지 못하는 사람들이 보기에도, 그 라벨을 가지고 있는 사람이라면 아우라가 있어 보이고, 오랫동안 축적된 명성을 가지고 있어 보이는 이유는 무엇일까?

나의 평판이 가지고 있는 진정성을, 모든 사람들이 손쉽게 인식하고 믿을 수 있는 방법으로 표현할 수 있는 방법은 무엇일까?

4장에서는 평판의 평가와 신뢰도에 대해 초점을 맞추어 보려고 한다. 사람들은 자신의 평판이 진짜라는 것에 대해 타인을 설득하기 위한 목적으로 신호를 발신한다. 마찬가지로, 모든 존재, 사물, 아이디어, 그러니까 내면에 감추어진 자원이 있는 모든 것들은 그러한 특성이 정말 있다는 것을 상대방에게 알려줄 수 있는 신호를 보낸다. 필자는 3장에서 공식적(객관화된) 평판과 비공식적 평판을 구분해보았었다. 옥스퍼드는 공식적인 평판에 속하는 것이다. 공식적인 평판은 순위라고 불리는 분류체계를 통해 구축된 것을 가리킨다. 1096년에 세워졌고, 전 세계에서 두 번째로 오래된 역사를 가진 대학이라는 평판을 가진 옥스퍼드는, 요즘도 전 세계의 최고 대학에 대한 분류체계에서 하버드 다음으로 2위를 차지하고 있다.[1] 옥스퍼드의 평판은 전 세계적으로 오랫동안 유지되어 왔고, 거의 흔들리지 않는 수준이다. 즉, 옥스퍼드가 왜 그렇게 유명한지에 대해 잘 알지 못하는 사람들도 모두 믿고 있는 평판을 가지고 있는 것이다. 옥스퍼드가 명성 있는 대학이라는 사실은 모든 사람들이 알고 있다. 그리고 3장에서 논의했던 주제로 말하자면, 대부분의 사람들은 다른 사람들이 알고 있는 것을 알고 있다. 그래서 "메타-표상"은 공식적 평판뿐 아니라 비공식적 평판을 타당화하는 데 있어서 핵심적인 역할을 한다. 가치 있는 평판과 수준있는 랭킹을 만들려면 메타-표상(다른 사람들의 의견에 대한 우리의 의견이 포함)이 필요하다. 품질(quality)과 가치는 모든 사람들이 품질 및 가치가 높다고 인식하는 것에 대한 집단적 협력과 합의가 없이는 존재할 수 없다. 다양한 이론적 시각에서 연구한 메커니즘들을 보면, 모든 사람들이 똑같이 생각하는 무엇인가에 대해 얼마나 많은 사람들

---

[1] 9장에서는 학문적 분류체계가 가지는 타당도에 대해 다루어볼 계획이다. 2015년, 상하이 랭킹(Shanghai ranking)이라는 '유명한' 분류체계에서는 옥스퍼드 대학을 2위로 선정했다 : http://www.shanghairanking.com.

이 합의했는지를 알 수 있다.

존 메이너드 케인스(John Maynard Keynes)는 금융시장에서의 가격에 대한 합리적 기대에 대해 논의할 때, 경제학 분야에서 나타나는 한 가지 메커니즘을 발견하였다. 『고용, 이자 및 화폐의 일반이론(The General Theory of Employment, Interest, and Money, 1936)』에서 케인스는 금융시장에서의 기대와 투기를 설명하는 데 있어서 미인대회를 비유로 사용하였다. 그때 당시 몇몇 신문사에서는 매력적인 소녀들의 사진 수백장을 실으면서 지면을 통한 미인 대회를 주최했고, 독자들로 하여금 가장 아름다운 소녀를 선택하도록 하였다. 이 대회에서 이기려면 자신의 진정한 선호도를 표현하는 것이 아니라, 다른 사람들의 선호도를 추측하는 것이 중요했다. 아름다운 여성을 가장 정확하게 평가할 수 있는 전문가와, 여성의 아름다움에 대해 평가할 만한 역량이 전혀 없는 사람이 모두 동등한 상황이었던 것이다. 대부분의 사람들이 선택할 만한 여성이 누구인지를 추측하지 않고는 이 대회에서 우승할 방법은 없었다. 이 세계에서는 무지함의 정도가 높을수록, 가치의 결정에 있어서 '의견에 대한 의견'을 더 명확하게 내놓을 수 있었다. 이와 같은 프로세스를 이해하기 위해, 게임 이론에서는 조정 게임(coordination games)에 대해 연구하고 있다.

품질(quality)과 가치에 대해 조정(coordination)이 미치는 영향은 가격 시장에서도 연구되어 왔다. 질적 모호성과 정보의 비대칭성(informational asymmetry)은 현대 경제학의 핵심 이슈가 되었다. 신고전주의 이론에서 가격을 공급과 수요의 기능으로서 보는 것을 비판하는 시각에서는, 시장 교환(marketplace exchanges)에 대해 정보의 비대칭성이 미치는 영향에 초점을 맞추고 있다. 노벨 경제학상을 수상한 조지 애커로프(George Akerlof)는 상품의 질에 대한 모호성이, 결국 시장의 자기파괴라는 결과를 낳게 된다

는 것을 보여주었다.[2]

중요한 상품들의 구매와 판매가 이루어지는 시장들 중에서, 공정한 거래에 대한 판매자의 평판에 대해 구매자에게 확신을 줄 수 있는 메커니즘을 판매 시점에 갖추고 있는 경우는 쉽게 찾아볼 수 없다. 여기서 또, 교양이 있는 구매자와 교양이 없는 구매자는 모두 동일한 상황에 처하게 된다. 이들은 모두 제대로 된 상품을 구입하기 위해서는, 판매자의 평판에 대한 간접적 정보에 의존할 수밖에 없다.

이와 같은 보증은 브랜드, 인증, 전문가 판단, 소비자 보고서와 같은 다양한 "승인(seals of approval)" 형태를 갖춘다. 시장이 제대로 기능하기 위해 핵심적으로 필요한 판단 도구/메커니즘(평판을 측정, 승인, 비교)인 것이다. 합리적인 경제 주체들은, 구매자가 알아야 하는 정보에 대해 오직 판매자만이 알고 있는 시장들에서 특징적으로 나타나는 '인지적 결함'을 줄이기 위해 이와 같은 메커니즘을 활용할 필요가 있다.

평가와 사회자본의 사회학

사회학에서 새롭게, 그리고 많이 연구되고 있는 분야는 가치와 평가의 사회학으로서, 평가와 사정의 사회학(Sociology of Valuation and Evaluation:

---

2   애커로프는 1970년에 발표했던, 중고차 시장에 대한 논문(처음에는 몇몇 학술지에서 거절 당했었다)을 통해 2001년, 노벨상을 수상하였다. 이 논문에서는, 중고자동차와 같이, 질적 모호성이라는 특징을 가지고 있는 시장이 판매자와 구매자 간의 정보 비대칭으로 인해 어떻게 자기파괴되는지를 보여준다. 판매자는 자동차의 결함에 대해 알고 있지만, 구매자에게는 그 정보를 숨긴다. 이와 같은 모호성을 반영하는 것이 평균가인데, 그래서 평균가는 적절한 수준보다 대부분 낮게 매겨지기 마련이다. 당연히 좋은 상태의 중고차 주인은 이렇게 낮은 가격으로 자신의 차를 팔고 싶어하지 않을 것이다. 그 결과, 중고차시장에는 불량품들이 더 많이 돌아다니게 되고, 가격은 점점 더 낮아지며, 최악의 중고차가 최고의 차라고 홍보될 것이기 때문에, 결국 시장 자체가 붕괴될 수밖에 없다.

SVE)이라고 불리며, 하나의 하위영역으로 인정받고 있다. 이 분야는 최근에 매우 빨리 성장하였으며, 이제는 확실히 경제사회학에서 가장 많이 발달된 분야들 중 하나가 되었다. 평가와 사정의 사회학 연구가 가지는 목표는 다음과 같은 내용을 이해하는 것이다. 가치는 어떻게 창조되는가, 그 가치는 어떻게 안정화되는가, 가치는 정보의 비대칭성을 어떻게 보완하는가, 가치가 다양한 정보의 비대칭성들에 의존하는 정도는 어느 정도인가.[3]

평가와 사정의 사회학(SVE)은 연구용어를 사용할 때, 품질과 가치는 경제를 위한 "자료(data)"라는 생각을 거부한다. 오히려 품질과 가치는, 지위(status)에 대한 집단적 유통(distribution)이 가져온 결과라는 것이다. 다양한 상품들을 구분하는 메커니즘은 다른 상품들과의 관계 속에서 각 상품의 "위치"를 정해주는 것이다. 여러 상품들이 평가받는 방법에 대한 연구는 최근에 인증제도, 품질관리 시스템, 성과평가와 같은 현상이 많이 확산되면서, 또다시 우리의 관심을 끌고 있다. 최근 몇십 년 동안은 급진적 자유주의(ultra-liberalism)가 경제 분야를 지배했었기 때문에, 이와 같이 의도적으로 설계된 메커니즘이 성숙한 자유주의 사회에서 핵심적인 역할을 하게 된 이유가 무엇인지를 설명하기가 매우 어려웠다. 사실, 고전적 경제학의 주장이 옳다면, 그리고 가치란 단순하게 공급과 수요의 논리에 의해서만 결정되는 것이라면, 교환되는 상품의 품질이나 가치에 대한 모호성이 확산되는 것을 어떻게 설명할 수 있단 말인가? 가격과 같이 순수한 경제적 지표가 상품을 선택하는 데 있어서 충분한 지표가 되지 못하는 이유는 무엇일까? 신자유주의 경제학

---

3 라몬트(Lamont, 2012) ; 베커르트와 무슬린(Beckert and Musslin, 2013) ; 쇼뱅(Chauvin, 2013)

의 창시자들 중 한 명인 프리드리히 하이에크(Friedrich Hayek)는 가격의 '정보적 가치'에 대해 염려하였다. 정보의 확산이 잘 되지만 각 개인이 접근할 수 있는 정보는 일부밖에 없는 사회에서, 가격은 집단적인 경제적 신념과 행동을 조율하는 하나의 방법이 된다. 즉, 하이에크에 따르면, 가격은 정보의 모호성과 비대칭성을 감소시키는 역할을 한다는 것이다.[4] 그것이 사실이라면, 경제적 합리성이 지배하고 있어야 하는 극단적 자유주의 사회에서, 지나치게 많은 평가회사 및 평가 시스템, 인증제들이 존재하며 자기들끼리 경쟁을 하는 통에 짜증스러워지는 이유는 무엇이란 말인가?

그리고 고전경제학의 메커니즘에 의해서는 점점 더 설명이 불가능해지고, 누가 행복한 소수가 될 수 있을지에 대해서는 점점 더 모호해지는 세상에서 지위 불안이 가중되는 상황을 어떻게 설명할 수 있을 것인가? 이러한 문제들은, 보이지 않는 손에 의해 집단적인 협력이 보장되는 이상적인 세상에서는 아무런 이슈가 되지 않을 것이다. 하지만 현재의 사회에서 일어나고 있는 문제적 현상들은 우리 모두가 보고 있는 상황이다. 사실, 최근 현대 사회에서 특징적으로 나타나는 현상들 중 하나이기도 하다.

경제사회학자 루시엔 카르피크(Lucien Karpik)는, 그의 뛰어난 책 『독특함에 대한 평가 : 특이성의 경제학(Valuing the Unique : The Economics of Sin-gularities)』에서 시장 내의 정보적 경제학이 가지는 핵심적 문제, 특히 특이성(예 : 품질 때문에 경제적 대량생산이 불가능해지는 문화적 상품들)에 대해 분석하였

---

4   이것이 바로 1945년, 하이에크가 집필한 유명한 논문의 한 구절이다. "기본적으로, 관련된 사실에 대한 지식이 여러 사람들에게 알려져 있는 시스템에서, 가격은 주관적인 가치가 개인의 세부적인 계획들을 조직화할 수 있게 도와주는 것과 동일한 방법으로, 여러 사람들의 다양한 행동들을 조직화해주는 기능을 할 수 있다"(Hayek, 1945, 526).

다. 카르피크의 주장에 따르면, 판단도구(장치/dispositifs)에 대한 사회적 분석은 경제학 연구에 통합시킬 필요가 있다고 한다. 그는 지식을 조직화하는 이 메커니즘과 모드들이 시장의 불투명성을 "완화시키는" 작업을 조력한다고 언급하였다. 판단도구들의 목적은 "독특한 상품들이 거래되는 시장 소비자들에게서 특징적으로 나타나는 인지적 결핍을 감소시켜주고, 가능한 경우라면 아예 제거해주는 것이다." 이와 같은 판단 도구에 포함되는 것은 "네트워크, 칭호(appellations), 안내자(cicerones), 순위"가 있다. 그리고 카르피크가 "융합(confluences)"[5]이라고 부른 것도 있는데, 이는 다양한 판단들을 조정하는 추천 시스템을 가리킨다.

이 도구들은 특정 기준에 의해 구축된 지식을 전달하여, 사람들이 품질과 가치에 대한 판단을 내릴 수 있도록 방향을 제시해준다. 카르피크의 책은 이와 같은 다양한 도구들의 기능에 대해 사회적인 분석을 자세하게 보여주고 있다.

카르피크의 『특이성의 경제학』은 중요한 두 가지의 사회학 전통을 이어받고 있다. 카르피크는 경제사회학의 주창자로서, 사회적 관계의 용어를 활용해서 경제적 교환을 설명한다. 물론, 이러한 전통은 마르크스로부터 왔다고 볼 수도 있겠지만, 막스 베버(Max Weber) — 특히 종교가 시장에 미치는 영향에 대해 쓴 그의 논문들 — 와 칼 폴라니(Karl Polanyi)와 같은 고전적 경제학자들과도 관련이 있다. 폴라니는 『거대한 전환(The Great

---

5   카르피크(Karpik, 2010, 44-45). 카르피크는 경제사회학의 전통하에서 글을 쓰면서 다음과 같은 시각을 보여주었다. 시장이란 소비자들이 특이한 상품들(하나의 카테고리 내에서 서로 품질을 비교해볼 수 없는)의 품질을 평가할 수 있게 해주는 판단 도구에 의존하는 곳이다. (예) 다니엘 바렌 보임(Daniel Barenboim)이 바흐(Bach)의 평균율 클라비어 곡집(Well-Tempered Clavier)을 해석하는 방법은 글렌 굴드(Glenn Gould)의 방법과 비교 불가능하다. 즉, 두 가지의 해석방법을 구분하고, 구매자로 하여금 한 가지를 선택하도록 안내하는 데에 있어서는 객관적인 기준(가격, 무게, 길이, 기간 등)이 존재하지 않는 것이다.

Transformation)』이라는 위대한 저서에서, 역사적으로 특별한 사회적·조직적 관계 내에서 이루어지는 시장 관계들에 대해 상황적(situated) 설명을 제공함으로써, 경제적 인간(homo economicus)이라는 모호한 개념, 그리고 시장이라는 개념에까지 새로운 조망을 가지게 해주었다. 보다 최근에 나타난, 신경제사회학("새로운 구조주의(structuralism)")은 미국의 사회학자 마크 그라노베터(Mark Granovetter)의 중요한 논문, 「약한 유대의 힘(The Strength of Weak Ties)」 — 20세기 후반 사회학 분야에서 가장 유명한 논문들 중의 하나이다 — 으로부터 시작되었다. 이 논문에서는 경제, 그리고 특히 배태성(embeddedness)을 이해하는 데 있어서 네트워크가 가지는 중요성을 강조하고 있다. 그라노베터에 의하면, 개인과 비즈니스 간의 경제적 관계는 기존의 사회적 네트워크 내에서도 항상 포함되어 있었다고 한다.

사회자본과 문화자본에 대해 다양하게 이루어진 연구들 또한 현대의 평가 사회학에서 핵심적인 역할을 맡고 있다. 피에르 부르디외(Pierre Bourdieu)는 1972년에 사회자본(social capital)의 개념을 소개하였고, 그 후에도 여러 논문들을 통해 사회적 네트워크 내에서 활동하는 사회적 에이전트들이 가져올 수 있는 축적 이득에 대해 설명하면서, 그 개념을 발전시켰다. 부르디외의 표현에 따르면, 사회적 인생은 축적(accumulation)의 이야기이다. 기존에 존재했던 관계들의 촘촘한 네트워크 내에 뿌리내리지 않은 사회적 관계란 있을 수 없다.

부르디외는 사회자본에 대해 "상호적 면식(acquaintance)과 인식(recogni-tion)의 일상화된 관계들이 모인 네트워크 보유와 연계된 실제적·잠재적 자원들"(1986, 251)이라고 정의하였다. 대부분의 경우, 객관적이거나 독립적으로 평가가능한 경제자본이나 개인의 문화자본과 달리, 사회자본은 다른 사람들에게 의존하는 특성을 가지고 있다. 사회적 유대관계를 가진다는 것은 "객관적인" 조건이 아니다. 그보다는, 다른 사람들이 그 유대

관계를 인식하는 사실에 의존하는 조건이라고 할 수 있다. 부르디외에게 있어서, 사회자본에서 중요한 것은 상호적 인식이었다. 다른 사람들이 인식하지 못한다면, 사회자본은 존재할 수가 없기 때문이다.

1980년대에 제임스 콜먼(James Coleman) 또한 사회자본의 개념을 활용해서, 행동의 사회적 분석과 합리적 선택의 경제적 분석 간의 새로운 통합을 만들어냈다. 콜먼에 따르면, 합리적인 개인은 온전히 혼자 전략을 짤 수가 없으며, 그러기 위해서는 사회자본을 반드시 필요로 한다. 콜먼은 기능적인 용어를 가지고 사회자본을 정의하였다. 사회자본은 다양한 방법을 통해 얻을 수 있고 축적될 수 있는데, 그 방법들에는 두 가지 공통점이 있다. 모두 사회적 구조에 참여해야 하고, 그 구조를 통해 개인적 행동을 촉진한다. "좋은" 음악을 듣는 것, 특정한 환경에 자주 다니는 것, 골프를 치는 것은 모두 완전하게 다른 종류의 행동이다. 하지만 그 행동들은 모두 사회자본을 축적하기 위해 전략적으로 구성된 것이다. 즉, 사회구조에서 더 나은 위치를 얻고, 새로운 위치선정을 촉진하기 위한 행동이라고 말할 수 있겠다. 콜먼은 뉴욕(New York)의 다이아몬드 시장 — 정통파 유대인 커뮤니티에 의해 독점적으로 운영되는 곳 — 을 실례로 들어 설명하였다. 그 커뮤니티는 구성원들에게 다음과 같은 사회자본을 제공해준다. 거래를 촉진하는 사회자본, 합의를 보장해주는 문서계약과 복잡한 메커니즘을 피할 수 있도록 해주는 사회자본.

누군가 도둑질을 하려고 한다면, 그 사람은 모든 것을 잃게 될 것이다. 가족, 우정, 품위, 평판, 종교 커뮤니티의 회원 신분. 따라서 이와 같은 커뮤니티에서 활동하는 사람들은 사회자본을 온전히 유지해야 할 충분한 이유가 생기게 되는 것이다. 그들이 자유롭게 쓸 수 있는 사회자본에는 신뢰, 호혜성, 사회적 기준, 정보의 순환 등이 있다.

콜먼은 부르디외와 마찬가지로, 사회자본을 '행동 동기'로 보았고, 이는 순수한 경제동기들과는 구분되어야 한다고 생각했다. 사회구성원들의 행동은 전략이라는 용어를 통해 설명할 수 있다. 이 전략의 목표는 경제적 효율성뿐 아니라 사회적 효율성을 최대화하고, 다양한 물질적·비물질적 이득을 얻는 것이다. 콜먼이 사회구성원(social agent)의 시각에서 사회자본을 연구하면서, 사람들이 전략적 이유 때문에 자본을 축적하는 것에 초점을 맞춘 반면, 필자는 사회자본을 연구할 때 관찰자("소비자")의 시각을 활용하였다. 필자가 흥미를 가진 것은, 우리가 스스로의 동기와 이득과는 상관없이, 단지 평가를 하기 위해 사람, 사물, 아이디어의 사회자본을 지각하는 방법이다. 사람들은 전략적으로 스스로를 위한 평판을 "구축"할 수도 있고, 태어나면서부터 물려받거나 자신이 속한 네트워크에서 얻은 자본을 활용하기도 한다. 하지만 그 자본이 어떻게 인식되고 다른 사람에 의해 어떻게 전달되는지, 그리고 사회적으로 어떻게 순환되는지에 대해서는 언제나 어느 정도의 모호함이 있다. 사람들은 평판에 대한 불안감이 있기 때문에, 그 모호성을 관리하려 한다. 우리가 전달하려고 하는 시그널에 대해 다른 사람들이 어떻게 반응할지에 대해서는 아무도 확신할 수 없기 때문이다. 예를 들어 설명한다면, 네트워크 효과는 선형적인 것이 아니다. 우리는 사회적 네트워크 내에서 스스로의 위치를 개선하고자 하는 전략을 가질 수는 있지만, 우리가 최종적으로 바라는 위치를 얻게 될 것인지에 대해서는 그 누구도 보장해주지 않는다. 사회적 네트워크는 사회자본이 축적되고 다른 사람에 의해 소비되는 방법에 대해 수많은 왜곡을 만들어낼 수 있다. 이제 우리도 익숙하게 알고 있는 몇 가지 사례들을 검토해보도록 하자.

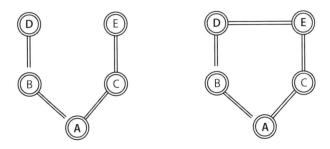

그림 2: 가십의 비난

중요한 왜곡 효과들 중의 하나는, 사회적 기준의 시행에 대한 효과성
(사회자본의 다양한 형태 중에서 가장 많이 연구된 요소)과 사회적 네트워크의 구조의
효과성 간의 관계에 따라 달라진다. "폐쇄적" 네트워크("개방적" 네트워크의
반대개념)는 사회적 기준을 안정화시키기가 더 쉬운 곳이다. 예를 들어, 가
십의 비난에 대해 생각해보도록 하자.

그림 2를 보자. A는 B와 C를 알고 있고, 둘 다에게 잘못된 행동을 했
다. B와 C는 D와 E와도 알고 지낸다. 그런데 왼쪽 그림과 같이 D와 E가
서로 모르는 사이라면, A에 대한 집단적 처벌환경(예: 소외, 부정적 가십, 사회
적 기준 강화 — A가 앞으로 나쁜 행동을 하지 못하도록 하기 위함)을 조성하기가 어렵다.
커뮤니티의 일부 구성원들과의 연계성이 없기 때문이다. 하지만 오른쪽
그림과 같이 D와 E가 서로를 알고 있다고 생각해보자. 그러면 사회자본
이 A의 평판을 수정하는 데 있어서 더욱 효율적인 자원이 될 수 있다. A
에 대한 정보 순환이 훨씬 더 쉽기 때문이다.[6]

사회적 네트워크의 악명높은 효과들 중 또 하나는(이 부분에 대해서는 나중
에 다시 논의할 것이다), 로버트 머튼(Robert Merton)이 연구한 마태 효과(Matthew

---

6   울만－마가리트(Ullmann－Margalit, 1977)

불확실성에 대한 접근 : 평판은 어느 정도 믿을 만한가?

effect)가 있다.

사회적 네트워크 내에서의 이득은 뭔가가 누적될 수 있다는 것이다. 예를 들어, 대부분의 인용(citation) 네트워크들은 다음과 같은 구조를 가지고 있다. 당신에 대한 인용이 많을수록, 앞으로도 인용될 확률이 더 높아질 것이다. 머튼은 마태복음(Gospel of Matthew)의 한 구절을 따서 '마태 효과'의 이름을 지었다. "무릇 있는 자는 더욱 받아 풍족하게 되고, 없는 자는 있는 것까지도 빼앗기리라." 한 번 인용이 되었던 논문이 앞으로 계속 인용될 확률은, 한 번도 인용되지 못했던 논문이 이제 인용되기 시작할 확률보다 확실히 높다.

창조적인 일을 하는 직업군을 위한 노동시장에서 특히 연구가 많이 된 또 하나의 네트워크 효과는, 경의를 표하는(deference) 관계가 이루어지는 방법 때문에 생긴다. 사회적 집단 내부에서 활동을 하고 있는 전문직 종사자들 사이에서 대부분 발생하는 효과이다. 미술이나 과학 분야의 "창조적인" 직업군은 존경심을 표하는 관계의 배분(distribution) 때문에 특별한 불균형이 생기기 쉬운 환경이다. 사회학자 피에르-미셸 멩거 (Pierre-Michel Menger)는 이러한 설명을 하였다. "세계적으로 유명한 연구자가 일을 하고 있는 연구팀은, 각 개인구성원의 역량이 모여 뛰어난 연구팀이 만들어지는 경우보다 성장할 수 있는 잠재력이 훨씬 더 높은 경우가 많다."(2002, 38)

마지막으로, 집단적·개인적 평판의 상호적 영향력은 자본 환경에 대해 핵심적인 네트워크 효과를 만들어낸다. 좋은 평판을 가지고 있는 집단에 소속되어 있다는 사실은 개인적 평판을 높여줄 것인가? 2015년 노벨 경제학상을 수상한 장 티롤(Jean Tirole)은 1996년에 발표한 논문에서, 그렇다는 대답을 보여주었다. 존경받는 집단에 소속되어 있는 사람의 개인적 평판은 분명히 상승되는 면이 있다. 예를 들어, 비즈니스 인수합병의 경우에는 이와 같은 현상이 매우 큰 중요성을 가진다. 다양한 분야에서 여러가지 실험연구를 해본 결과, 새로운 브랜드의 회사를 큰 기업이 인수했거나, 인수한 회사에서 프랑스 지역 상품에 대해 '원산지통제명칭(appellation d'origine contrôlée: AOC)' 인증을 받았을 때, 그 조직에 소속되어 있는 개인들도 좋은 평판을 얻을 수 있게 된다.[7]

하지만 집단의 평판이 개인의 평판에 미치는 효과와, 개인의 평판이 집단의 평판에 미치는 효과는 여전히 복잡하다. 만약 존경을 많이 받고 있는 집단에서 그다지 평판이 좋지 못한 구성원을 받아들인다면, 기존에 받았었던 존중을 잃어버릴 수 있다. 새로운 문학이나 미술 상(prizes)을 만든 사람들이, 초반에 기대하며 실행하는 전형적인 전략은 이미 뛰어난 평판을 가지고 있는 예술가에게 상을 수여하는 것이다. 이와 같은 경우, 한 예술가의 개인적인 평판은 그 상의 평판 구축에 도움을 주는 것일 뿐이다. 개인과 집단적 차원 간의 평판 역동은 다양하고, 때로는 기대하지 못한 평판의 왜곡을 가져온다. 그루초 막스(Groucho Marx)의 유명한 농담을 보면 이러한 내용을 잘 볼 수 있다. "나를 구성원으로 받아주겠다고 한 그 어떤 클럽에도 가입하고 싶지 않다."

네트워크 효과에 대한 모든 연구들은 부르디외나 콜먼이 분석하지 않았던 사회구조의 측면에 초점을 맞추고 있다. 역동적 속성. 평판은 역동적 프로세스 내에서 만들어지기도 하고, 상실되기도 한다. 그래서 사회자본은 모호한 자본인 것이다. 우리는 사회적 네트워크 덕분에 평판을 쌓을 수 있다. 네트워크의 구조를 이용하고, 그 구조를 수정하거나 효과를 극대화할 수 있는 다양한 필터와 도구들을 활용하는 것이다. 이 필터들이 어떻게 만들어지는지, 그리고 이 필터들이 전략적인 방법으로 어떻게 지

---

7   티롤(Tirole, 1996), 게르고드와 동료들(Gergaud et al., 2016)

각되고 활용되는지에 대해 조금 더 세밀하게 들여다보도록 하자. 여기에서 필자는 앞에서 언급했던 두 가지 사회학적 전통들(대부분의 경우 서로 다른 것이라고 생각되었던)을 통합해보려고 한다. 사회자본에 대한 고전적 연구 그리고 사정과 평가 연구(Evaluation and Valuation Studies: EVS).

이 책에서 사용하고 있는 시각은, 두 가지 전통을 합칠 수 있는 동일한 기본적 질문이다. 한 상품(product)과 한 사람(agent)에 대한 사회적 네트워크 내에서의 "위치선정(positioning)" — 다른 상품과 다른 사람과의 비교를 통해 — 은 어떻게 평판을 구축하고 유지하는 것일까? 필자는 기존의 전통이 가지고 있는 가치가 매우 크다고 생각한다. 앞에서 언급했던 네트워크 효과의 실례를 보면, 한 사람의 위치선정으로 인해 만들어지는 가치가 전략적일 수도 있지만 모호하고, 모든 해석이 가능하며, 예측할 수 없는 네트워크 효과에 대해 취약하다는 것을 알 수 있다. 따라서 필자는 평판이 동시에 가지고 있는 두 가지 기능에 대해 초점을 맞춰보려고 한다. 평판은 해당 주체가 전략적으로 행동하고자 하는 동기로서 기능을 하는 동시에, 관찰자들이 그 전략을 사용하는 사람을 평가하기 위해 정보를 수집하도록 도와주는 도구로서 기능하기도 한다. 이 책에서는 이러한 두 가지 기능을 통합적으로 설명하려는 목표를 가지고 있다. 그래서 필자는 다양한 이론과 전통을 통합하는 절충적인 방법론을 선택하여 활용하기로 했다.

평판은 전략적 위치선정의 결과이면서, 그러한 위치선정이 다른 사람들에 의해 지각되는 방법이기도 하다. 개츠비는 전략적인 이유 때문에 자신이 옥스퍼드에서 공부했다고 모든 사람들에게 말했겠지만, 주위의 사람들은 그 하나의 정보가 모호성을 감소시키기 위해 설계된 어떤 도구에 의해서도 설명될 수 없다고 해석했다. 부캐넌은 개츠비와 옥스퍼드에 대해 충분한 정보를 가지고 있어서 그 시그널이 진실하지 않다고 곧바로 인식하였다. 하지만 개츠비를 잘 모르는 주위의 사교계에서는 옥스퍼드가 가지고 있는 간접적이고 모호한 평판 때문에 개츠비를 신뢰하게 되었다. 즉, 평판을 얻고 유지할 수 있게 해주는 것은 사회적 네트워크 내에서의 위치선정일 뿐 아니라, 네트워크의 내부·외부 인간들이 그 위치선정에 대해 하는 지각이기도 한 것이다.

5장에서는 우리의 지각에 영향을 주고, 사회적 네트워크 내의 사람이나 사물에 대한 명확한 또는 불명확한 지각에 영향을 주는 휴리스틱에 대해 살펴볼 것이다. 평판이 형성될 때에는 언제나 모호성과 불안을 만들어낸다. 그래서 우리의 사회적 위치는 항상 불안정하고, 객관적으로 결정될 수 없는 것이다.

평판의 도구들

우리가 주위 사람과 사물에 대해 판단을 할 때에는 언제나 기존에 활용되어 왔던 평판의 도구들에 의해 구축된 전통을 기반으로 한다. 이 도구들을 통해 우리는 다양한 신호들을 해석함으로써, 특정한 태도를 갖추려 노력한다. 다른 사람들에 대해 제대로 된 지식을 갖추지 못하면, 자료를 해석하기란 불가능하다. 역량 있는 인식론적 주체란 정보탐색과정을 통해 다양한 사인들을 해석할 수 있는 능력을 갖춘 사람을 가리킨다. 즉, 우리는 평가를 하기 위해 세상을 이해하는 것이 아니라, 세상을 이해하기 위해 평가를 하는 것이다.

사람과 사물들의 사회적 인생은 경제적·사회적·상징적·위계적 관계 내에서 설명할 수 있다. 이 관계들은 평판이 구축되어 온 방법들을 보여주면서 평판의 근거를 제공해준다. 사회적 인생은 우리가 누구인가에 대한 정보를 담고 있는 궤적이라고 말할 수 있겠다. 우리의 모든 상호작용은 사회적으로 공유된 정보들을 만들어내고, 시간이 지남에 따라 축적된 정보를 활용하며 다른 사람들이 우리를 보는 시각을 정의해준다. 우리가 행동방법을 결정하기 위해 다른 사람에 대한 정보가 필요한 것이 사실이라면, 다른 사람들이 우리에 대해 이야기해줄 정보로서, 우리의 행동을 관찰한다는 것도 사실인 것이다. 정보와 행동, 사인(signs)과 행동 — 신호이론을 활용하여 2장에서 분석한 것 — 간의 근본적인 관계는 평판을 이해하는 데 있어서 핵심적인 요소이다.

토머스 홉스(Thomas Hobbes)는 명예에 대한 유명한 글에서 이렇게 이야기하였다.

> 우리가 스스로의 권력에 대해 알 수 있는 사인은 주위 사람들의 반응이다. 다른 사람들이 그에 대해 알고 있다는 사인은 행동, 제스처, 표정과 말로서, 우리의 권력이 만들어낸 결과이다. 즉, 누군가의 권력에 대한 인정이 바로 '명예(honour)'인 것이다. 그리고 (마음 속에서) 상대방에게 명예를 부여한다는 것은, 상대방이 자신과 비교했을 때 더 많은 권력을 가지고 있다는 것을 인정한다는 것이다…. 명예와 불명예의 사인에 따라 우리는 상대방의 가치에 대해 추정할 수 있다.[8]

정보와 사회적 유대감(ties)은 동전의 양면과 같다. 사소한 이야기 같지만, 사실 이것은 가장 위대한 문화적 혁명들 중 하나의 기반에 대한 설

---

[8] 홉스(Hobbes, 1640, 8장, #5). 홉스의 명예이론에 대한 분석을 보려면 카르네발리(Car-nevali, 2013)의 저서를 참고할 것. 뤽 볼탄스키(Luc Boltanski)와 로랑 테브낫(Laurent Thévenot, 1991)은 『가치의 경제(economies of worth)』라는 책에서, 명예에 대한 홉스의 이론을 소개하였고, 그중에서도 특히 이 장에서 논의했던 평판의 개념에 관련된 '의견의 도시(city of opinion)' 개념을 자세히 설명하였다.

명이다. 사회적 웹(web) 및 집단적 행동의 수집과 분류로부터 정보를 추출하는 알고리즘(이는 7장에서 다뤄볼 예정이다). 정보와 평판 간의 강력한 연계(사회 인지적인 활용목적보다는 좋은 평판을 유지하고자 하는 동기에 더 많은 초점을 맞추는)는 아직 사회과학 분야에서 명확하게 연구되지는 않았다. 우리가 우리 주위에 있는 사회적 정보에 대해 접근하지 않는다면, 이 세상은 고요해지고, 그 어떤 가치도 존재하지 않을 것이며, 그 어떤 것에 대해서도 관심을 둘 필요가 없어질 것이다.

필자가 여기에서 분석하는 평판 도구들은 다양한 관계에 초점을 맞추고 있다. 신뢰도에 영향을 주는 세 가지 핵심 요소는 다음과 같다.

1) 관계의 구조
2) 구조에 들어갈 수 있도록 해주는 판단의 다양한 효과와 형태(판단 도구, 승인제도, 분류의 수치적 지표 등)
3) 정보를 수집하기 위한 도구를 활용하는 사람들에 대한 지식.

네트워크의 구조

평판이 사회적 구조에 의존한다는 것은 명확한 사실이다. 경제사회학에 따르면, 다른 사람들과 강력하고 안정적인 사회적 유대감을 가지는 것의 "정보적 이득"은 경제적 이득으로 변환된다고 한다. 왜냐하면, 우리는 상호작용을 하는 사람들을 신뢰함으로써, 거래에 써야 하는 비용을 줄일 수 있고, 우리의 행동과 다른 사람들의 행동을 구조화해주는 친숙함과 기대를 발달시킬 수 있기 때문이다. 그러면서 우리는 다른 사람들의 행동을 더 많이 예측할 수 있게 되는데, 이는 반대의 경우도 마찬가지이다.[9]

---

9   그라노베터(Granovetter), 1985

지금까지 우리가 보아왔듯이, 개방적 네트워크를 가지고 있는 사회구조에서는, 폐쇄구조에서 하듯이 다른 사람들의 행동에 대해 동일한 정보만을 확산시킬 수는 없다. 오히려, 네트워크 효과는 비선형적 방법으로 누적된다. 홉스의 설명에 따르면, 네트워크의 중심에 있는 사람들의 평판이 더 많이 퍼져나갈수록, 더욱 더 핵심인물이 될 가능성이 높아진다. 결국, 사회적 네트워크는 모든 사람들에게 동질적이지 않은 것이다. 사회적 네트워크를 분석해보면, 비공식적인 사회유대감은 인구밀집도가 높은 지역(정보가 원활하게 순환되는 곳)에서 구축되는 경향이 있다. 이러한 지역들 사이에서 차이 또는 (정보가 흐르지 않는) "구조적 공백"[10]을 찾아볼 수 있다는 것은 중요한 사실이다. 각 집단은 다른 집단에 대해 파악할 수는 있지만, 그 집단 내에서 정보가 조직화되는 방법을 모두 알 수는 없다.

모든 네트워크 효과들 중에서, 평판의 역동에 대해 이해하기 위한 중요 요소들이 많지만, 지위(status)가 어떻게 배분되는가는 가장 중요한 것들 중 하나라고 말할 수 있겠다.

계급은 어떻게 구축되는가?

계급(hierarchies)은 세상 어디에서나 존재한다. 군대에서와 같이 공식적인 계급도 있고, 친구들 사이에서 "누가 최고냐"를 즉흥적으로 결정하는 경우와 같이 비공식적인 계급도 있다. 학교의 한 반(class)을 관찰하면 이를 파악하기가 매우 편리하다. 필자는 매년 세미나 수업에서, 학생들 간에 즉흥적인 분류가 이루어지는 것을 보곤 한다. 상호작용, 수업에서의 참여, 질문과 반대의견의 수준, 이 모두는 누가 가장 우수한가를 결정하게 해주고, 누구든지 쉽게 알아챌 수 있게 해준다. 이와 같은 비공식적

---

10   구조적 공백 이론은 롤랜드 버트(Roland Burt, 2005)에 의해 발전되었다.

순위는 공식적인 확인과 수정을 거치게 되는데, 그것이 바로 필자가 학기말에 부여하는 학점이다. 필자의 경험에 따르면, 대부분의 경우, 비공식적인 분류는 학점에서도 동일한 결론이 나오는 때가 많았다. 비공식적 순위와 공식적 순위가 일치하게 되는 현상은 사회학에서 새롭게 나타난 구조주의의 근본적 직관에 의해 설명할 수 있을 것이다. 사회구조 내에서의 계급적 위치가 수준을 보여줄 때, 초반의 수준 차이는 구조 자체의 배치에 영향을 주곤 한다. 계급은 권력층에 의해 결정되는 것도 아니고, 각 개인의 성과만을 가지고 결정되는 것도 아니다. 이는 각 개인들 간의 상호작용이 낳는 결과라고 말할 수 있겠다.

지위의 사회학은 "존경을 표하는 행동의 축적"으로서의 사회적 지위를 분석하는 학문이다.[11] 이와 같은 정의가 흥미로운 이유는, 사회적 존재들은 당장 유용하거나 중요하지 않은 자질이나 특성 때문에도 상대방에게 존경을 표하기 때문이다.

그래서 상대방의 지위에 대해 존경을 표하는 모델이 평판의 고전적·전략적 모델과 매우 다른 것이다. 고전적·전략적 모델에서 내가 상대방의 가치를 인정하는 이유는, 앞으로의 상호작용과 교환에 대한 나의 기대를 만족시켜주기 때문이다. 하지만 지위의 사회학에서는, 나의 흥미를 즉각적으로 만족시켜주지 않고, 손에 만질 수 있는 이득이 없는 경우에도 상대방의 특성에 대해 존경을 표할 수 있다. 예를 들어 생각해보자. 같은 반에 있는 누군가가 나보다 더 똑똑하다는 사실을 인정한다고 해서, 나한테 직접적인 이득이 있는 것은 아니다. 오히려 나에게 불리한 상황이다. 하지만 나는 그 학생이 질문을 할 때 좀더 귀를 기울여서 듣게 된다. 그리고 수업이 끝날 때를 기다려서, 그 학생에게 책을 추천해달라고

---

11 포돌니와 린(Podolny and Lynn, 2009)

부탁할 것이다. 대부분의 경우, 다른 사람에 대한 존경을 표현하는 행동은 그다지 전략적이지 않다.

일상 생활에서 우리가 존경을 표현하는 사람들은 대부분의 경우, 우리보다 더 높은 사회적 지위를 가지고 있다. 물론, 모든 상황이 그렇게 단순하지는 않다. 사람들의 지위 또한 성과가 아니라 사회적 관계에 의해 결정되기도 한다. 지위(status)란 네트워크를 통해 만들어진 위치이며, 사회 자본의 배분에 영향을 미친다. 사회적 지위가 높은 사람이 그보다 더 지위가 낮은 사람과 어울리면, 지위가 낮은 사람의 위치는 올라가지만 원래 지위가 높았던 사람의 위치는 오히려 낮아질 위험이 있다. 제인 오스틴(Jane Austin)의 『오만과 편견(Pride and Prejudice)』을 보면, 잘난 척하고 오만한 다아시(Darcy)는 초반에 망설이지 않고 친구 찰스 빙리(Charles Bingley)가 아름다운 제인 베넷(Jane Bennet)과 결혼하는 것을 반대한다. 그녀의 사회적 지위가 더 낮았기 때문이다. 빙리의 지위는 베넷가문과 결혼을 함으로써 더 낮아질 위험이 있다고 생각했던 것이다. 그런데다가 엘리자베스(Elizabeth)와 제인의 여동생인 리디아(Lydia)가 뻔뻔한 기회주의자 위컴(Wickham)과 사랑의 도피를 하게 되면서, 언니들의 평판을 영원히 훼손할 위험성이 커지고, 좋은 결혼을 하고자 하는 꿈까지 깨질 상황이 되었다. 리디아의 나쁜 평판은 엘리자베스와 제인의 평판까지 "더럽혔고", 부유한 귀족집안의 빙리와 다아시조차 리디아의 문제를 해결하지 않고서는 두 언니들의 지위를 복구할 방법이 없는 상황이 되었다.

사회구성원의 지위, 내적 속성, 사회적 자본 간에는 복잡하고 역동적인 관계가 존재한다는 것을 볼 수 있다. 다아시는 엘리자베스의 내적 특성, 즉 지적인 능력, 생동감있는 성격을 잘 알고 있었지만, 사회적 자본이 충분치 않다는 것도 파악하고 있었다. 그녀와 결혼을 하게 되면 그녀의 지위를 올려줄 수는 있겠지만, 자신의 지위가 너무나 낮아질 가능성도 생기는 것이다(처음에 엘리자베스에게 청혼을 했을 때에도 이러한 생각을 하고 있었고, 그녀는 자존심 때문에 거절을 했었다). 리디아의 더럽혀진 평판을 복구해줌으로써, 다아시는 베넷가문의 명예를 되살릴 수 있게 되었다. 이를 본 엘리자베스는 다아시의 너그러움과 진정성을 발견하고 그를 존경하게 되어, 결국은 그의 청혼을 받아들이게 된다.

때로 지위의 역동은 우리의 사회적 자본에 기반하고 있는 내적 특성으로 인해 우리의 사회적 자본을 수정할 수 있게 해준다. 그러면 이 모델에서 매우 단순한 법칙을 한 가지 추론할 수 있을 것 같다. 사회적 자본이 모호하고, 내적 특성이 관찰하기 어려울수록, 존경을 표하는 행동이 더 중요해질 가능성이 높아진다는 것이다. 존경의 표현은 상대방에게 가치를 부여할 수 있게 해준다. 아는 사람이 아무도 없는 새로운 환경에 도달했을 때는, 내가 만나는 사람들의 내적 특성을 파악하는 데에 필요한 기준을 아직 잘 모르는 상태이다. 사람들의 가치에 대한 정보를 나에게 제공해주고, 내가 그들에게 지위를 배분하고, "좋은" 사람과 "나쁜" 사람에 대한 정신적 지도를 그릴 수 있게 해주는 것은, 집단 내부 사람들이 서로에게 표현하는 관찰가능한 존경의 행동이다.

도구의 내부 : 공식적 도구들

상품과 아이디어는 사회적 존재들과 마찬가지로, 변동도 많고 모호성도 많다. 우리도 잘 알고 있듯이, 이것들의 가치는 모호할 때가 많고, 특히 우리가 "매우 귀중한 것의 평가"라는 도전을 마주하고 있는 문화적 공간에서는 시장 내에서 바로 가치를 결정하기가 어렵다.

다니엘 바렌보임이 바흐의 골드베르그 변주곡(Goldberg Variations)을 해석하는 방법은 글렌 굴드의 방법보다 더 수준이 낮은 것일까, 아니면 더 높은 것일까? 인질의 교환을 협상할 때, 인간의 삶이 가지는 가치는 어느 정도일까? 알래스카(Alaska)의 처녀지를 복구할 수 없을 만큼 오염시킨 회사는 어느 정도의 금액을 지불하는 것이 옳을까?[12]

카르피크의 "판단 도구"를 활용하면 품질의 모호성 감소에 대한 도움을 받을 수 있다. 이 도구들은 이미 평가를 포함하고 있는 특별한 정보를 제공해준다. 앞에서 언급했었던 '독특함에 대한 평가'에서, 카르피크는 특히 특이한 물품들을 파는 시장(카르피크가 "문화적 복합체(cultural complexes)"라고 부른 시장. 정보의 비대칭성이 강하고, 전통내에서 집단적으로 배포된 신념이 존재하는 시장)에서 특징적으로 나타나는 시스템에 대해 분석하였다. 하지만 우리는 정보의 비대칭성이 이미 사회학적 문헌에서 세부적으로 연구되었던 문화적 상품 시장 외에도, 카르피크의 분석을 연장시켜서 적용해볼 수 있을 것이다.[13]

오늘날, 분류(classification)와 지표(indicator)들이 인지적·사회적·정치적 분야에 난무하고 있다는 것은 분명한 사실이다. 학교, 병원, 기업, 주정부, 자산, 금융 상품, 인터넷 검색 결과, 학문적 출판물(객관적인 품질이 반드시 보장되어야 하는 분야)은 분류되고, 조직화되고, 가치가 평가되고, 비교과정을 통해 계급적 관계 속에서 위치가 정해진다. 마치 서로 비교하지 않으면 내적 가치가 계산되지 않는 것처럼 말이다. 하지만 객관적인 평가도구를 기반으로 한 비교과정에 대한 집착은 비교적 가치에 비해 내적 가치를 평가절하할 수 있는 위험성이 있다.

어떤 사회학자들은 이와 같은 비교에 대한 고착이(현재 우리의 모든 인생 국면에 존재하고 있는) 사용자와 상품 간의 관계를 본질적으로 변화시킨다고 주장한다. 그들의 분석에 따르면, 비교 도구들에게 지속적으로 의존하게 되면서, 구매자의 평가 능력은 상품, 아이디어, 심지어 사람의 독

---

12   이와 같은 질문은 평가와 사정의 사회학(Sociology of Valuation and Evaluation: SVE)에서 전형적으로 나오는 것들이다.

13   1972년, 이르슈(Hirsch)의 문화시장에 대한 고전적 분석을 예로 들 수 있겠다.

특성에 대해서도 매우 작은 부분만 파악할 수 있을 정도로 감소되었다고 한다.

이와 같은 분류들의 관찰 가능한 객관성은 과연 어디에 존재하고 있는 것일까? 사실 순위체계는 그들이 제공하는 사실적 정보만 가지고 객관성을 주장할 수는 없다. 왜냐하면, 특정한 시각을 기반으로 만들어진 것이고, 특정 속성에만 초점을 맞춘 것이기 때문이다. 그 순위체계들의 객관성이란 앞에서 언급했던 "문화적 복합체"에 대한 전통에 기반하고 있다. 해당 사회적 조직 내에 있는 모든 사람들이 '이 병원은 다른 병원보다 좋네'라고 믿지만, 사실 그러한 신념을 가져야 하는 이유에 대해서는 아무도 알지 못하고, 루머와 입으로 전해진 소문들만 존재하는 경우와 같이 말이다. 이와 같은 분류들의 목적은 개츠비가 피해자가 되었던 옥스퍼드 효과를 피하는 것이다. 모든 사람들은 옥스퍼드가 좋은 대학이라고 믿는다. 대부분의 경우, 개츠비와 같은 사람들은 들어갈 수 없는 곳이기 때문이다. 우리가 보아왔듯이, 옥스퍼드의 경우, 전통의 중요성은 동시대의 순위체계들 내에서 유지되고 있다. 하지만 다른 경우에는, 품질의 유지를 보장하는 데 있어서 전통만으로는 부족한 때가 많다.

분류체계는 현대의 세상에서 새로운 "전통"을 만들어낼 수 있는 방법이다. 세상이 점점 더 글로벌화되면서, 지역적 전통들은 무너져가고 있다. 외국인이 보기에, 지역적 전통은 그다지 지적인 것으로 생각되지 않는 경우가 많다. 그렇기 때문에, 사람들이 한번 수용하면 그 이유에 대해 잘 생각해보지 않게 되는 "상식"을 대신해서 분류체계가 중요시된 것이다. 이와 같은 새로운 전통이 어떻게 구성되었는지, 기준과 가치는 어떤 것인지, 각각의 지식영역에서 어떻게 다양한 모습을 보이는지에 대해서는 조금 후에 살펴보도록 하겠다.

평판이 만들어지고, 가치가 배분되는 과정에서는 전통이 중요한 역할을 한다. 하지만 우리가 특정 전통을 신뢰하게 되는 데는 또 다른 이유가 있다.

평판의 다양한 차원들

사회과학에서 평판의 신뢰도에 대해 평가하는 도구들을 검토해보면, 하나의 평판이 만들어지는 과정에 영향을 주는 변인들을 찾아볼 수 있다. 정보의 비대칭성, 공식적·비공식적 도구의 특성, 권력과 전문성의 중요성, 장기간 동안 평판이 보여주는 "역동성(robustness)" — 평판이 전통에 대해 가지는 관계 — , 이들은 모두 우리가 평판을 통해 세상을 파악하는 과정에 영향을 주는 변인들이다.

평판과 정보적 비대칭성과의 관계에 대해 조금 더 자세히 알아보도록 하자. 지금까지 우리가 관찰해온 바에 따르면, 우리는 그것이 선형적인 관계라는 것을 유추할 수 있다. 정보적 비대칭성이 강할수록 평판의 중요성은 높아진다.[14]

다양한 평판의 차원들을 모두 모아보면(정보의 비대칭성, 공식화, 권위자의 중요성), 기존에 존재했던 논란에 대한 대답을 찾을 수 있을 것이다. 예를 들어 정보의 비대칭성이 강할수록, 유능한 의사나 전문가를 선택해야 하는 상황에서 평판이 가지는 중요성은 더 커지게 된다. 하지만 미술이나 미각의 경우에는 정보의 비대칭성이 그다지 강하지 않음에도 불구하고, 평판의 중요성이 매우 크다. 우리 모두는 와인의 맛을 볼 수 있는 미각을 가지고 있고, 그림을 평가할 수 있는 눈을, 음악 공연을 감상할 수 있는 귀를 가지고 있지만 말이다.

---

14   오리기(Origgi, 2013a). 필자가 주장했던 간단한 "평판의 법칙"이다.

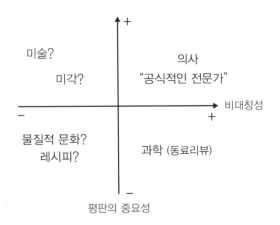

그림 3: 정보의 비대칭성과 평판의 중요성 간의 관계

과학의 경우 또한 매우 흥미롭다. 과학 분야에는 확실한 정보의 비대칭성이 존재한다. 하지만 과학적 주장을 평가하는 과정은 익명성이 보장되는 동료 리뷰 시스템에 기반하고 있다(이에 대해서는 9장에서 더 자세히 살펴볼 것이다). 사회학적 분석 결과, 동료리뷰 과정에 다양한 왜곡이 존재한다는 것이 밝혀지면서, 이 과정의 익명성에 대해서는 문제들이 점점 더 많이 제기되고 있다. 물론, 과학적인 작업의 수준을 단순히 입에서 입으로 전해지는 평판만으로 결정하지 않는다는 것도 사실이다. 필자는 평판의 중요성과 정보의 비대칭성이 모두 낮은 분야들을 한번 찾아보았는데, 음식의 레시피 분야가 적절한 실례로 생각되었다. 이 분야는 이해하거나 재생산하기가 어렵지 않았고(즉, 정보의 비대칭성이 낮았다), 평판의 중요성도 낮았다. 필자가 인터넷에서 레시피를 찾을 때, 누가 그 레시피를 만들었는지를 그다지 신경쓰지 않았기 때문이다. 유명한 셰프가 개발한 레시피가 있는데, 따라하기가 너무 어렵다면, 그 레시피가 활용되는 경우는 거의 없을 것이다. 그림 3은 이와 같은 경우의 수들을 잘 보여주고 있다.

불확실성에 대한 접근 : 평판은 어느 정도 믿을 만한가?

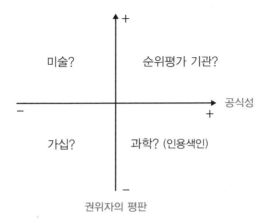

그림 4: 공식화와 권위자의 중요성 간의 관계

평판의 공식화 수준(필자가 앞에서 논의했듯이 공식성의 높고 낮음)과 평판을 만들어주는 권력의 중요성의 수준을 다양하게 생각해볼 수 있는데, 그림 4를 보면 각 경우들이 정리되어 있다.

순위평가 기관의 경우와 같이 공식적인 평판과 관련된 분야가 있고, 권력의 영향력이 명확한 분야가 있다. 사람들이 신뢰하는 순위평가기관은 몇 군데 되지 않기 때문에, 그들의 중요성은 날로 높아만 간다. 이를 보면, 평판의 공식화를 위해 전문성의 영향력을 꼭 감소시킬 필요는 없는 것이다. www.artprice.com 과 같은 유명한 도구들을 제외하고는 평판이라는 것이 그다지 공식적이지 않은 미술 분야에서도, 전문가의 판단은 매우 중요한 가치를 가진다. 하지만 그와 반대로 인용색인(citation index)과 같은(이 부분에 대해서는 9장에서 다시 다루어보도록 하겠다) 도구들을 기반으로 하여 평판이 공식화된 과학 분야에서는, 권위자의 힘이 오히려 줄어들고 있다. 마지막으로, 가십은 두 가지 변인들이 모두 낮은 가치를 지니는 경우이다. 공식화와 권위자의 힘은 모두 무시해도 될 정도로 작다. 3장에서 이야기해봤듯이, 루머는 정보의 권위자가 없이도 순환된다. 누구든지 자신의 의견을 소문에 보탤 수 있다. 공식적인 권력을 전혀 가지고 있지 않은 사람까지도 말이다.

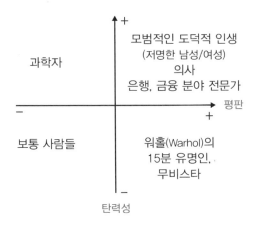

그림 5: 시간이 지남에 따라 평판의 수준과 탄력성의 관계가 변화하는 모습

평판이 가지고 있는 매력적이고 미스터리한 또 하나의 차원은 시간이다. 어떤 평판은 많은 반증이 나옴에도 불구하고 지속되는 반면, 또 다른 평판은 아주 작고 가벼운 스캔들이 생겨도 왜 곧바로 없어져 버리는 걸까? 유난히 평판이 매우 중요하고 매우 튼튼하게 유지되는 분야가 있다. 예를 들어, 의사와 금융 전문가들은 많은 실수를 하고 잘못된 예측을 하지만 평판을 잃지는 않는다. 앞에서 언급했듯이 연구 분야에서 보면, 마태 효과를 기반으로 하여 시간이 지나도 평판이 지속적으로 유지되지만, 평판의 중요성은 그다지 높지 않다. 평판이 정말 중요하지만 그다지 길게 유지되지 않는 사람들이 바로 유명인이다. 유명인들은 팬의 존경과 사랑에 대해 지나치게 많이 노출되어 있지만, 팬들이 사랑을 표현하는 행동은 안정적인 인정 네트워크를 기반으로 조직화되어 있지 않기 때문에, 유명인들은 계속해서 나타나고 사라진다.

필자는 인지적 분류 과제에서 이와 같은 사례들을 많이 제공하는 편이다. 평판에 대한 미래 연구에서 다뤄봤으면 하는 몇 가지 변인들을 연결해보고 싶은 마음이 있다.

이 변인들은 실험 연구의 기반을 제공해줄 수도 있을 것이다. 평판은 독립변인이 될 수도 있고 종속변인으로 활용될 수도 있다. 평판을 독립변인으로 연구한다면, 정보적 비대칭성이나 공식화의 수준에 따라 평판이 어떻게 달라지는지를 알아볼 수 있을 것이다. 평판에 의해 매개되는 지식이 다양한 분야에서 이 변인들이 가지는 가치에 따라 달라진다는 것은 분명한 사실이다.

4장에서는 평판을 객관화하고, 신뢰도가 높은 측정변인으로 만들어보려는 목표를 가진 다양한 사회과학연구 분야들을 검토해보았다. 평판 이론의 기반을 닦기 위해 다양한 전통 이론들도 비교해보았다. 평판에 대한 연구는 이제 막 시작되었고, 아직 탐색되지 못한 경로들도 여전히 많이 존재하는 것 같다. 평판에 대한 사회과학에서는, 완벽하게 통제된 조건에서 다음과 같이 다양한 변인들을 연구해볼 필요가 있다. 비대칭성(asymmetry), 권위자(authority), 역동성(robustness), 일시성(temporality). 우리 자신의 평판과, 다른 사람들에 대해 우리가 제공하는 평판에 피해를 입히는 내적 모호성을 줄여보는 것이 하나의 연구목표가 될 수 있을 것이다. 평판의 변동을 설명할 수 있는 메커니즘을 이해할 수 있다면, 우리 자신의 이미지와 세상의 이미지가 지금까지 존재해온 사회적 거울에 의해 반영되고 왜곡되는 과정에서 생기는 불안을 잠재우는 데에 도움을 받을 수 있을 것이다.

The Paradox of
the "Top Specialist"
and the Heuristics of
Reputation

5장

"최고의 전문가"의 모순과 평판의 휴리스틱

우리 모두는 다른 사람이 만든 빵을 먹는 데에 익숙해져 있다. 그래서 우리가 스스로 빵을 만들려고 하면 잘 되지 않는다. 그렇다면, 왜 우리는 스스로 빵을 만들려고 하는 걸까?

아네트 바이어(Annette Baier), 『신뢰(Trust)』

필자의 친구들과 지인들은 종종 그들의 담당 의사를 "최고의 전문가"라고 표현한다. 한 친구는 이 지역에서 가장 뛰어난 수의사의 연락처를 가지고 있다고 말해서, 그냥 우리 집에서 가장 가까운 수의사가 누구인지를 찾곤 하는 내 자신에 대한 죄책감이 들어서 움찔했던 적이 있다. 최근에는 프랑스에서 교사를 하고 있는 이탈리아인 동료 두 명과 파리에서 점심식사를 함께 했었는데, 병원진료를 받을 때에는 왜 항상 이탈리아로 돌아가냐고 질문을 해보았다. 어떤 국제 순위평가기관에서도 이탈리아의 의학보다 프랑스의 의학에 대한 평가를 더 높게 하고 있는데도 말이다.

그들에게 나의 질문은 매우 무례하게 느껴졌던 것 같다. 갑자기 모임 분위기에 불편한 긴장감이 돌기 시작했다. 개인적으로 친밀한 사람들과 이야기하는 상황에서, 유럽의 의료체제에 대해 공식적이고 "객관적으로 보이는" 평가 내용을 내가 언급한 것을 매우 불쾌하게 여기는 듯 했다. 나는 담당의사의 평판을 평가하는 데 있어서 "객관성"이란 아무 쓸모가 없다는 것을 곧바로 깨달았다. 이탈리아보다 프랑스의 의학이 우월하다고, 마치 "순위"를 매기는 듯이 말한 나의 이야기는 동료들의 신경을 건

드렸고, (객관적인 평가를 불가능하게 만들며 전문성에 대한 존경만으로 설명할 수 없는) 권위자에 대한 존중을 기반으로 하는 깊은 정서적 애착관계를 침해한 것이었다. 상대방과 이성적인 논쟁을 통해 설득을 하려고 했던 나의 시도는 완벽한 실수였다. 인간의 정체성을 구성하는, 권위자를 존경하는 태도에 대해 민감성이 부족했기 때문이다. 내 친구들은 그들이 소중하게 생각하는 의사에 대한 충성도에 대해 내가 잘 알지도 못하면서 의문을 제기하는 태도가 독단적이고 우습다고 생각했다. 나는 즉각 이 주제에 대해 이야기하는 것을 멈추고 이야기를 듣기 시작했다. 물론, 한 동료 어머니의 친구인, 유명한 로마의 전문가에 대한 칭송이 지속되면서 점점 흥미가 줄어들긴 했지만 말이다.

모임 자리에서 공격적인 반응을 끌어낸 내 실수는 실생활에서 많이 볼 수 있는 것이다. 당신의 지인을 담당하는 의사에 대해 이야기할 때, 타당도가 증명된 전문성 평가제도에 대해 언급해보라. 영웅으로 생각하는 의사에 대한 무조건적인 충성도를 흔들려는 시도를, 다양한 이유를 들어 거부하는 지인과의 사이가 심각하게 멀어질 위험성이 있다. 동네에서 가장 뛰어난 의사에 대해 가지고 있는 정서적 애착관계를 위협하는 의심어린 이야기에 귀를 기울이기보다는, 매우 가까웠던 친구관계를 포기하는 사람들을 필자는 많이 보아왔다.

나의 경험에 따르면, 유명한 의사나 변호사에 대해 무조건적인 충성을 맹세하는 경우는 꽤 많이 있다. 유명한 전문가에 대한 이야기는 소소한 일화가 아니라, 중요한 사회학적 현상의 실례로 다루어져야 한다고 생각된다. 나는 내 자신에게 물어보기 시작했다. 어떻게 이렇게 많은 사람들이, 자신은 전문적으로 가장 뛰어난 역량을 가진 전문가의 진료를 받고 있다고 믿을 수 있게 된 것일까?

모든 사람이 최고라고 믿고 있고, 실제로 실력이 최고인 전문가를 만날 수 있다면, 우리는 정말 이상적인 세상에 살고 있다고 말할 수 있을 것이다. 각 개인들은 전문가의 수준에 대해 어떻게 평가를 하고 있을까? 우리는 의사나 변호사를 어떻게 선택하고 있는가? 이 선택 과정에서 어떤 믿음이 기능하고 있는 것일까? 비전문가가 전문가를 선택할 때, 해당 분야에 대한 특정 지식이 없는 경우가 대부분이라는 것을 전제할 때, 올바른 방법으로 전문가를 선택하려면 어떤 스킬이 필요한 걸까? 우리가 병원진료를 받고 싶을 때마다 해당 의사의 역량을 공정하게 평가할 수 있도록 증상들에 대해 공부하는 전략은 실용적인 것일까? 설마 그럴 리가 있겠는가. 그렇다면, 우리가 할 수 있는 것은, 그리고 해야 할 행동은 무엇이란 말인가?

앞에서 보았듯이, 평판이 선형적으로 발달하는가라는 문제에 대해서는 의심스러운 시각이 많다. 특정한 의사나 변호사[1]가 "정말 최고의 전문가"라는 평판을 얻게 해주는 메커니즘은 매우 복잡하다. 그 메커니즘을 구성하고 있는 요소들은, 특정 네트워크 내에서 정보가 순환되는 통로와 연결해주는 기능을 하며, 어느 누구도 완벽하게 숙달할 수 없는 것들이다. 평판이 가지고 있는 유동성과 가변성 때문에 생기는 구조적 원인들 때문에, 우리는 정보의 선택을 하는 데 있어서 인지적 편견들을 다양하게 사용하게 되는 데다가, 정서적인 반응 및 심리적 경향성까지 가지게 되어, 평판에 대한 "객관적"인 평가를 하기가 훨씬 더 어려운 상황을 만든다.

---

1   카르피크(Karpik, 1995)는 변호사 "시장"에 대해 분석하면서, 그곳에서 주로 드는 의문은 '서비스의 수준에 대한 기대가 어떻게 이렇게까지 모호할 수 있을까'라는 것이라고 언급했다.

신뢰와 취약성 : 우리가 다른 사람들을 믿는 이유는 무엇일까?

　우리의 생존문제에 직접적인 영향을 미치는 중요한 결정을 할 수 있는 의사를 선택하고, 우리는 제대로 이해할 수 없는 이슈들을 다루는 법률과 관련된 프로세스에서 우리의 소중한 권리에 대해 방어를 잘해줄 거라 믿는 변호사에게 많은 돈을 지불할 때, 사실 우리는 정말 취약한 상황에 놓이게 된다.

　누군가를 신뢰한다는 것은, 우리 자신을 배신당할 수 있거나 사기당할 수 있다는 가능성(명확한 것은 아니더라도)에 스스로를 노출시키고, 또는 우리 자신이 평가할 수 없는 역량을 가진 사람의 손에 우리를 맡기는 것이기 때문에, 어느 정도의 취약성은 감수한다는 것을 의미한다. 누군가에게 일을 맡긴다(entrust)는 것은 — 라틴어로 하면, confidere — , 말 그대로 무엇인가 중요한 것(건강, 돈, 자녀)을 다른 사람의 손에 넘기는 행동인 것이다. 상대방이 선의를 가지고, 고맙게도 우리가 맡긴 것을 잘 돌보아줄 것이라고 믿는 태도라고 할 수 있겠다. 하지만 우리 자신을 누군가의 손에 맡길 때 합리적인 방법을 택하려면, 해당 영역에서 상대방의 역량에 대해 평가할 수 있는 방법에 대해 우리가 알고 있어야 한다. 상대방의 선의를 믿는 것만으로는 충분치 않다. 역량과 선의는 신뢰라는 동전의 양면이다. 상대방과 개인적인 상호작용을 하면서 그 사람이 믿을 수 있을 만큼의 선의를 가지고 있다는 것을 알아내기란 그다지 어려운 일은 아니지만, 그의 전문역량을 평가한다는 것은 보다 복잡한 일이기 때문에, 대부분의 경우 우리가 상대방의 평판에 대해 알고 있거나 알고 있다고 생각하는 것, 그리고 우리가 그 평판을 통해 추론할 수 있는 것에 의존할 수밖에 없다. 그렇다면 우리는 왜 다른 사람을 신뢰하는 것일까? 상대방의 역량에 대해 우리가 신뢰하거나 불신하도록 만드는 원인, 편견, 기준은 어떤 것이 있을까?

신뢰에 대한 경험 연구들을 보면, 신뢰/불신하는 사회적 존재들을 묘사할 때, 이랬다저랬다 하는 모습을 많이 그린다. 어떤 경우 사람들은 지나치게 경계하고, 전략적이고 이성적이지만, 또 다른 경우에는 지나치게 잘 믿고 비합리적인 모습을 보인다. 합리성과 정서를 혼합하는 태도는 정말 비이성적인 것일까? 진료시간 내내 한번도 웃어주지 않고, 현재 몸 상태를 설명하는 것에 대해 전혀 관심을 보이지 않으며, 의학적으로 지식이 없다는 이유로 우리의 이야기를 무시하는 데다가, 아무런 정보적 가치가 없는 쓸데없는 이야기만 늘어놓는 냉담한 의사를 만났을 때, 우리가 꺼림칙한 기분을 느끼는 것이 비합리적인 것일까?

그 의사가 꽤 객관적인 기준에 의해 최고의 전문가라는 인정을 받고 있다고 해도, 환자와 제대로 된 관계를 형성하지 못한다면 그의 역량에 대한 개인적인 인상에 부정적인 영향을 줄 수밖에 없다.

필자는 초기 연구에서 다음과 같은 결론을 내렸었다. 누군가를 신뢰하는 과정에는 우리가 인식하지 않고 있지만 실제로 우리가 가지고 있는 다양한 감정, 가치, 이유, 휴리스틱, 경험들이 혼합되어 있다고 말이다. 물론 이러한 과정이 우리를 옳은 방향으로 잘 이끌어줄 때도 있지만, 어떤 때에는 우리의 신뢰를 바라는 사람의 평판을 지나치게 크게 평가하거나 가치 절하하도록 할 때도 있다. 5장의 목표는 평판의 "좋은" 활용과 "나쁜" 활용을 구분하는 것이다. 즉, 평판의 적절한 인식론을 개발하는 것이라고도 할 수 있겠다. 우리의 목표는 활용가능한 표준적·기술적 도구들을 두 가지 방법으로 정리해보는 것이다. 첫째, 우리가 실제로 사용하는 휴리스틱들을 분류하기. 둘째, 고전적인 인식론 전통에 따라, 다른 사람들의 평판에 대해 지나치게 많은 또는 지나치게 적은 신뢰를 하도록 만드는 추론의 규칙과, 합리적이고 분별있게 평판을 신뢰하도록 해주는 추론의 규칙을 구분하는 기준을 만들기. 전통적인 인식론의 목표는, "마음의 방향을 정해주는 법칙들"을 제공하는 것이다. 이 법칙들은 사람의 사고 방향을 이끌어주고, 다양한 추론들을 조직화해서, "우리가 만나게 되는 모든 것들에 대해 명확하고 옳은 판단을 내릴 수 있게 해주는 것이다"라고 르네 데카르트(René Descartes)는 이야기하였다. 하지만 필자가 이 책에서 제안하는 현대의 인식론에서는 또 다른 "마음의 법칙"이 필요하다. 우리가 홍수처럼 쏟아지는 사회적 정보들 속에서 길을 찾도록 해주고, 우리의 추론과정에 영향을 미치는 셀 수 없이 많은 편견들과 왜곡들 사이에서 "명확하고 옳은 판단을 내릴 수 있도록" 해주는 법칙 말이다.

그렇다면, 아주 간단한 질문으로 시작해보도록 하자. 몇몇 경우를 제외하고는 철학의 역사에서 대부분 간과되어왔던 질문이다. 우리가 다른 사람들을 신뢰하는 이유는 무엇일까?

우리가 다른 사람들을 신뢰하게 되는 기반에는 일곱 가지 사회적·인지적인 메커니즘이 있다고 정리할 수 있겠다.

1. 말하는 사람의 신뢰도를 기반으로 한 추론
2. 송신·수신되는 정보 내용의 신뢰도에 기반한 추론
3. 권위자를 향한 존경에 내재화된 사회적 규준
4. 사회적으로 유통된 평판에 대한 단서
5. 역동적 신호
6. 정서적 반응
7. 도덕적 약속

이 메커니즘들은 각각 독립적으로 운영되는 것이 아니다. 오히려 한 가지 메커니즘을 다른 것들과 분류하는 것이 어렵다. 각 메커니즘들은 겹치는 부분이 많고, 우리가 사회적 세상을 여행할 때 활용하는 휴리스틱들에서 예측 불가능할 정도로 결합된다. 역시 마찬가지로, "믿을 만한" 메커니즘과 그렇지 않은 메커니즘을 명확하게 분리하는 것도 쉽지 않다. 이들의 복잡한 속성을 잘 이해하려면 좀더 자세히 들여다볼 필요가 있다. 자, 이제부터 하나하나씩 살펴보도록 하자.

I. 말하는 사람의 신뢰도를 기반으로 한 추론

일상생활에서 우리가 들었던 이야기를 믿을지 안 믿을지를 결정할 때 대부분의 경우 사용하는 휴리스틱에는 다양한 추론들, 그리고 말하는 사람의 신뢰도에 대한 순간순간의 지각들이 포함된다. 일부 신뢰도는 맥락에서 얻어질 수 있다. 예를 들어, 특정 맥락에서 말하는 사람이 더 우수한 인식론적 지위를 가지고 있는 경우를 말할 수 있다. 필자는 밀라노 (Milan)에 사는 여동생에게 전화해서, 그 지역의 날씨에 대해 물어본다. 그 아이가 기상학 전문가는 아니지만, 밀라노에 살고 있기 때문에, 이 문제에 있어서는 확실한 인식론적 우위를 차지하고 있다. 필자는 파리에 살고 있고, 오늘 밀라노의 날씨가 어떤지에 대해서는 직접적으로 알 방법이 없기 때문이다.

물론 필자도 인터넷에서 날씨 검색을 해볼 수 있다. 그런데도 온라인 기상정보보다 동생을 더 신뢰하는 이유는, 필자의 사고를 구성하고 있는 선입견과 편견들 때문이다. 필자는 시리아(Syria)에 사는 사람(이름만 알고 있고, 정보가 많은 듯이 보이는 사람)의 트위터를 팔로우하면서 그 지역에서 일어나는 일들을 파악할 수도 있다. 하지만 그 사람에 대한 필자의 신뢰는 잘못된 것일 수 있다. 필자의 동생은 창밖을 내다보고 햇살이 퍼지는 것을 관찰한 후, 단순하게 날씨가 좋다고 말하겠지만, 필자는 인터넷의 날씨예보를 보고 오후에 태풍이 올 것이라는 세부 정보를 찾을 수도 있는 것이다. 마찬가지로, 필자가 신뢰하는 시리아의 블로거도 개인적으로 편견을 가지고 있어서, 그에 따라 편향된 정보를 선택할 수도 있다. 더 안 좋은 경우를 생각해보면, 그 블로거는 시리아에 있지도 않으면서 시리아에 대한 글을 쓰고 있을 수도 있다. 어딘가 다른 나라에 있는 자신의 침실에 누워서, 시리아에 대해 그럴듯하게 만든 가짜 뉴스를 배포하는 사기꾼 블로거일 수도 있다.

신뢰할 수 있는 사람은 누구이고, 그럴 수 없는 사람은 누구인지를 결정할 때 필자가 주로 쓰는 전략 때문에 심각한 실수를 하게 되는 경우도 가끔씩 있긴 하지만 그 전략은 필자의 사고에 있어서 핵심적이고 필수적인 부분을 차지하고 있다. 적어도 대화 초반에는 그 전략을 기반으로 해서, 상대방이 제공하는 정보에 대한 반응을 결정하게 된다. 확실히, 필자가 상대방에 대해 가지는 신뢰는, 그 전에 이미 수집했었던 정보에 기반하는 경우가 많다. 여기에서는 편견이 한 역할을 하게 되는데, 사회적 고정관념 속에서 발달된 판단이 확고하게 존재하고 있을 때 특히 그렇다. 고정관념은 사회적 세상에 대해 추론을 할 수 있는 (보다 창의적인) 방법들 중 하나일 뿐이다. 우리는 주위에 엄청나게 많이 존재하고 있는 사회적 정보를 관리하고, 그 정보를 일련의 "심리적 파일"로 분류하는 작업을 하지 않고서는 이성적인 판단을 할 수가 없다. 분류를 하는 프로세스의 본질은, 특정 사례들을 기반으로 일반화를 하고, 종류별로 분류하는 것이다.

고정관념이라는 것이 가지고 있는 문제는, 우리가 정보를 분류하는 사회적 유형 카테고리가 대부분의 경우 극단적이고, 우연히 만들어진 것이며, 지역 문화와 전통에 의해 영향을 받기 때문에 발생한다. 철학과 인지사회학[2] 분야에서는 사람들이 주변에 있는 사회적 정보들을 관리하는 방

---

2   인지사회학의 방법론에 대해서는 카우프만과 클레망(Kaufmann and Clément, 2011)을 참고할 것. 고정관념과 내재된 편견에 대한 현대 철학 문헌자료에 대해서는 '내재적 편견과 철학(Implicit Bias and Philosophy) 프로젝트를 보길 바람 : www.biasproject.org.

법을 보여주기 위해 많은 연구를 실시하였다. 이 방법은 우리의 문화 내에서 광범위하게 공유되고 있는 고정관념을 단순하게 수용하는 것보다 더 복잡하고 창의적인 것이다. 우리는 상식을 통해 적절한 방법으로 사회적 환경에 적응할 수 있는 유연성을 얻게 된다.[3] 상식은 상호적 기대를 조정하게 해주고, 주위의 사회적 세상에 대한 지각을 풍요롭게 할 수 있게 해주어서, "개인적으로 아는 것과 모르는 것 간의 관계를 매개해준다"라고, 사회학자 알프레드 슈츠(Alfred Schütz, 1964, 134)는 설명하였다. 이와 같은 사회적 휴리스틱 덕분에 우리는 대화 상대방이 가지고 있는 특정한 사회적 역할을 파악할 수 있게 되고, 상대방에게 신뢰를 가질 수 있게 된다. 사회적 휴리스틱은 우리가 대화 상대방에 대한 정보를 얻을 수 있는 "사회적 풍경(social landscape)"을 그릴 수 있게 해준다. 물론 우리가 내리는 결론은 악명높은 심리학적 편견(예 : 근본적 귀인 오류)에 의해 좌지우지될 수 있다. 사회심리학에서는 이 편견에 대해 많은 연구를 진행하면서, 사람들은 하나의 행동이 일어나는 원인을, 반응을 보여야 하는 외부 환경보다는 그 사람의 성격(또는 그 행동과 연결시킨 사회적 유형)에 귀인시키는 경향성이 있다는 것을 발견하였다. 어떤 사람들은 필자가 정시에 도착할 수 없게 하는 환경 때문에 지각을 한다고 추론하기보다는, 내가 이탈리아 사람이기 때문에 항상 지각을 한다고 믿는다. 이탈리아인이 가지고 있는 사회적 유형의 본질은 지각이라고 생각하기 때문이다.

우리에게 정보나 조언을 제공하는 사람의 신뢰도를 평가하기 위해, 우리는 그 사람이 특정 분야에서의 전문성을 가지고 있다고 믿는다. 물론, 우리가 누군가에게 인정해주는 평판은 다양한 요소들에 의해 영향을 받

---

3   사회적 상황(특히 언어적 환경)에 적응할 수 있는 능력에 대해서는 사회언어학자 아롱 시쿠렐(Aaron Cicourel, 1974)이 연구하고 있다.

는다. 예를 들어, 특정 의사가 요새 핫한 동네에 살고 있기 때문이라거나, 우리에게 추천을 해준 사람의 평판에만 기반하여 그의 역량을 평가할 때, 그와 같은 평판의 원인이 별다른 정보를 담지 않고 있음에도 불구하고 우리는 그 의사를 신뢰한다. 세부적인 내용을 판단하는 데 있어서 이와 같은 인지적 지름길을 이용하는 것이다. 여기에서 강조해야 할 점은, 누군가의 전문성에 대한 우리의 판단은 (틀릴 수도 있지만) 그의 신뢰도에 대한 추론이라는 것이다. 우리는 인식론적 행동을 할 때 별 준비없이 즉흥적으로 움직여서, 우리가 들었던 말을 이해하는 방법에 영향을 미칠 수 있는 조언을 해주는 사람의 신뢰도에 대한 기대를 한다. 저지 코신스키(Jerzy Kosinski)가 집필한 소설 『그곳에 가다(Being There)』는 1979년, 할 애쉬비(Hal Ashby) 감독의 영화 제작으로 유명해졌다. 주인공인 찬스(Chance)씨(대배우 피터 셀러스(Peter Sellers)가 연기함)는 나이 많은 정원사이다. 한번도 자신의 정원을 떠난 적이 없고, 마음의 병 때문에 괴로워하고 있는 사람이다. 이 영화에서, 그는 시적이며(poetic) 정직한 인물로 나온다. 정원의 소유주가 죽었기 때문에, 찬스씨는 난생 처음으로 어디로 가야 할지, 무엇을 해야 할지 모르는 상태로 워싱턴(Washington) 거리를 헤매다닌다. 상점의 진열창에 있는 텔레비전에 눈길을 빼앗겼을 때, 그는 교통사고를 당했고, 몇 가지의 운좋은 사건들을 겪으면서 미국의 큰 부자들 중 하나의 집에서 살게 된다. 그러면서, 미국에서 가장 유명한 사람들과 어울릴 수 있는 기회를 가진다. 하루는, 미국의 대통령이 자신의 오랜 친구를 방문했다.

저녁식사 자리에서, 대통령은 찬스씨가 이 집 주인의 가까운 친구라고 생각하고, 월스트리트(Wall Street)의 최근 악재에 대해 어떻게 생각하느냐는 질문을 던졌다. 그는 항상 그랬듯이, 정원일에 대한 서사적 어구를 사용해서 대답했다. "정원에서는, 계절에 따라 성장이 이루어집니다. 처음에 봄과 여름이 오고, 그 다음에는 가을과 겨울이 오죠. 뿌리만 멀쩡하게 살아있다면, 아무 문제 없습니다. 그러면 모든 정원이 아름다워지죠." 대통령은 찬스씨의 말을 곱씹으면서, 자연과 사회 간에 존재하는 근본적인 균형에 대한 심층적인 의미가 있는 이야기라고 생각했고, 다음 날 텔레비전에 출연했을 때 찬스씨의 말을 인용하였다. 대통령이 찬스씨에게 잘못 귀인시킨 신뢰성은 물론 완벽하게 맥락적인 것이다. 찬스씨가 부유한 기업가인 자신의 친구 옆에 앉아 있었기 때문에, 정신이상이 있는 정원사로 보이지 않았다. 찬스씨는 뛰어난 역량과, 미묘한 은유를 잘 쓸 수 있는 재주를 가진 금융전문가로 생각되었다. 대통령이 잘못 추론을 했다기보다는, 찬스씨가 자신이 소속되지 않은 낯선 환경에 존재할 수 있는 운이 있었다는 것이다. 이 맥락에서, 찬스씨는 너무나 자연스럽게 대통령의 친구의 친구로 보일 수 있었기 때문이다. 관계에 대한 추론이 가져온 단순한 신뢰 효과 덕분에, 그는 관심을 가질 만한 대화 상대방이 된 것이다.

2. 정보 내용의 신뢰도에 기반한 추론

사람들이 말하는 내용과 말하는 방법을 보면, 그 사람들의 신뢰도에 대한 중요한 정보를 얻을 수 있다. 이것이 바로 마케팅의 비밀들 중 하나이다. 메시지를 전달하는 사람의 신뢰성에 대해 확신시켜주는 메시지를 구성하는 것. 신뢰(trust)는 실용성이 매우 높은 차원으로서, 아직 충분히 연구되지 못한 분야이다. 우리가 에어비앤비(Airbnb)에 오게 될 어떤 숙박객은 믿을 수 있고, 어떤 숙박객은 믿지 못하는 이유는 무엇일까? 우리가 트립어드바이저(TripAdvisor)의 특정 리뷰에 대해 신뢰를 하는 이유는 무엇일까?

때로 우리는 단순히 메시지를 주고받았다고 해서, 우리를 안심시켜주는 친숙한 글쓰기 스타일이라는 이유로, 실제로 아무것도 모르면서 상대방을 신뢰하기도 한다. 메시지의 내용과 형태는 모두 그 메시지를 신뢰하려는 우리의 의지에 영향을 준다. 정보의 신뢰성이 가장 중요하게 여겨지는 사회적 네트워크들 중의 하나인 트위터를 보면, 트윗글의 언어학적 일관성과 구조는 그 글이 순환되는 데에 명확한 영향을 준다. 댄 스퍼버(Dan Sperber)의 '사고에 관한 논쟁 이론(argumentative theory of reasoning)'에서는, 논쟁의 논리적 구조야말로 신뢰를 가질 수 있게 해주는 중요한 지표라고 제시한다.[4] 이 접근법에 따르면, 우리는 메시지의 내용을 볼 때 사실적인 정보만을 기반으로 하여 평가하지 않는다고 한다. 우리는 신뢰도를 판단할 때 그 내용의 구조와 일관성도 본다는 것이다. 논리적으로 일관성이 있는 논쟁은 구성이 허술한 논쟁보다 진실이라는 판단을 하게 될 가능성이 더 높다. 물론, 이 경우에도 우리는 선택 오류를 통해 정보를 받아들일 위험성은 가지고 있는 것이다. 예를 들어, 우리가 이미 알고 있는 것을 확인시켜주는 정보나, 우리 자신을 습관적으로 표현하는 방법과 유사하게 구성되어 있는 정보에 대해서는, 익숙하지 않고 낯선 방법으로 표현되는 정보보다 더 쉽게 받아들일 수 있다. 이 때문에, 우리가 앞으로 만나게 될 에어비앤비 숙박객은 좀 더 많은 신뢰를 얻을 수 있도록, 우리와 이야기를 할 때 "적절한" 어조를 사용할 만큼만 똑똑하면 된다. 뭔가 틀린 얘기를 한 건 아니지만 표현 방법이 익숙하지 않고 진짜 같이 보이지 않게 말을 하는 숙박객에 대해서는 신뢰를 하기가 쉽지 않다.

3. 권위자를 향한 존경에 내재화된 사회적 규준

누구를 신뢰할 것인지, 그리고 무엇을 믿을 것인지를 결정하는 우리의 전략에 영향을 미치는 요소들 중에서, 특히 매우 핵심적인 요소이며 어디에서나 쉽게 나타나는 데다가, 의식적인 통제가 극도로 어려운 것

---

[4] 메르시에와 스퍼버(Mercier and Sperber, 2017)

은, (주로 무의식적으로 이루어지는) 일생 동안 내재화시켜온 규준에 의지하려는 우리의 경향성이다.

우리의 정신적인 삶은 셀 수도 없이 많은 사고와 신념들로 가득 차 있다. 하지만 이 사고와 신념들에 대해 우리는 완벽하게 잘 알지 못하면서도, 그를 기반으로 하여 우리의 상식을 구성하고, 커다란 어려움을 마주했을 때 그 사고와 신념에게 자문을 구하곤 한다. 대부분의 경우, 존경할 만한 사람에게 의지하는 것이 무언가 새로운 것을 배울 수 있는 가장 효율적인 방법일 때(아동기 때) 받아들이게 된 신념들이다. 또는 현재 소속되어 있는 집단에서 나가겠다는 생각을 하지 않는 이상 논쟁을 할 수 없을 만큼의 높은 지위에 있는 권위자, 또는 앞으로 소속되고 싶다고 희망하는 집단의 권위자로부터 들은 말씀이기도 하다.

신뢰도와 진실에 대한 책에서, 과학사학자 스티븐 샤핀(Steven Shapin)은 유전학 실험실에서 연구자로서 겪었던 첫 번째 경험에 대해 다음과 같은 이야기를 하였다. 그는 "DNA는 사이토신(cytosine)을 포함하고 있다"라는 과학적 명제를 검증하는 일을 맡게 되었다.

> 그때 내가 했던 것은 이런 일들이었어요. 쥐의 간 몇 조각을 받은 후, 갈아서 액체질소안에서 얼렸습니다. 얼린 세포를 가지고 와서 단백질 분해용액(digestion buffer) 내에 걸어 놓았습니다. 그 샘플을 꼭 닫힌 튜브 안에 넣어서 50도 환경에서 16시간 동안 배양했어요. 샘플을 가수분해(hydrolize)해서 뉴클레오티드 사이토신(nucleotide cytosine)의 존재를 확인하기 위한 화학 실험을 하는 것이 목적이었습니다. 그게 DNA였어요. 손에 쥘 수 있었지요. DNA의 구성에 대한 가설을 타당화할 수 있었습니다.(1994, 18)

이 이야기가 과학적 실험이기는 하지만 획득된 지식의 속성에 대해서는 논란이 생길 만하다. 샤핀이 실험을 진행하기 위해 활용하는 모든 정보들, 그리고 실험을 통해 얻어진 결과와 결과의 진실성과의 상관관계는 실험실 연구, 그를 지도한 교수, 그가 진행한 실험에서 필요한 재료들을 갖춰준 동료들의 타당도에 대한 신뢰를 기반으로 하고 있다.

샤핀이 이끌어낸 과학적 결론의 타당도는, 그 가설을 주장하고 검증할 수 있게 해준 신뢰의 네트워크가 없다면 얻을 수 없는 것이었다. 여기에서 "타당도(validity)"의 라틴어원은 권력(power)을 가리킨다는 사실을 언급하는 것은 의미가 있을 듯하다(validus는 강하고 센 것, 권위를 가지고 있는 누군가를 뜻한다). 지식의 분야를 탐험하기 위해서는, 전문적 과정, 교사, 상식, 즉 그 분야의 인식론적 풍경을 구성하고 있는 모든 것에 대해 존경을 표하지 않고는 탐험 방법을 배울 수 없다. 상식이라는 것 자체는 우리가 감히 의문을 품어볼 수도 없는 권력과의 관계에 의해 구성되어 있다. 상식은 우리가 가지고 있는 사회적 정체성의 핵심이다. 우리가 우리 자신일 수 있는 것은, 앞에서 언급한 권력들에 대해 존경을 표하기 때문이다. 철학자 무어(G.E. Moore, 1925)는 유명한 논문에서 다음과 같이 주장하였다. 상식이라는 것은 그 내용이 허위라는 것을 증명할 수 없는 불가능성 덕분에 진실이 된다. 따로 증명할 필요가 없는 신념들은 권위에 대해 존경을 표하는 습관과 떨어질 수 없는 것이다. 나는 내가 몸을 가지고 있다는 것을 알고 있다. 하지만 그 안에 무엇이 있냐고 누군가 나에게 질문을 한다면 — 심장, 간 — , 나는 누군가 다른 권위자의 말을 존중하면서 인용할 것이다. 나는 어느 겨울날 밀라노에서 태어났다고 알고 있다. 이러한 신념들은 나의 정체성에 있어서 매우 핵심적인 것이지만, 사실 내 부모님이 이야기해준 것이고, 어느 날 오후 나의 아버지가 시청에 가서, 내가 이 날, 이 시간에 태어났다고 신고를 한 것이다. 즉, 권위와 누군가에 대해 존경을 표하는 것이, 우리가 "상식적" 신념이라고 생각하는 것에서 핵심적인 역할을 한다는 것이다. 따라서 내가 강하게 믿고 있는 것은, 내가 자명하다고 생각하고 있는 것이고, 스티븐 샤핀의 우아한 표현을 빌리자면, "속담 경제학(proverbial economy)"인 것이다.[5]

우리의 속담 경제학은 다양한 행동, 단어, 관행, 대화, 공유된 권력에 대한 존중이 담긴 네트워크라고 말할 수 있다. 우리는 이러한 전제조건들을 "상식", "모든 사람들이 알고 있는 것", "우리의 조상들의 지혜"라고 부르고, 그에 대해 거의 의문을 품지 않는다. 왜냐하면, 그 네트워크를 믿는 것이 전체적으로 합리적이며 적절해 보이기 때문이다. 따라서 상식이란 우리가 어떤 결론이나 보고서를 신뢰할 때마다, 가장 타당한 것으로 이해된다. 상식은 특별한 평판을 가진 신념을 포함하고 있다. 전통에 대한 신성불가침의 평판.

4. 사회적으로 유통된 평판에 대한 단서

언젠가 내가 참석했던 컨퍼런스의 휴식 시간에, 나는 간식이 제공되고 참석자들이 모여서 자유롭게 이야기를 하고 있는 공간으로 들어갔었다. 컨퍼런스의 주제는 내 전문 분야가 아니었기 때문에, 내가 알고 있는 사람은 거의 없었다. 그래서 어떤 사람이 재미있을까, 핵심인물은 누구일까, 피해야 할 사람은 누구일까, 이 컨퍼런스 테마를 이끌고 있는 권위자는 누구일까에 대해 추론을 해보려 했다. 참가자들은 이름, 직함, 소속기관이 적힌 코팅된 이름표를 달고 있었다. 그래서 나는 이름표에 적힌 글

---

[5] 샤핀은 속담 경제학을 다음과 같이 정의하였다 : "속담표현에서 타당하고 가치있다고 생각하는 이야기, 판단, 행동들. 적절한 상황에서 속담에 의해 형성된 판단, 촉진된 행동 : 즉, 속담이 판단과 행동을 이끌어내는 능력을 가지고 있는 문화 시스템"(2001, 735)

들을 읽어보면서, 그들이 교수직을 맡고 있는 대학의 학문적 지위, 또는 어딘가에서 들었던 그들의 명성을 기반으로 하여 나름대로의 평가를 시도했다. 또한, 몇 가지의 사회적 신호들을 관찰하면서 추측을 할 수도 있었다. 참가자들의 행동, 의상, 연령, 자기 자신을 소개하거나 논문을 발표할 때의 태도. 하지만 가장 나에게 많은 정보를 준 것은, 서로를 대하는 그들의 태도였다. 대화에서 가장 핵심적인 인물은 누구인가? 누구의 말에 귀를 기울이고, 누구를 무시하는가? 어떤 사람들의 이야기는 곧바로 많은 주목을 받았지만, 또 다른 사람들은 자신의 의견을 말할 수 있을 때까지 인내심을 가지고 때를 기다려야만 했다.

이런 식으로 보면, 유명한 사람과 그렇지 않은 사람을 바로 구분해낼 수 있었다. 유명한 사람은 발표 때 이야기했던 농담을 또다시 되풀이해도, 청중이 다시 한번 폭소를 터뜨려주었다. 하지만 중요하지 않게 보이는 사람이 동일한 행동을 했을 때, 돌아오는 반응은 난감한 침묵과, 여기저기서 터지는 기침소리뿐이었다. 한 저명한 교수는 대화 중에, 그를 둘러싸고 있는 사람들에게 자신의 젊은 동료를 소개하며 그에게 질문을 해볼 것을 권유하였다. 시끌벅적한 팬들은 순종적으로 관심을 "새로운 대상"에게 옮겨주었다. 그 상황에서 저명한 교수의 아우라는 젊은 동료에게 연계된 것이다. 이를 보면, 평판이라는 것이 거의 형체가 없는 유행 때문에 한 사람에서 다른 사람으로 옮겨갈 수도 있다는 것을 알 수 있다.

짧았던 컨퍼런스 휴식 시간에 바로 알아챌 수 있었던 사회적 신호들 때문에, 나는 함께 커피를 마시고 있는 사람들의 정신적 지도(mental map)를 그려볼 수 있었다. 나의 주위에 있는 사회적 공간은 깨끗하게 비워져서, 권위를 가지고 있으며 새로운 정보가치를 가지고 있는 이야기와 행동을 할 수 있는 사람들로 채우는 것이 가능했다. 그 컨퍼런스에서 마지막으로 얻어나온 것은, 새로 알게 된 아이디어와 인식론적 권위의 불공

평한 사회적 배분 간의 관계를 추론할 수 있었다는 것이었다. 앞에서 언급한 사회적 신호들 덕분에 커피를 마시는 시간 동안 나는 그 관계를 그려볼 수 있었다.[6]

평판에 대한 신호들은 환경에 존재하고 있는 사회적 정보라고 말할 수 있다. 이와 같은 신호들은 내가 앞에서 묘사했듯이 비공식적인 방법으로 알아챌 수도 있고(컨퍼런스 참석자의 옷에 달린 이름표가 다소 공식적인 요소로 보일 수도 있겠지만) 매우 잘 조직되고 구성되어 보다 쉽게 식별 가능하기도 하다.

예를 들어, 내가 저녁식사를 위한 최고의 와인이 어떤 것인지를 알고 싶다고 하자. 하지만 나는 그 나라의 와인에 대해 전혀 아는 바가 없는 상태다. 물론, 와인바에 가서 제일 지식이 많아보이는 손님의 행동을 관찰해볼 수도 있다. 하지만 아마 나는 구입 가능한 와인에 대한 정보를 분류해주는, 내가 신뢰할 만한 "판단 도구들"을 사용할 것이다. 왜냐하면, 그 도구들은 내가 적절하다고 생각하는 사회인지적 네트워크에 속한 것이기 때문이다(예 : 프랑스 레스토랑 가이드북 고미유(Gault & Millau), 와인평론가 로버트 파커(Robert Parker)의 평가점수). 반대로 내가 전문가라면, 가격과 원산지와 같은 요소들을 살펴보게 될 것이다.

우리가 3장에서 언급했듯이, 평판의 근거는 소통과 입소문을 통해 퍼져나간다. 평판의 도구들이 존재하지 않거나, 그것들에 대한 신뢰도가 낮은 곳이라면, 평판의 단서(cue)는 그 평판을 이동시키는 사람들에게 달려 있다. 평판의 단서들은 언제나 수정될 수 있고, 조종될 수도 있다. 우리가 이 단서들로부터 추출하고자 하는 사회적 정보는 다른 사람들의 시각에 의해 만들어진 편견 자체일 때도 있다. 평판은 다른 사람들이라는 필터를 거치고, 권위자에 대한 존중행동에 의해 걸러진다. 집단 내부자가

---

6   오리기(Origgi, 2013a)

같은 집단에 소속된 누군가를 경멸어린 시선으로 보면서 무시하는 것을 보았다면, 그 그룹 내에서 권력이 어떻게 배분되고 있는지에 대해 가치 있는 정보를 얻을 수 있는 장면을 보았다고 생각해도 될 것이다. 누군가의 시선을 보면 그 사람이 가지고 있는 모든 존경심, 충성심, 헌신하고자 하는 마음을 알아챌 수 있다. 그 사람이 평소에 어떻게 세상을 바라보고 해석하는지에 대해서도 알 수 있을 것이다.

5. 역동적 신호

조금 전에 내가 묘사했던 평판의 단서(cue)는 신호(signal)를 가리킨다. 신호들은 한 개인, 아이디어, 대상에게서 경험적으로 관찰할 수 없는 기질이 존재하는지 존재하지 않는지에 대해 이야기해준다. 우리가 2장에서 보았듯이, 신호 이론(signaling theory)은 다음과 같은 질문에 대해 답을 하려 애쓰고 있다. 내가 특정 존재에 대한 신뢰 여부를 결정해야 하는 상황에서, 신뢰도에 대한 특정 단서를 관찰했을 때, 그 신호가 말해주는 대로 해당 존재가 신뢰롭다고 판단할 수 있을 만큼의 충분한 정보를 그 단서로부터 끌어낼 수 있을 것인가?

한 가지 문제점은, 신호들은 다른 사람의 시각에 의해 걸러지고, 이야기에 의해 왜곡되는 경우가 많으며, 직접적이지 않은 내용들을 담고 있다는 것이다. 이와 같이 논쟁이 가능한 신호들을 보다 명확한 신호로 바꿔 놓을 수 있는 것은, 우리 모두가 암암리에 신뢰하는 권위자들뿐이다. 하나의 신호는 양면의 문제를 가지고 있다. 첫째, 특정 개인, 사물, 아이디어를 평가할 때 그들이 표현하는 신호를 해석하는 데 있어서 우리가 의지하는 권위자를 어떻게 신뢰할 수 있을까? 둘째, 어떤 신호가 명확한 것이고, 어떤 신호가 모호한 것일까?

특정한 분류 체계의 결과, 트립어드바이저(TripAdvisor)의 댓글, 어떤 여성의 의상에 대해 비웃는 시각, 와인 한 잔에 대해 폄하하는 의견들은 어느 정도 신뢰할 만한 것일까? 2장에서 우리는 강인한(robust) 신호란 모방하기가 어려운 것이라는 내용을 다룬 적이 있다. 최고의 자동차 딜러 홈페이지를 분류하는 온라인 시스템의 알고리즘은 특정한 전문가 집단이 작성한 목록보다 신뢰도가 높다. 왜냐하면, 알고리즘이 만들어낸 결과는 특정 이익집단이 왜곡시키기 더 어렵기 때문이다. 이제부터는 평판의 강인성(robustness) 또는 불충분성(flimsiness)을 측정하게 해주는 메타-신호들을 살펴보도록 하겠다.

6. 정서적 반응과 도덕적 약속

우리가 "다른 사람에 대해 가지는 감각"은 이성과 감성의 혼합체를 통해 구성된 것이다. 다른 사람에 대한 핵심적 정보를 얻지 못한 무지 상태에서 신뢰만 가지고 무모한 도전을 하는 것은, 신중하게 그리고 합리적으로 모든 대안들을 비교해본 다음에 결정을 하는 것보다 더 쉬울 수도 있다. 신뢰는 위험의 계산보다 앞선다. 다른 사람들의 의도에 대해 아무런 의심을 하지 않는다는 것은 일종의 정서적 위로를 받는 상태를 가리킨다. 이렇게 표현할 수 있을 것 같다.

"나는 당신에 대해 아무것도 모르지만, 당신과 함께 있을 때 편안함과 안전감을 느껴." 우리는 보호받는 기분이 들 때 상대방도 우리의 신뢰에 대해 기꺼이 화답할 거라 느낀다. 신뢰에 대한 전략적·합리적 접근법을 처음으로 만들어냈다고 알려진 홉스(Hobbes)는 신뢰의 정서적 차원을 영혼의 열정이라고 생각했다. "신뢰란 우리가 좋은 사람일 거라는 기대를 하거나 희망하는 사람에 대한 믿음으로부터 생기는 열정이다."[7] 이와 같

---

[7] 홉스(Hobbes, 1640, chap. IX, para. 9)

은 신뢰의 정서적 차원은 '다른 사람들의 선의와 능력에 대한 긍정적 태도'라고 정의할 수도 있을 것이다. 따라서 신뢰의 이런 특성을 이해한다는 것은 의심하지 않는 상태의 타당성과 그로 인해 만들어지는 정상적인 기대를 이해한다는 것을 의미한다.

다른 사람들을 신뢰하는 심리적 경향성은 비이성적이고 정서적인 반응에 의해 결정될 수 있다. 재닌 윌리스(Janine Willis)와 알렉산더 토도로브(Alexander Todorov, 2006)에 의해 진행된 유명한 실험을 보면, 우리는 상대방의 얼굴표정에 대한 직관적인 평가를 바탕으로 하여 순간적으로 추론을 하고, 그 사람의 신뢰도를 평가한다는 것을 알 수 있다. 이와 같은 판단은 즉흥적으로 만들어지지만, 오랫동안 지속된다. 문제가 되는 사람에 대해 추가적인 정보를 얻는다 해도, 초기의 판단을 꼭 수정하는 것은 아니다. 결국 신뢰는 첫인상에 기반해서 아주 강하게 구축되는 것이다. 이와 같은 첫인상 평가에서 우리를 이끌어주는 휴리스틱은 지각에 관련된 것이며(perceptual), 특정 얼굴 표정에 대한 정서적 반응을 이끌어내는 내재적인 편견을 기반으로 하고 있다. 물론, 누군가를 친절하다고 생각하는 데에 사용하는 휴리스틱은 그 사람이 실제로 친절한지를 보장해주지는 않는다. 좀더 일반적으로 보면, 이와 같은 휴리스틱의 오류가능성(fallibility)은 신뢰의 관계에서 생기는 도덕적 헌신(commitment)의 문제를 보여준다.

때때로 우리는 특정한 사람을 신뢰해야 할 것 같은 의무감을 느끼곤 한다. 또, 우리가 신뢰하는 사람들은 우리에게 도덕적 의무를 가지고 있다고 생각하기도 한다. 하지만 내가 누군가를 신뢰하는 것은 그저 감정에 기반한 것일 뿐인데, 그 사람에게 나에 대한 도덕적 의무를 가져야 한다고 말할 수 있을까? 그런 건 아닌 듯하다. 사실, 우리의 신뢰에 맞는 명예로운 행동을 할 것을 기대하는 것 자체는 강압적인 태도가 될 수 있다. 자신의 아들에게 "안나(Anna) 같이 시시한 계집애하고 결혼하지는 않겠지?

나는 너를 믿는다"라고 말하는 어머니는, 앞으로 도덕적인 행동을 할 거라 생각되지 않는 아들에게 사회적 압력을 행사하고 있는 것이다. 사실, 그 아들은 도덕적으로 보았을 때, 어머니의 선호도에 따를 의무는 없다. 우리는 다른 사람들의 기대에 맞춰 행동해줄 필요가 없다. 우리의 웰빙에 대한 사람들의 진실한 염려로부터 생긴 기대라고 해도 말이다. 애인에게 버림받은 사람의 분노는 우리에게 불편함과 당황스러움을 안겨주지만, 그렇다고 해서 그 사람의 시들지 않는 감정을 존중해야 하는 도덕적 의무가 우리에게 있는 것은 아니다.

버지니아 울프(Virginia Woolf)는 '비현실적 충성심(unreal loyalties)'이 우리의 인생을 망치며, 우리가 어리석은 선택을 하도록 만든다고 이야기했다. 우리는 특정한 사람 덕분에 자신이 잘 살고 있다고 생각하고, 어머니나 상사가 자신에게 옳은 것은 무엇이라고 생각하는지를 신경쓰며, 자신의 판단이 준거집단의 판단과 많이 어긋날 때 죄책감을 느낀다. 하지만 신뢰관계에 있어서 우리가 정서적으로 헌신하는 것과, 그 관계의 도덕적 의미 두 가지가 반드시 연결되는 것은 아니다. 우리의 신뢰는 쉽게 회의감을 가질 수 없을 만큼 확실한 정서와 헌신에 기반하는 경우가 많다는 것은 사실이다. 하지만 내가 당신을 신뢰한다고 해서, 당신이 나에게 언제나 도덕적 책임의식을 느낀다는 보장은 없다.

우리가 신뢰할 사람과 대상을 결정하는 휴리스틱, 정서, 사회적·문화적 메커니즘을 분석하는 것은, 우리의 판단이 가지는 타당성을 이해하기 위한 첫 번째 시작점이다.

우리가 다른 사람에게 가지는 신뢰의 인식론적, 인지적, 도덕적 차원들을 구분하기란 불가능한 일이기 때문에, 평판의 휴리스틱이 가지는 타당성에 대한 의문이 생기는 것이다. 우리가 일상생활에서 의존하는 휴리스틱의 규정적(normative) 차원과 서술적(descriptive) 차원을 분류하기란 쉬운 일이 아니다. 따라서 '평판에 대한 거대 이론'을 구성하는 것을 목표로 하기보다는, 좋은 사례와 나쁜 사례를 정리해보는 것으로 시작하는 것이 의미있을 듯 하다. 각각의 사례들을 전반적인 철학 시스템에 맞춰넣으려는 시도는 여기서 잠시 멈추도록 하자.

변화 예측이 어려운 평판 : 거부할 수 없는 휴리스틱, 필연적인 오해

비올레타 발레리(Violetta Valéry)의 모순, 평판은 어떻게 "흘러가는가"

베르디(Verdi)의 라트라비아타(La Traviata) 2막에서, 비올레타와 알프레도(Alfredo)는 교외에서 함께 살며, 사랑과 화합의 시간들을 즐기는 모습을 보여준다. 알프레도가 잠깐 집을 비운 틈을 타서, 그의 아버지 조르지오 제르몽(Giorgio Germon)이 비올레타를 방문한다. 로맨틱 드라마의 귀족적인 가장(家長) 스타일을 보이면서, 그는 비올레타가 자신의 아들과 비도덕적인 관계를 맺고 있다고 비난한다. 비올레타의 부적절한 관계가 가족 전체의 명예를 실추시키고 있으며, 특히 알프레도의 여동생이 명성이 높고 매우 보수적인 가문의 젊은이와 결혼을 하지 못하게 방해하고 있다고 말이다. 제르몽은 이 오페라의 가장 유명한 아리아를 통해, 비올레타에게 알프레도를 떠나달라고 애원한다.

> 하나님이 나를 축복하사, 딸을 하나 주셨다오.
> 순수한 천사 같은 아이지.
> 알프레도가 계속해서 가족의 품으로
> 돌아오지 않겠다고 버틴다면,
> 곧 결혼하기로 약속했고,
> 나의 딸이 사랑하며,

나의 딸을 사랑해주는 젊은이가

결혼 약속을 파기하겠지.

그러면 우리의 행복은 망가져 버릴 거라네.[8]

비올레타가 대답한다. "아, 이해합니다." 그녀의 평판과 알프레도 여동생의 평판 간의 관계가 너무나 명확하다는 것을 이해한 것이다. 그 관계성은 상상 속에서 추측만 가능함에도 불구하고 말이다. 문서화되지 않고, 형태가 없는 규준에 대한 헌신 때문에 하게 되는 대답이었다. 비올레타는 알프레도의 연인이지, 부인은 아니었으니까. 사실 그녀의 평판은 알프레도 여동생의 평판에 심각하게 흠집을 낼 수 없는 것이다. 비올레타가 곧바로 인정할 수밖에 없었던 것, 로맨틱 드라마의 여주인공으로서 수용해야 했던 것은, 그녀를 비난하는 사회적 규준이었다. 비올레타는 제르몽의 가치를 공유했기 때문에 현재 자신의 행동이 알프레도 여동생의 결혼에 대한 장애물이 될 거라고 생각했다. 알프레도 아버지의 시선을 통해 자신의 모습을 돌아보면서, 그리고 자신의 존엄성을 지키고 알프레도에 대한 존경을 표현하기 위해, 자신의 이익과는 반대되는 규준에 순종하기로 한 것이다. 그래서 비올레타가 알프레도를 떠날 때, 그녀

---

8   Pura siccome un angelo

iddio mi diè una figlia;
se Alfredo nega riedere
in seno alla famiglia,
l'amato e amante giovane,
cui sposa andar dovea,
or si ricusa al vincolo
che lieti ne rendea.

라트라비아타, 2막 5장 (*La Traviata*, Act 2, Scene 5)

로부터 알프레도의 여동생으로 흘러갔던 나쁜 평판은 갑자기 "사라져 버렸다." 영원히 지속되는 낙인은 없다. 그저 약간의 의심, 약간의 루머, 약간의 가십이 있을 뿐이다. 하지만 범죄의 경우라면 지워지지 않는 잉크로 적은 기록이 남는다.

전통적인 사회에서, 평판은 사회적 연계망을 통해 흘러간다. 역사학자, 사회학자, 인류학자들이 연구한 바에 따르면, 사회적 관계는 위계적이고, 사람들의 지위는 평소에 관계를 가지는 사람들에 의해 영향을 받는다. 누군가 좋은 사회적 지위를 가진 사람이 더 낮은 지위의 사람과 어울린다면, 전자의 지위는 후자의 지위에 영향을 주고 개선시켜줄 수 있지만, 반대의 경우는 불가능하다. 지위 낮은 사람의 평판은 높은 사람의 평판까지 끌어 내려버릴 수 있다. 따라서 사회적 상승과 추락은 지위에 관련된 불안을 야기하고, "위험한" 사회적 관계에 대한 공포심을 만들어낸다. 노베르트 알리아스(Norbert Elias)와 존 스캇슨(John Scotson, 1994)은 이러한 현상에 대해 가장 잘 설명해줄 수 있는 분석을 수행하였다. 이 연구자들은 영국 지방의 커뮤니티에서 현장연구를 진행하면서, "더 잘 사는 동네"로 이사온 사람들에 대해 원 주민들이 갖는 생각에 초점을 맞추었다. 새로 이사온 사람들은 물론 오랫동안 그 동네에 살던 사람들과는 달랐다. 하지만 좋은 이웃이 있는 지역에서 새로운 집을 선택했다는 것은, 그들이 이웃에 대한 존중을 가지고 있다는 것을 보여준다. 연구 결과에 의하면, 원 주민들은 새로 이사온 사람들에 대해 불확실함을 많이 느끼고 있었고, 그들과 친하게 지내야 할지의 여부를 결정하기 위해 많은 단서들을 필요로 했다.

우리의 사회적인 삶에서 독특하게 나타나는 기본적 관계는 두 가지가 있다. 교환(exchange)과 존중(deference). 교환적 관계는 평등주의를 기반으로 한다. 모든 사람들은 뭔가 물질적이거나 비물질적인 것을 그 가치 정도의 무엇인가와 교환하기 때문이다. 존중적 관계는 그와 반대로, 본질적으로 불평등하고 비대칭적인 특성을 가진다. 내가 누군가를 존중한다고 해서, 그 사람이 나를 반드시 존중해주는 것은 아니다. 그보다, 내가 존중하는 행동을 표현함으로써, 그 사람의 지위는 나보다 높아진다. 비올레타 발레리는 알프레도의 아버지의 압력에 굴복함으로써, 제르몽 가문의 사회적 우월성을 인정했고, 그녀가 알프레도와의 관계를 지속하게 되면 그 가문의 지위가 "추락할 수 있는" 위험이 있다는 것을 수용했다.

사회적 지위에 대한 모호성이 생기는 이유는, 사회적 연대를 통해 지위의 "이동"이 우연히, 그리고 예측 불가능하게 일어나기 때문이다. 서로 관계를 맺고 있는 사람들의 정체성이 명확한 경우에만, 더 우월한 사회적 지위를 누리고 있는 사람이 지위가 더 낮은 사람과 관계를 맺게 됨으로써 뭔가를 잃게 될 거라는 것을 예측할 수 있다. 반대로 지위가 더 낮은 사람은 무엇인가를 얻게 될 것이다. 계급제도가 존재하는 사회에서, 우월한 사회적 지위를 가진 사람이 더 낮은 계급을 가진 사람과 관계를 맺게 됨으로써 일어나는 "오염" 현상은 잘 알려져 있다.[9] 하지만 지위와 정체성이 불명확한 경우, 관계로 인해 생길 수 있는 위험성은 더 커지게 된다. 관계를 통해 누가 좋은 평판을 얻게 될지, 누가 평판을 잃게 될지에 대해서는 확실히 알 수 없기 때문이다.

타인과의 관계에서 얻을 수 있는 이득에 대해 생각할 때마다, 우리는 교환과 존중의 관계를 모두 고려해야 한다. 물질적으로 얻을 것이 있는 관계도 불쾌한 결과를 가져다 줄 수 있다. 우리의 사회적 지위를 하락시킬 수 있기 때문이다. 사람이 교환의 관계와 존중의 관계 사이에서 움직인다는 주제는 20세기 초반의 유럽 문학에서 자주 나타나는 라이트모티프(leitmotif)이다. 이 시기는 유럽 사회가 기본적으로 존중을 기반으로 한

---

9   뒤몽(Dumont, 1966)

전통적인 경제 구조에서, 상업적인 교환을 기반으로 한 현대적 경제 구조로 바뀌는 커다란 변화를 겪었던 때였다. 토마스 만(Thomas Mann)의 첫번째 소설, 『대공 전하(Royal Highness, 1909)』를 보면, 가상의 작은 유럽 왕국을 이어받은 한 왕자가 파산 직전에 놓인 경제상황을 해결하기 위해 억지로 부유한 미국인과 결혼해야 하는 상황이 나온다.

왕자는 자신이 속한 사회적 계층에서 흔히 볼 수 있듯이 내성적이고, 거만하며, 매사에 서툴고, 고집이 센 성격이었고, 하얀 장갑으로 감추고 있는 뒤틀린 손 때문에 그의 냉담함과 사람들로부터 거리를 두고자 하는 성격은 더 강화되었다. 약혼발표를 하는 파티에서, 왕자는 자신에 대한 억제를 내던지고 춤을 추기 시작한다. 겉으로 보기에는 귀족의 지위를 잊은 것처럼 보이기도 했다. 어느 순간에는 장갑까지 잃어버리면서 비밀로 하고 있었던 기형적 손의 모양이 드러났다. 작가 만(Mann)에게 있어서, 귀족적인 자기 통제력을 놓아버린다는 것은, 궁정사회의 몰락과 자본가계급이 출현한다는 것의 상징이었다. 자본가계급은 존중을 기반으로 하며 사회적 지위를 물려받는 것이 아니라, 교환적 관계가 특징적이라고 말할 수 있겠다.

이와 유사하게, 시실리의 귀족 토마시 디 람페두사(Tomasi de Lampedusa)의 소설 『표범(The Leopard)』에서 주인공으로 나오는 살리나(Salina)의 왕자 돈 파브리지오(Don Fabrizio)는 1860년, 이탈리아가 통일이 되면서 새롭게 나타난 이탈리아 북부 지방의 자본가계급의 부상 때문에 시실리의 귀족 사회가 붕괴되는 것을 보게 된다. 그렇지만 그는 부유한 시실리 영주의 딸인 안젤리카(angelica)에 대해 평가적 잣대를 들이댔고, 자신이 사랑하는 조카 탄크레디(Tancredi)와 안젤리카를 약혼시키면서도, 그녀의 "좋지 않은 배경"에 대해 투덜댔다. 이 소설을 보면, 현대 사회로의 변화양상이 놀라울 만큼 명확하게 그려져 있다. 살리나의 왕자는 팔레르모(Palermo)에서 열린 무도회에서 안젤리카에게 상냥하게 왈츠를 청하면서, 이 아름다운 아가씨를 팔레르모의 상류사회에 소개시킨다. 오래된 세상과 새로운 세상이 섞이기 시작하는 시기였기 때문에, 오래된 존중의 관계는 흔들리기 시작한 것이다. 이 소설은 다소 모호한 방법으로 쓰여졌기 때문에, 다양한 해석이 가능하다. 이 왈츠는 살리나 왕국의 종말을 의미하는 것일까, 아니면 탄크레디가 안젤리카와 결혼하면서 생기는 새로운 세대의 부상을 의미하는 것일까?

사회적 관계를 계급적으로 해석하게 되면 물론 인지적 오류가 생길 가능성이 매우 높다. 특정한 사회적 집단 또는 네트워크와 관계를 맺을 경우 생길 수 있는 위험을 계산할 때, 우리는 교환에 대해서도 고려하고 사회적 지위에 대해서도 고려하면서 반드시 이성적이지는 않게 행동하기 때문이다.

사회적 세상에서 존중의 관계를 강조하는 전통적인 해석은, 우리가 만나는 사람들을 사회적 계급에 따라 정확하게 위치시킬 수 있는 능력에 기반하고 있다. 하지만 그러한 일이 어려울 경우, 우리는 신뢰가 확실히 보장되지는 않은 단서들에 의존할 수밖에 없다. 이제부터는 그러한 몇 가지 단서들을 살펴보도록 하자.

당신이 어울리는 사람들의 이름을 말해주면, 당신이 어떤 사람인지 말해주겠소

학자들은 라틴 아메리카나 중국을 여행하는 경우, 종종 세계적으로 유명한 교수들과 함께 사진을 찍는다. 나는 항상 그들이 왜 그러는지에 대해 궁금했었다. 기념품을 수집하는 것일까? 아니면 이미지를 유통시키는 것을 언어적 대화보다 더 나은 방법으로 생각하는 문화에서 나오는 관습인가? 나중에야 나는 사회적 네트워크의 시대에서, 이 많은 이미지들은 페이스북(Facebook)이나 구글플러스(Google+)에 올려져서, 사진을 찍은 방문자와 유명한 교수 간에 사회적 관계가 있는 것처럼 보여준다는 사실을 알게 되었다. 파리에서 유명한 강연자의 강의를 들은 후, 나는 그 강연자 및 그녀의 유명한 동료 두 명과 몇 장의 사진을 찍었다. 그들과 함께 이야기하고 있던 학생 한 명은 사진이 찍히지 않도록 조심스럽게 뒤로 빠졌다. 그 분야에서 유명한 거물들과 자신이 사진을 찍는 것은 "부적절"하다고 느끼는 것이 분명했다. 친절하게도 거물들은 그 학생을 불러서 같이 사진을 찍자고 해서, 내가 그들의 요청을 전달해주었다. 학생은 나에게 진심으로 감사의 마음을 전하며, 그렇게 대단한 스타들과 가깝게 서서 찍은 사진을 친구들에게 보여줄 수 있으리라는 생각은 해본 적도 없다고 이야기했다.

그 자리에서 나는 즉흥적인 실험을 하나 해보기로 했다. 이번과 같이 짧은 순간에 관계를 맺는 것이 나의 평판에 미치는 영향력을 측정하고 싶었기 때문이다.

로마에서 열린 월드와이드웹(World Wide Web)의 20번째 기념일을 축하하는 학회에서, 나는 팀 버너스 리(Tim Berners–Lee)에게 같이 사진을 찍어줄 수 있겠냐고 물어보았다. 그의 에이전트는 내 부탁을 못마땅해 하는 것이 분명했다. 인터넷을 발명한 위대한 사람의 이미지를 보호하고 싶었을 테니 말이다. 에이전트가 보기에는, 나 같은 무명의 사람과 버너스 리가 관계를 맺는다는 것은 그의 평판에 해를 미치는 행동이었을 거다! 하지만 나는 물러서지 않았고, 버너스 리는 거장의 친절함을 보이며 같이 사진을 찍도록 포즈를 취해주었다. 마치 살리나의 왕자가 안젤리카에게 왈츠를 청했듯이 말이다.

파리로 돌아와, 나는 그 사진을 나의 페이스북 페이지에 올렸다. 몇 시간이 지나지 않아서, 새로운 기술 분야에 대한 씽크탱크(think tank)에 참여해달라는 초대를 받았고, 강의를 해달라는 요청을 세 건 받았으며, 핵심 학술지로부터 인터뷰 요청도 받았다. 이렇게 요청을 한 사람들은, 내가 팀 버너스 리와의 사진을 찍은 것이 완전히 우연이 아니라고 생각했을 것이다. 물론, 우리는 동일한 컨퍼런스(나도 강연자들 중 하나였음)에 참여했고, 둘다 인터넷에 대한 연구에도 전념하고 있다는 것은 사실이었다. 하지만 인터넷의 발명가로서의 그의 평판은 철학자로서의 내 평판과 비교 불가능한 것은 분명했다. 내가 온라인에 올린 사진을 본 사람들은, 이렇게 유명한 사람과 가깝게 서서 사진을 찍는 것이 누구나 가질 수 있는 기회가 아니라는 것을 인식했을 거다. 그리고 버너스 리의 바로 옆에 서서 사진을 찍을 수 있는 사람은, 그를 개인적으로 잘 알고 있을 거고, 아마 그와 친밀한 사회적 모임에 속해 있을 거라고 짐작했을 수도 있다. 이는, 평판이 한 사람으로부터 다른 사람에게 어떻게 흘러가는지(대부분의 경우, 이성적 평가가 어려운)를 보여준 하나의 사례라고 볼 수 있겠다. 더 잘 알려진 사례를 하나 더 보자. 무비스타의 명성과 맛있는 커피, 인권 간의 관계는 매우 모호함에도 불구하고, 우리는 커피 브랜드를 선택하거나 인권보호운동에 대한 시각을 정할 때 그 무비스타의 평판을 고려하게 된다.

그림 6: 팀 버너스 리와 저자(글로리아 오리기)가 함께 찍은 사진. (사진 : 글로리아 오리기)

유명인의 주위에 있는 사람의 사회적 명성을 추론하는 행동은 때로는 합리적일 수 있다. 이와 같은 추론이 때로 생산적인 결과를 낳을 수 있다는 것은, 위의 사진이 내 평판에 대해 긍정적인 영향을 미치게 되는 이유를 설명해준다. 하지만 근접성의 휴리스틱(heuristics of proximity)도 항상 일관적이거나 믿을 만하지는 않다. 나는 우연히 매우 핵심적인 인물과 가깝게 있을 때가 있다. 같은 기차를 탈 때도 있고, 같은 식당에서 저녁을 먹기도 하니 말이다. 이런 경우, 내가 그 사람과 맺는 관계는 100% 우연이고 순간적이다. 사실, 서로 다른 사회적 지위를 가지고 있는 두 명이 물리적이거나 가상적 공간에서 타인들이 관찰 가능하도록 가깝게 있는 경우, 실제보다 더 많은 정보를 주는 것으로 해석되곤 한다. 그저 누군가의 옆에 있다는 것뿐인데, 그러한 사실은 두 사람 모두의 평판에 영향을 미치는 것으로 잘못 지각될 수 있는 것이다.

가상적 근접성의 관계를 보여주는 좋은 사례를 하나 들어보자. 만성적으로 학문적·과학적 평판의 왜곡을 조종하는 관행들 중 하나는, 함께 책을 쓰거나 함께 논문을 쓰는 행동이다.

학문적인 평판이 중요한 분야에서, 저자의 이름 순서란 논쟁을 불붙일 수 있는 이슈이다. 유명한 연구자와 함께 논문이나 책을 쓸 경우 우리의 명성은 매우 커질 수 있는 반면, 무명의 연구자와 함께 출판을 하면 오히려 우리의 명성이 약화될 수 있다는 것은 잘 알려진 사실이다. 그래서 저자의 순서에 대해 끝없이 많은 규준들이 만들어지는 것이다(알파벳 순서? 중요성 순서?). 해당 연구에 행정적으로만 참여하고, 내용적으로는 전혀 기여하지 않은 경우에도, 저자의 이름 순서에서 핵심적인 위치를 차지할 수 있도록, 모든 출판물에 연구소장의 이름을 포함시키기 위해 애쓰는 이유도 설명될 것 같다(이는 일부 학문 분야들에서는 공통적으로 일어나는 일이다). 사실 연구소장의 연령대가 더 높고, 더 숙련된 연구자이기 때문에, 그 사람의 이름을 저자 명단에 넣게 되면 출판물의 명성이 높아지게 되고, 당연히 그 연구에 참여한 젊은 연구자들의 평판도 올라가게 될 것이다. 거기에다가, 소장의 명성은 새로운 출판물의 명성, 연구소의 명성도 강화시키게 되어, 학문적인 명성을 만들어내는 역동 속에서 축적되는 이득이라는 선순환이 이루어지게 된다(이에 대해서는 9장에서 분석해볼 것이다).

근접성의 관계에 기반되어 있는 규준은 학습을 해야 알 수 있는 것이고, 맥락마다 매우 다양한 모습을 보인다. 기차에서 팀 버너스 리의 옆좌석에 앉는다는 것은, 나란히 사진을 찍는다거나 연구소 실험실 옆자리에서 일을 한다는 것과 동일한 의미를 가지지는 않는다. 이와 같은 관계들에 대해 "있는 그대로" 해석을 하게 되면, 평판의 진정한 의미를 왜곡시키게 되는 주요 원인이 된다. 게다가, 근접성의 편견은 쉽게 조종될 수 있다. 무비스타와 향수를 연계시켜서 마케팅을 하는 경우를 생각해보면 쉽게 이해될 것이다. 이와 같은 왜곡 가능성에 대해 우리가 취약해지지 않도록 하려면, 진정한 사회적 관계의 근거로서 근접성 해석을 해도 되는지에 대해 스스로에게 질문을 던져 보아야 한다.

진정으로 행복한 소수인가, 아니면 그저 명단에 끼어있을 뿐인가

유명한 작가와 함께 책을 내게 되었을 때, 가장 만족스러운 것들 중 하나는 문학과 철학 분야의 거장들의 이름 옆에 내 이름이 실리는 것을 보는 것이다. 나이폴(Naipaul), 오리기(Origgi), 플라톤(Plato). 내가 2008년 이탈리아에서 소설을 출판했을 때, 찰스 디킨스(Charles Dickens), 로버트 루이스 스티븐슨(Robert Louis Stevenson), 그리고 아이리스 머독(Iris Murdoch) 옆에 내 이름이 실려 있는 것을 보고 느꼈던 흥분을 아직도 기억한다. 내 지위가 갑자기 높아져서, 큰 물에서 놀 수 있는 권한을 받은 느낌이었다. 물론, 내 이름이 거장들의 옆에 실려 있었던 것은 행운과 편집자의 무작위적 선택이 결합된 결과에 불과했지만 말이다. 사실 전혀 훌륭하지 않은 분류였다. 하지만 유명한 클럽에 소속되게 된 경우, 다른 사람들의 평판에 대한 정보를 얻게 되고, 우리 자신의 평판에 대해서도 뭔가 이야기를 할 수 있게 되는 것을 사실이다. 물론, 그로 인해 누군가는 정보적 가치를 과대평가하거나, 의미를 잘못 해석하게 되기도 한다.

고대로부터, 특권층만을 위한 클럽과 멤버십은 스포츠, 미술, 문화 등의 다양한 맥락에서 높은 지위를 보장해주는 기반이 되었다. 그리스의 대결(agon)부터 르네상스 시대의 미술 경연까지, 특히 창의적 맥락에서 평판을 관리하는 주된 전략은 토너먼트, 상(prize), 행복한 소수를 위한 배타적 클럽에 우승자가 가입되게 되는 성과를 낳는 것이었다(예 : 올림픽 금메달리스트, 수학 분야의 필즈상(Fields Medal) 수상자). 오늘날 학계에서는(16세기와 17세기의 과학 협회와 학자들의 아카데미로부터 시작됨), 과학 학회(scientific society)의 회원이라는 것이 특별함의 상징으로 받아들여지고 있다.

17세기, 영국의 자연철학자들이 모인 왕립학회(Royal Society)에 의해 발달된 '과학적 진실(scientific truth)'이라는 아이디어는 특정한 학회에 소속되어 있다는 영예와 평판과 떨어질 수 없는 것이 되었다.[10] 매우 특별한 클럽에 속해 있다는 것은(노벨상, 미국문학예술아카데미) 좋은 평판에 대한 상징이 된다. 우리는 스스로의 평판을 높이기 위해 그러한 클럽에 소속되기를 원한다. 그리고 이미 좋은 평판을 가지고 있다 하더라도, 특정 클럽의 명예를 높이기 위해 우리를 초대하기를 기대한다. 어떤 상은 수상자에게 명예를 주지만, 어떤 작가는 그가 수상하는 상 자체에 명예를 제공하기도 한다.

사실, 선택의 기준이란 명확치가 않으며, 선택 과정의 투명성도 논쟁

---

10   왕립학회에서의 명예와 진실 간의 관계에 대해서는 샤핀(Shapin, 1994, 2장)을 참고.

"최고의 전문가"의 모순과 평판의 휴리스틱

의 여지가 많다. 그에 대해 호르헤 루이스 보르헤스(Jorge Luis Borges)는 이렇게 말했다. "성공에 대해서는 오해가 많다. 그게 가장 나쁜 점이다." 결과는 명확하다. 특정 클럽의 회원 명단에 속해 있다는 것 자체가 우리의 평판을 상승시켜 준다. 장 까리에(Jean Carrière)는 『공쿠르 상의 영광이 가지는 의미(Les cendres de la gloire ou le Prix d'un Goncourt)』라는 우아한 제목을 가진 책(많이 알려지지는 않았다)에서, 1972년 11월 21일을 회상한다. 그날은 파리의 가용 광장(Place Gaillon)에 위치한 유명한 레스토랑 드루앙(Drouant)에서 매년 열 명의 작가들이 모여서 공쿠르 상(프랑스에서 가장 권위있는 문학상) 수상자를 발표하는 날이었다. 까리에는 기대도 하지 않은 상태에서 수상을 함으로써 문학계의 성공이라는 세상으로 들어가게 되었다. 다음해에 그의 책은 프랑스에서 50만 권이 팔려나갔고, 14개국에서 번역되었으며, 전 세계에서 판매된 책의 총 부수는 2백만 권이 넘었다. 하지만 그가 얻은 명성의 수명은 슬프게도 매우 짧았고, 작가는 깊은 우울감을 얻게 되었다.

공쿠르 상이 가져다준 새로운 평판의 이미지에 적응하지 못했기 때문이었다. 우연히 얻게 된 성공은 까리에를 사기꾼이라고 비난하며 고문하는 듯했다. "더러운 꼼수를 숨기고 있는 사기꾼!"[11] 한순간 영예로웠던 상은 수상자가 빠져나갈 수 없는 운명이 되어버렸다.

1903년 공쿠르상이 처음 만들어졌을 때부터, 루머와 비난은 그 주위에서 끊임없이 맴돌았다. 아폴리네르(Apollinaire), 콜레트(Colette), 셀린느(Céline)와 같은 작가를 수상자로 만들지 못했던 일은 수년 동안 "공쿠르 스캔들"로 떠돌았다(1932년, 셀린느의 '밤의 끝으로의 여행(Voyage to the End of the Night)'은 가이 마젤린(Guy Mazeline)이 쓴 '늑대들(The Wolves)' — 문학사에서 아무런 족적을 남기지 못하고 사라져버린 소설 — 에 밀려 수상을 하지 못했다). 소수의 출판사가 엄청

---

11   까리에(Carrière), 1987, 22

난 영향력을 가진다는 사실도, '갈리그라쉬이유(Galligrasseuil)'라는 모순적인 표현을 통해 조롱의 대상이 되고 있다. 프랑스의 출판사 세 곳 — 갈리마르(Gallimard), 그라세(Grasset), 쉬이유(Seuil) — 에서 대부분의 수상자가 나오고 있기 때문이다. 하지만 매년 드루앙 레스토랑에서 시상되는 '10유로의 상(공쿠르 상의 수상자에게 주어지는 상금)'은 수상자의 평판과 문학계에서의 운명을 바꾸어 놓는다. 왜냐하면, 그 상은 적어도 30만부의 판매를 보장하기 때문이다.

유명인사(celebrity)(유명인사가 되는 방법, 유명인사와 현실과의 관계)는 사회과학이 다뤄온 고전적인 주제이다.[12] 중요한 주제이지만, 평판에 대한 연구와는 약간 방향이 다른 점이 있다. 문학 시장을 떠들썩하게 만든 "유명인사"의 목록에 누군가의 이름이 들어가게 되면(예 : 퓰리처 상 수상자), 그의 평판은 바로 하늘높이 솟구치게 되며, 미디어 효과 또한 생기게 된다. 바로 여기서 자기충족적 역동(self-fulfilling dynamic)을 볼 수 있다. 미디어에 노출되게 되면 새롭게 나타난 스타의 평판은 증폭된다.

전쟁 이후의 미국 사회에서 미디어가 가지고 있는 많은 기능들 중, 로버트 머튼(Robert Merton)은 지위 부여(status attribution)라는 근본적 기능에 초점을 맞추었다. 미디어는 사람, 조직, 사회운동, 기관에게 특정한 지위를 부여한다. 어떤 사람이 미디어의 관심을 받으면, 그의 지위는 바로 상승된다. 미디어란 이야기해볼 가치가 있는 사람들이 누구인지를 잘 알고 있는 소수의 전문가가 운영하는 권위적인 정보의 원천이라고 보통 사람들이 생각하기 때문이기도 하지만 100% 그런 것은 아니다. 미디어는 지위 정당화(status legitimation)라는 자기충족적 효과를 가지고 있다. 신문이나 텔레비전 프로그램 제작사에서 누군가를 인정한다는 것은, 그 사람의

---

12   하이니히(Heinich, 2012) ; 릴티(Lilti, 2014) ; 멩거(Menger, 2009) ; 어너(Erner, 2016)

행동과 의견이 대중의 관심을 끌 수 있을 만큼 중요하다는 것을 의미한다. 미디어의 자기충족적 효과는 "순환적 명성(circular prestige)"의 사례를 보면 명확하게 알 수 있다. 잘 알려진 배우가 더 잘 알려진 브랜드의 에스프레소 한 모금을 마시는 광고에서처럼, 지위는 이동하는 것이다. 이와 같은 전략은 다음과 같은 대중의 순환적 사고를 움직인다. "누군가가 정말 중요한 사람이라면, 그 사람은 미디어의 관심을 한 몸에 받게 될 거야. 누군가가 미디어의 관심을 한 몸에 받고 있다면, 그 사람은 당연히 중요한 사람이겠지."

머튼이 미디어의 지위 부여에 대해 분석하기 시작했던 것은 1948년이지만, 그 효과는 아직도 놀랄 만큼 크게 남아 있다. 역사적으로 보았을 때, 내가 여기에서 강조하고 있는 행복한 소수를 위한 클럽에 소속될 경우 만들어지는 편견에 비해서는 적은 편이기는 하지만 말이다. 이 편견은 유명한 모임 명단에 "포함된" 사람들의 평판에 대해 확대 효과를 만들어내고, 잘 알려진 심리적 메커니즘을 기반으로 하고 있다. 사람의 심리는 한 계층의 일반적인 특성을 각 구성원들에게도 부여하는 경향성이 있다. 즉, 우리는 단순화된 고정관념을 자연스럽게 받아들이는 경향이 있고, 세상을 이해하는 데에 그 고정관념을 활용하곤 한다. 예를 들어, 사이클링은 프랑스에서 가장 유명한 스포츠들 중의 하나라서, 우리는 "사이클링 선수"라는 특성을 "프랑스인"에게 부여하곤 한다. 그래서 바게트 빵을 들고 자전거를 타며 휴가를 즐기는 모습을 전형적인 프랑스인의 모습이라고 그려낸 것이다.

특정 작가의 이름을 "거장"의 명단에서 보게 된다면, 우리는 자연스럽게 유명한 "옆 사람들"의 평판을 그 작가에게 부여하게 된다. 이러한 효과는 사회 심리학 분야에서 세부적으로 연구되고 있다. 2002년 노벨경제학상을 수상한 심리학자 다니엘 카네만(Daniel Kahneman)은 다음과 같이 주장하였다. "세상에 대한 해석의 기반이 되는 것은 통계적 설명이 아니라 우리가 가지고 있는 인과관계에 대한 선호도이다. 특정한 계층에 속해 있다는 단순한 사실(순수한 통계적 분포의 결과일지도 모르는)은 인과관계로 해석되곤 한다. 어떤 사람이 특정한 계층에 속하게 된 것은 우연일지도 모르지만, 그 사람이 특정한 자원을 가지고 있는 것이 분명하다고 해석되는 것같이 말이다."

의심할 여지가 없이, 이와 같은 편견은 유용성이 매우 높은 인지적 자원을 구성한다. 이 편견은 단순한 단서(예 : 특정 계층에 포함되어 있음)로부터 추론(우리 주위의 사람들과 대상에 대한 엄청난 양의 정보)을 할 수 있는 우리의 본능적 능력의 기반을 제공해준다. 이는 특히 정보와 시간이 부족하지만 단 하나의 결정을 해야 하는 상황에서 정보를 관리하는 데에 매우 유용하다는 것이 증명된 매우 경제적인 방법이다. 이러한 경우에도, 평판의 인식론은 훌륭한 조언을 제공해준다. 본능보다는 성찰(reflection)에 더 많이 의존하라! 우리는 누군가가 유명인사의 명단에 포함된 이유가 무엇인지를 항상 탐색해보아야 하고, 포함(inclusion)과 배제(exclusion)의 프로세스에 기반하고 있는 메커니즘에 대해 회의적인 시선을 가지고 세심히 살펴보아야 한다. 이와 같은 이차적 정보는 우리가 본능에 따라야 할 것인지, 아니면 저항해야 할 것인지를 결정하는 데 있어서 중요한 역할을 해줄 것이다.

누군가의 평판을 평가하는 데 있어서 때때로 우리를 혼란스럽게 만드는 휴리스틱은 평소에 우리가 자신있게 사회적 세상을 탐색할 때 쓰는 휴리스틱과 특별히 다르지 않다. 그래서 우리는 특정한 휴리스틱을 피함으로써, 평판의 가치를 낮추어보거나 확대하는 오류를 범하지 않을 수 있을 거라는 기대를 할 수가 없는 상황이다. 하지만 그 대신에, 우리가 스스로를 훈련시켜야 할 것은, 특별한 영역에서의 평판에 대해 사회적인 평가를 가능하게 해주는 원인과 메커니즘들을 분석할 수 있는 능력이다.

우리가 평판에 대한 평가를 할 때 영향을 주는 편견과 휴리스틱에 대해 내가 5장에서 제시했던 것들은 모든 경우에 다 적용할 수 있는 것은 아니다. 내가 특정한 실례들을 제시한 이유는, 평판의 구축과 왜곡 과정에 있어서 인지적인 메커니즘이 맡고 있는 역할을 명료화하기 위함이었다. 그 메커니즘들은 사회적 네트워크뿐 아니라 그 네트워크에 대한 지각(perception)에 의해 생기고, 우리의 기대, 정서, 인지적 경향성이 그 지각들과 만날 때 생기는 수천 가지의 수정과정(modification)에 의해 좌우된다. 사회적 세상을 성공적으로 해석하고, 명확하게 평판을 평가하기 위해, 우리가 해야 할 일은 이 수많은 정서들과 경향성들에 대해 잘 파악하는 것이다. 즉, 우리는 인식론적 책무를 행사해야 한다는 것이다. 평판의 세계는 사회적 관계에 대한 우리의 지각이 자연스럽게 평가를 왜곡시키는 방법으로 구성된다. 즉, 전통적인 인식론에서 배웠던 것은 우리의 감각에 대해 의심을 해봐야 한다는 것이었듯이, 평판의 인식론은 우리의 "사회적 감각"이 초반에 낸 의견을 완전히 신뢰하지는 말라는 교훈을 주고 있다.

Homo Comparativus:
Status, Honor,
and Prestige

비교하는 인간 :
지위, 명예와
명성

돈에 관련된 문제가 아니다. 이건 게임이다. 사람들 간의 게임 말이다.

고든 게코(Gordon Gekko), 영화 '월 스트리트 2(Wall Street 2)'

우리는 우리 내면에 있는 불멸성에 대한 목마름이 없어지지 않도록 해야 한다. 아무도 모르는 지구의 한 구석에서 작은 고민들을 가지고 힘들어하는 것보다는, 대중의 앞에 선 큰 무대에서 영광스럽게 고민하는 것이 더 낫다.

에롤 드 세셸(Hérault de Séchelles), 야망의 이론(Théorie de l'ambition)

명성이란 무엇인가? 명성이란 도대체 뭐란 말인가? 한낱 말 표현에 지나지 않는다! 농담일 뿐이다! 명성이 당신의 배를 채워주는가? 절대 그렇지 않다. 명성이 부러진 정강이뼈를 고쳐주는가? 그럴 수 없다. 아니면 발에 난 상처를 고쳐주는가? 아니다. 아니면 손가락 상처라도? 그럴 리 없다. 아니면 손상된 머리카락이라도 다시 나게 해주는가? 아니다. 명성은 외과의사가 아니다. 그렇다면, 명성은 무엇인가? 하나의 단어이다. 단어 안에 있는 것은 무엇인가? 곧바로 흩어져 버리는 공기뿐이다.

쥬세페 베르디(Giuseppe Verdi), 팔스타프(Falstaff), 1막 1장

2008년의 금융위기에서 2년이 지난 후에 개봉된 영화 '월스트리트 (Wall Street) 2'를 보면, 악명 높은 금융가 고든 게코(Gordon Gekko)는 감옥에서 복역기간을 채운 후 출소해서, 값비싼 뉴욕의 아파트에 집을 다시 구한다. 그는 뉴욕의 멋진 풍경(그가 다시 잡고 싶은 사냥감으로 가득한)을 볼 수 있는 유리 창문으로 가득찬 집에서, 벽에 붙여놓은 오래된 판화만을 뚫어지게 바라보며 앞으로 어떻게 살 것인가에 대해 고민하는 매일 저녁을 보냈다. 단순한 튤립 구근이 그려진 판화에서 게코가 보았던 것은 무엇이었을까?

그때 그의 마음을 붙잡고 있었던 것은 현대 역사상 가장 대단했던 투기성 버블들 중 하나였다. 튤립 구근은 16세기에 네덜란드로부터 터키에 소개되었는데, 1630년대 중반에 비합리적인 집단적 광풍을 불러일으켰다. 구근 하나를 구입하는 데에 전 재산을 투자해야 할 정도로 가격이 치솟았다. 이 광풍이 가장 심했을 때에는, 구근 하나를 구입하는 데 드는 비용이 부유한 가족의 연수입의 10배 정도 되었었다. 누구나 예상할 수 있듯이, 대량의 매각이 이루어지면서 가격이 추락하기 시작했다. 1637년에는 구근의 가격이 완전히 폭락했고, 집단적 광풍에 휩쓸려서 비합리적으로 낙관적인 시각을 가지게 되었던 투자자들은 자신의 손에 아무런 가치도 없는 둥글납작한 뿌리 외에는 아무것도 남아 있지 않다는 것을 알게 되었다.

이런 일은 도대체 어떻게 일어나게 된 것이었을까? 비즈니스 분야에서 잔뼈가 굵은 투자자들이 별것도 아닌 튤립 구근 때문에, 그것도 집단적인 경제적 자살행위를 어떻게 할 수 있었던 것일까? 고든 게코는 투기 광풍의 롤러코스터에 매혹되어 벽에 붙은 튤립 그림을 바라보고 있었다. 그러면서 이 월스트리트의 노련한 늑대는 특정 상품의 가격이 이렇게 치솟는 것은 물질적인 자기애(self-interest) 때문이라는 사실을 무시했다. "돈이 문제가 아니라니까"라고 그는 말했다.

냉철하고, 계산에 능하며, 합리적인 경제적 인간(homo economicus)이라면 자신이나 자녀들의 미래를 한순간에 위험에 빠뜨리지 않을 것이다.

경제적 인간은 항상 신중하고 경솔하지 않은 모습을 보인다. 체계적이고 이성적인 회의론자이기 때문에, 부자들이 위험요소들을 무시해도 된다고 무모하게 약속하는 것에 흔들리지 않는다. 단기적인 이익을 극대화하자는 생각없는 요구를 통해, 전 세계적인 경제적 파국을 촉진하지 않을 것이다.

하지만 말도 안되게 낙관적인 시각으로 가득찬 거품과 미친 듯한 매각이 이루어지는 상황에 휩쓸린 투기꾼들은 이성적이고 계산을 잘하는 경제적 배우들과는 전혀 달랐다. 그들은 스릴을 즐기는 도박꾼이었다. 그래서 게코가 카지노 자본주의(casino capitalism)에서 가장 중요한 핵심은 돈이라는 사실을 무시하고, "이건 게임이야"라고 이야기를 한 것이다. 시장을 움직이는 것은 투기꾼들이 진행하는 게임이다. 누군가는 이기고, 누군가는 패한다. 누군가는 정상에 올라서지만, 누군가는 추락해서 몰락하고 빈곤해진다. 이 게임에서, 사람들의 관심을 끌고 많이 회자된다는 사실 자체는 이미 승리한 것과 마찬가지이다. 물질적인 풍요로움을 위한 경쟁은 명예와 평판을 위한 경쟁보다 덜 중독적이다. 평판을 위한 경쟁자들은 단순히 더 많은 돈을 필요로 하는 것이 아니라, 더 우월한 사회적 스킬을 필요로 한다. 경쟁자들 중에서 가장 뛰어난 사람이 되기 위해, 사회적 동물들은 동맹을 맺고 위계질서를 안정화시키는 것을 필요로 한다. 이모든 노력의 궁극적인 목표는 "자신의 존재를 증명하는 것"이다. 즉, 존재하고, 보여져서, 다른 사람들의 눈 앞에서 찬란하게 빛나고 싶은 것이다. 대중이 보기에 뛰어난 존재가 되고, 시장의 경쟁자들이 훌륭하다고 인정하는 존재가 된다는 것은, 인간이 죽음 이후에 '무(nothingness)'의 존재가 되어서 아무런 흔적이 남지 않을 것에 대한 공포를 이길 수 있는 유일한 방법이다. 인간이 가질 수 있는 유일한 불멸성의 한 조각인 것이다.

　인간이 항상 평판의 게임을 해왔던 이유는, 바로 사후(afterlife)의 삶에 대한 대리체험을 하고 싶기 때문이다. 이 게임의 승패를 좌우하는 것은, 한 사람의 신용(trustworthiness), 신뢰성(believability), 사회적 계층(social standing)이다. 1630년대 네덜란드에서도 이것은 마찬가지였다. "내가 튤립 구근을 구입한다면 나는 신뢰할 만한 사람이 되지. 내가 구근을 사기만 한다면, 튤립은 나를 신뢰하는 사람들을 위해 수익을 낼 수 있는 투자상품이 될 거야. 사람들은 나를 얼마나 신뢰할 수 있을까를 평가하면서 나를 보겠지. 나의 신뢰도가 높아질수록, 튤립 구근은 저항할 수 없는 투자 기회가 될 거다. 카드로 지은 집이 무너지고 모든 사람들이 그것을 알아채는 마지막 날이 올 때까지 말이다."

　이와 같은 선택과 행동들에 있어서 최소한의 합리성을 찾아보자면, 우리는 평판 또한 물질적인 자기애가 아니라 인간 행동을 이끌어내는 파워풀한 동기가 된다는 사실을 인정해야 한다. 장 클로드 로망(Jean-Claude Romand)의 범죄에 대해 생각할 때, 절박성이 있는 행동을 이끌어낸 동기를 찾아보지 않고 단순한 정신질환으로서 설명하는 것은 논란이 있을 수 있다. 정신병리학만 가지고서는 고든 게코의 사례와 17세기의 튤립 구근 구매자의 이야기를 설명해낼 수 없다. 가상의 아마존(Amazon) 리뷰어 행세를 하며 거짓 의견을 쓰면서까지 자신의 평판을 부풀리고 싶어서 스스로 평판의 무덤을 팠던 올랜도 파이지스(Orlando Figes)의 사례도 설명 불가능하다. 이와 같은 사람들의 동기는 평판을 얻고 싶은 것이었다. 평판은 그들의 이차적 자아, 사회적 자아이기 때문이었으니까. 이와 같은 이차적 자아에 대해 강박적으로 집착했기 때문에, 그렇게 무모한 결정을 내릴 수 있었던 것이다. 이제 우리는 무엇이 그들의 행동과 반응을 이끌었는지를 알 수 있다.

평판에 대한 갈망은 어떻게 행동의 동기가 될 수 있는 것일까? 바로 이것이 우리가 이제 생각해봐야 할 문제이다. 이 질문에 대한 대답을 찾으려면, 평판을 독립변인으로 간주하는(결과로서 행동을 만들어내는) 행동모델을 개발한 사회과학이론을 검토해봐야 한다. '모든 개인들은 정의를 사랑하기 때문이 아니라, 다른 사람들이 자신을 어떻게 판단할지에 대해 관심이 있기 때문에 도덕적 행동을 한다'라고 주장하는 도덕 이론들도 이에 포함된다. 경제학 이론들에 따르면, 사람들은 평판을 희귀한 자원으로 해석하고, 그 희귀한 자원에 대한 요구가 행동에 대한 제약요소로 기능하게 된다고 한다.

하지만 사회과학 분야를 살펴보기 이전에, 우리가 해야 할 일은 비교하는 인간의 존재론에 대해 조금 더 심층적으로 살펴보는 것이다. 비교하는 인간(homo comparativus)의 의사결정과 행동은 다른 사람들과의 관계에 전적으로 달려 있고, 비교하는 인간의 선택과 행동은 다른 사람의 인정과 수용에 대한 절박한 니즈에 의해 움직인다.

비교하는 인간의 존재론

인간의 본질은 경쟁적이지도 않고, 협력적이지도 않다. 인간은 "비교하는" 존재이다. 즉, 태어나면서부터 자신과 다른 사람들 사이에서 비교를 해보고 대조를 해보면서 성장해왔다. 인간의 행동과 성취란 그에 대해 다른 사람들과 비교해보고, 일반적으로 적용가능한 가치에 의해 평가해보기 전에는 아무런 가치가 없는 것이다. 가치(도덕적, 경제적, 인식론적)는 맥락기반의 차별화 작업을 통해 만들어진다. 가치는 비교작업을 통해 명확해지는 것이다. 사물이나 사람 자체가 원래 가지고 있던 것이 아니다. 두 개의 거울이 마주보고 있을 때 이미지가 무한대로 만들어지는 것과 같이, 가치는 모든 것이 관계적인 것이다. 비교적인 교환을 통해 자동적으로 만들어지고, 특별한 목적이나 중요성은 없다. 우리는 가치를 창출하기 위해 가치를 만들어낸다. 가치는 기존에 존재하던 요소들(예 : 경제학 분야의 유용성, 희귀성, 노동성) 수준이 될 수 없다. 가치는 인지적인 자극이며, 모든 인류의 상호작용이 만들어내고, 우리가 우리 자신과 다른 사람들에 대해 가지는 지각을 구성하는 다양한 의견들이다. 문화사회학의 창시자인 칼 만하임(Karl Mannheim, 1982)은 이렇게 설명하였다. 인류는 세상을 위계적으로 "지각한다". 우리는 위계적으로 조직된 세상을 전제로 한 가치를 기반으로 현실을 받아들인다. 하지만 세상에 대한 이러한 시각이 완벽하게 사회문화적인 것은 아니다.

가치는 지각(perception) 작업을 하는 우리의 생리학에도 뿌리를 두고 있다. 우리의 지각 기관이 정보를 처리하는 방법은 특정 맥락 내에서의 특성들 간의 차이에 따라 달라진다. 우리의 지각 기관은 다른 점을 발견하고, 다양함, 차이점, 불일치성에 초점을 맞추어 우리가 지각하고 있는 것의 특성을 파악하기 위해 설계되었다.

태어나면서부터 가지게 된 비교적 의식(comparative consciousness)은 인류

그림 7: 지각적 프레이밍 효과(perceptual framing effect). 안쪽에 있는 사각형은 프레임 색깔의 밝은 정도에 따라 더 옅게 또는 더 진하게 지각된다.

가 가지고 있는 가장 독특한 특성들 중 하나이다. 이는 우리의 세상에 대한 지각, 인지, 정서, 의사결정에 모두 영향을 미친다. 비교하는 인간(Homo comparativus)은 평가적인 프리즘을 통해 세상을 읽는다. 객관성에 대한 우리의 감각은 가치의 위계를 전제로 하고 있다. 그렇다고 해서, 우리 주위의 세상이 존재하지 않는다거나, 완전히 개인의 시각별로 달라진다는 것은 아니다. 평가적 차이는 우리의 세상이 가지고 있는 관계적 차원에 존재하고 있으며, 우리의 현실을 통합하고 세상으로부터 정보를 발굴해낼 수 있게 해주는 사회적 네트워크에도 존재한다. 이 네트워크들은 우리의 세상을 구성하고 있다. 이렇게 보면, 경험했던 이벤트들의 연계를 넘어서서 궁극적인 현실에 인간이 접근할 수 있는 방법은 없어 보인다. 즉, 우리가 세상을 지각하고, 의미와 가치를 부여하는 정보를 얻을 수 있는 것은 사회적인 관계 덕분인 것이다.

사회적인 열정을 비교와 순위로부터 분리시킬 수 없다는 것은 그다지 새로운 아이디어가 아니다. 예를 들어, 홉스(Hobbes)는 영광에 대한 추구란, 유용성에 대한 욕구와 꽤 다른 열정이라고 생각했다. 철학자 바바라 카르네발리(Barbara Carnevali)는 홉스를 언급하면서 다음과 같은 설명을 했다.

이 두 가지 열정들은 열망하는 목표의 형태에 따라 구분될 수 있다. 유용성(utility)과 영광(glory). "물질적인 열정"과 "상징적 열정"이라고 표현할 수도 있을 듯하다… 유용성이란 물리적인 즐거움을 목적으로 하는 것이고… 영광이란 영혼이 즐기는 상징적인 즐거움을 목적으로 한다… 영적 추구인 영광은 다른 사람들의 권력보다 우월한 힘을 끊임없이 꿈꾸는 형태로 표현된다.(2013, 52)

홉스는 '자연법 및 시민법의 기초(The Elements of Law, Natural and Politic)'에서, 영광에 대한 열정(인간의 경쟁심을 촉진하는 세 가지 기본적인 열정들 중의 하나)을 명확하게 정의하였다. "영광, 내면의 승리는 우리 자신의 힘에 대한 이해에서 생기는 열정으로서, 우리와 갈등관계에 있는 상대방의 힘을 넘어서는 것이다."[1] 그러니까 영광이란 본질적으로 비교적인 열정이다. 다른 사람에 대한 자신의 우월성을 인식함으로써 생기는 즐거움이며, 타인을 이기는 것의 기쁨이고, 상대방의 패배와 종속을 즐기는 것이다. 탈레랑(Talleyrand)이 했던 말로 자주 언급되는 문구에서도 비슷한 메시지가 전달된다. "나 자신에 대해서만 생각해보면, 괴로움이 느껴진다. 하지만 나를 다른 사람들과 비교해보면, 크게 기뻐하게 된다."

하지만 비교에 대해 거부할 수 없는 욕구가 가지는 중요성은, 우리의 자기애를 충족시키거나 우리의 자기도취적 감성을 즐겁게 해주는 데에만 한정되지 않는다.

비교는 인지적인 차원이다. 우리의 도덕적인 행동뿐 아니라 학습과 지식에 대한 접근을 구성한다. 이와 같은 평가적이고 비교적인 시각이 없다면, 사실 우리는 세상에 대한 우리의 경험으로부터 얻은 정보를 처리

---

[1]   홉스(Hobbes, 1640), I, 9, 1

할 수 없게 될 것이다.

평가적인 대조와 비교가 행동에 대한 동기부여가 될 뿐만 아니라, 정보를 처리할 수 있게 해준다는 사실은, 최근의 사회과학연구에서 다양한 형태로 드러나고 있다. 하지만 이 모든 주장들은 동일한 기본적 직관에서 나온 것이다. '관계적인 가치만을 기반으로 해서 정보는 조직되고 경험은 의미를 가진다.' 이와 같은 비교적 시각이 없다면, 객관성이란 존재할 수 없다. 예를 들어, 앙드레 오를레앙(André Orléan)은 정량적인 방법론을 통해 점점 관련 학문 분야들로부터 고립되고 있었던 주류 경제학이론들을 통합시킴으로써, 경제학 이론에서 "가치"를 개념화하는 데 있어서 급진적인 새로운 프레임워크를 제안하여, 다른 사회과학 분야에서 사용하고 있는 설명적 구조를 차용하였다. 슘페터(Schumpeter)의 직관적 설명("가치의 문제는 합리적 스키마를 가진 순수 이론의 분석을 할 수 있는 핵심 도구로서, 언제나 중심에 위치하고 있어야 한다.")[2]을 정교화시키면서, 오를레앙은 가치란 "유용성(독립적으로 존재하고, 측정 가능한 개념)"에서 나온 것이라는 아이디어를 거부하였다. 그의 주장에 따르면, 가치란 변화의 행동에서 처음 만들어졌고, 기존의 다른 정량적 개념과는 구분되는 것이다. "사회적 지위에 대한 갈등(유용한 상품을 얻기 위한 욕구로부터 생기는)은 특정한 관계로부터 생긴다. 더 일반적으로 이야기하면, 다양한 상황에서의 가치는 가치 그 자체를 위해 추구된다. 전 세계 어디에서나 가치는 구매력을 상징하고 있기 때문이다."[3]

오를레앙은 이 전제를 바탕으로, 모든 사회과학이 중요하게 다루고 있듯이, 관계적 가치라는 개념을 기반으로 경제학을 재정비하자고 제안하였다. 그의 목적은 "시장의 가치란 자동적인 현상이고, 유용성, 노동, 희

---

2   슘페터(Schumpeter, 1954), 287
3   오를레앙(Orléan, 2014), loc. 71

비교하는 인간 : 지위, 명예와 명성

귀성과 같은 기존의 개념과는 다르다는 사실을 보여주기 위함"이었다.[4] 우리의 현재 주제에서 가장 중요한 것은, '특이함을 추구하는 인간(homo singularis; 개인적으로 선호하는 특이한 상품을 파는 독특한 시장의 소비자)'이라는 그의 아이디어이다. 이와 같은 경제적 배우는 가치론적 합리성(axiological rationality) — 막스 베버(Max Weber)[5]의 개념을 빌어서 이야기하자면 — 을 기반으로 선택을 한다. 판매되는 가치에 대해 사람들이 집단적으로 표현한 의견에 자신의 행동을 맞추는 것이다. 카픽(Karpik)에 따르면, "특이한 상품을 파는 시장에서, 소비자는 가격보다 질(quality)에 우선순위를 둔다."(2010, 10) 그는 "특이함을 추구하는 인간"에 대해 세련된 분석을 제공하였다. '흥미와 이성을 가진 시장에서의 배우이지만, 전통적인 경제적 인간같이 행동하지는 않음.' 인간은 복잡한 시장(다양한 기준들을 기반으로 선택을 해야 하고, 단순히 공급과 수용의 원칙에 의해서만 움직이지 않는 곳)에 참여해서, 상세한 정보를 들으면서 즐거워한다. 말할 필요도 없이, 소비자가 구매를 고려하는 상품이나 서비스의 특이성은 차이와 비교를 기반으로 해서만 지각될 수 있다. 이는, 소비자의 선택을 돕기 위한 판단을 촉진하기 위해 이러한 도구(분류와 보증)들이 매우 중요하다는 사실을 설명해준다.

마지막 실례로는 사회학자 에이코 이케가미(Eiko Ikegami)의 이야기를 해보도록 하자. 그녀는 일본에서 "자기(self)"를 구성할 때 비교적 요소를 강조하기 위해, 사무라이의 사회적 역사를 재구성하였다. 일본 문명의 독특성은 집단주의라기보다는 경쟁의 문화이기 때문에, 명예와 경쟁적인 비교가 절대적으로 핵심적인 역할을 담당하고 있는 곳이라고 그녀는 주장하였다.

---

[4]   오를레앙(Orléan, 2014), loc. 76
[5]   가치론적 합리성이라고 번역되는 베버의 용어는 "Wertrationalität"이다.

종합해볼 때, 인간은 본질적으로 비교적인 동물이라는 주제는 예전부터 사회과학자들 사이에서 관심을 끌어 왔다. 하지만 여러 분야의 연구자들이 이 아이디어를 연구 프로그램으로 변형시켜서, 인간의 어떠한 행동과 선택에 대해 설명을 하든지 평판의 상징적 가치는 핵심적이라고 설명하기 시작한 것은 얼마 되지 않았다.

존중감의 경제

우리의 평판은 다른 사람들의 수용과 거부로 이루어져 있고, 우리가 가치를 부여한 물질적이거나 비물질적인 상품에 대해 다른 사람들이 가치를 부여한 정도에 따라 달라진다. 자기 자신의 평판은 인간에게 매우 중요하기 때문에, 우리는 지속적으로 다른 사람들의 눈에 존중감이나 경멸감이 있는지를 읽어보려 애쓰면서, 스스로의 평판의 상승과 하락을 측정해보려 시도한다.

존중감(esteem)이란 무엇인가? 존중감의 경제학(kudonomics : 그리스어의 '영광'이나 '찬사'에서 온 단어)의 기본을 발달시키는 데 있어서, 철학자 필립 페팃과 경제학자 지오프리 브레난(Philip Pettit and Geoffrey Brennan, 2004)은 존중감에는 두 가지 면이 있다고 주장하였다. 비교적(comparative)인 면과 지시적(directive)인 면. 존중감이 비교적인 이유는, 대부분의 경우 존중감의 강도가 절대적인 순위가 아니라 다른 사람과 비교했을 때의 상대적인 순위에 따라 달라지기 때문이다. "x는 이 부분에 있어서 y보다 더 잘한다." 하지만 존중감의 또 하나의 특성은 "지시적"이라는 것이다. 왜냐하면, 다른 사람에게 존중감을 표현한다는 것은 대부분의 경우 상대방도 앞으로 나에 대한 존중감을 보이는 방향으로 행동할 가능성을 높여주기 때문이다. 따라서 존중감의 평가적인 면은 이중적이다. 한편으로 존중감은 더 나은 것과 더 나쁜 것이라는 순위의 의미를 내포하고 있기 때문에 평가적이다.

또 한편으로는 규범적(normative)이다. 왜냐하면, 존중감은 가치 판단을 포함하고 있기 때문이다. 경멸이나 반감을 불러일으키는 행동과 존중할 만한 행동을 구분해서, 미래에 비난보다는 존중을 받을 수 있게 해주는 행동을 촉진하고자 하는 목적을 가지고 있다.

여기서 우리는 어려운 문제에 봉착하게 된다. 누군가가 의도적으로 다른 사람들의 존중을 얻으려 애쓰는 경우, 이렇게 존중할 만한 가치가 있어보이려고 노력하는 모습이 오히려 자신의 발등을 찍게 될 수 있다는 것은 잘 알려진 사실이다. 욘 엘스터(Jon Elster)에 따르면, 존중을 하는 태도는 목적론의 모순(teleological paradox)을 가져올 수 있다고 한다. 적극적으로 쾌락을 추구하는 것과 마찬가지로, 능동적으로 존중을 받기 위해 애쓰게 되면 의도치 않게 바라는 것과 반대의 것을 얻을 가능성이 많다. 단순한 쾌락주의는 불행을 가져다줄 수 있다. 왜냐하면, 경험을 통해 배웠듯이, 우리가 의식적으로 즐거움을 추구하는 것을 그만두는 바로 그 순간에 뜻밖의 즐거움을 찾게 되는 경우가 많기 때문이다. 마찬가지로, 단순하게 존중만 얻으려고 한다면 야망, 이기주의, 허영으로 빠지게 되기 쉽다. 오히려 존중을 얻기가 매우 어려운 정서적 성향을 갖게 되기 때문이다. 엘스터는 다음과 같이 강조했다. "다른 사람들을 감동시키려는 시도보다 나쁜 표현은 없다."(1983, 66) 라브뤼예르(La Bruyère)는 이미 17세기에 이 모순에 대해 정리하였다.

사람들은 진심으로 좋은 평가를 받기를 원한다. 하지만 좋은 모습으로 보이고 싶기 때문에 미덕 자체를 갖는 것이 아니라, 미덕을 통해 얻을 수 있는 혜택(존중감과 칭찬)을 가지고 싶은 것이기 때문에 자신의 이러한 욕구를 숨긴다. 미덕을 가지지 않았는데도 존중과 칭찬만을 좋아한다는 것이 알려지면 허영이 있는 사람으로 보일 것이기 때문이다. 인간은 허영심이 매우 큰 존재이다. 그런데도 절대 그렇게 보이고 싶어하지 않는다.[6]

존중감이란 사심없는 태도를 보여야 얻을 수 있는 것이다. 상대방이 존중할 만한 사람인지를 인정하는 것은, 순간적으로 자기 자신의 이득 추구를 멈추는 일이다.

하지만 대부분의 합리성 모델들을 보면, 인간이란 스스로에 대한 관심을 잠시 옆으로 밀어놓는 선택을 할 수 없다고 주장한다. '사심없는 행동을 추구하는 사람들은 모두 실패할 수밖에 없다'라는 말을 우리는 종종 듣곤 한다. 하지만 페팃과 브레난에 따르면, 존중감에 대한 요구는 자기 자신에 대한 관심뿐 아니라 다른 사람들과의 협력을 강화하고자 하는 마음으로 인해 동기부여되는 경우도 존재한다. 이런 경우, 의식적으로 존중을 받으려고 하는 태도는 비난받지 않고, 목적론의 모순에 빠지지 않게 된다. 자신의 문화에서는 수용하기 힘든 사회적 규준을 기반으로 협력을 해야 하는 사람들이 모인 집단을 떠올려보면 쉬울 듯하다. 예를 들어 보면, 파리에서는 창문 밖의 빨랫줄에 빨래를 너는 것이 엄격하게 금지되어 있다는 사실을 나에게 가르쳐주는 사람이 없었다. 이탈리아에서의 습관대로 빨래를 널었더니, 이웃집에서 경찰에 신고를 했다. 나는 이웃에 대한 나의 평판(그리고 파리에서의 내 평판)을 망치지 않기 위해 곧바로 빨래를 걷어들였다. 그리고 그때부터는 침대 시트를 창문 밖에 널어서 말리는 행동을 하지 않도록 조심했다. 이 경우, 존중감에 대한 나의 욕구는

---

6   장 드 라브뤼예르(Jean de La Bruyère), 『성격론(Characters)』, 1688, 11장, "사람에 대해서", 65.

완전히 이차적인 것이 되었다. 축축한 빨래를 사람들이 다 보는 곳에 너는 것은 파리 사람들의 규준에는 없는 일이었던 것이다. 그렇다고 해서, 이웃의 기대에 맞춰 '나'라는 존재를 완전히 바꾼 것이 아니다. 자의식적인 "존중감에 대한 욕구"가 이웃들의 가치에 맞춰 내 행동을 변화시킴으로써, 주위 세상과 협력할 수 있도록 해준 것이다. 나에게 부정적인 일도 아니었고, 내가 패배한 것도 아니었다. 나는 다른 사람들이 가지고 있는 가치에 대해 적응함으로써, 예의를 갖춘 것이라고 생각했다. 이와 같이, 이웃의 존중과 경멸에 대해 민감하다는 것은, 사회적 행동과 상호작용을 위해 협력할 수 있는 효과적인 심리적 메커니즘인 것이다.

즉, 다른 사람들로부터 존중을 받고자 하는 자의식적 시도가 항상 부정적인 결과를 가져오는 것은 아니라는 것이다.

사람들의 자발적인 존중감을 얻을 수 있는 방법을 보면, 다소 복잡한 상황이 존재하고 있다는 것을 알 수 있다. 브레난과 페팃에 따르면, 나는 구조화된 사회적 교환상황에서, 이웃에 대해 경멸감을 표현하는 것 대신에, 대안적인 행동을 통해 존중감을 얻으려고 한 것이다. 몇몇의 "존중감 서비스"들은 비교적 쉽게 다른 사람들에게 전달될 수 있다. 내가 존중받을 가치가 있다고 생각하는 행동에 대해 관심을 가지고 칭찬을 하기, 인정하지 않는 행동에 대해 비난하기. 이렇게 하다 보면, 주위의 사회적 집단이, 특정 사람의 "존중가능성"을 측정할 수 있도록 내가 정보를 제공해주게 된다. 브레난과 페팃은 공급과 수용의 원칙에 의해 움직이는 희귀상품의 교환을 기반으로 이루어지는 "존중감의 경제(economy of esteem)"를 발달시키는 것이 가능하다고 보았다. 그들의 이론에 따르면, 희귀한 존중감 상품을 얻고자 하는 합리적인 배우는 가장 큰 수준의 존중을 얻을 수 있을 거라 생각되는 영역에 대해 잘 파악하고 있다. 합리적인 배우는 얻을 수 있는 존중감의 정도를 최대화시킬 수 있을 거라 생각되는 수준의 성과를 올리려는 목표를 가진다. 하지만 브레난과 페팃의 이와 같은 분석은 몇 가지 문제점을 가지고 있다.

첫째, 그들이 제안한 모델에서, 존중감은 선형적(linear)인 변인이다. 브레난과 페팃의 분석은 두 사람 간의 상호작용으로부터 시작된다. "배우 A는 특정 분야에서의 성과 수준을 보일 경우, 관찰자 B의 존중을 받을 수 있다."[7] 이 경우, B의 존중감은 A의 경제적 유형에 대한 인센티브로 기능한다. A는 특정 행동을 함으로써 B의 존중을 얻을 수 있다는 희망과 기대를 가지고 그 방향으로 움직이게 될 것이기 때문이다. 하지만 우리가 앞에서 이야기했듯이, 존중감의 원천, 중요성, 영향력은 이와 같이 단순한 모델만 가지고서 설명하기는 어렵다. 우선, 존중감이란 이렇게 선형적인 모습으로 퍼져나가지 않는다. 존중감은 네트워크를 통해 전파되고, 존중을 해주는 권위자의 명성 수준에 따라 달라진다.

사회적 환경으로부터 존중을 얻을 수 있는 방법으로 행동을 하면 명확한 이득이 생기겠다고 기대할 수 있는 선형적 환경은 사실 다소 예외적인 상황이다. 우리가 사는 세상에는 표준적인 사회적 규준의 내용이 어떤 것인지 모호한 경우가 더 많다. 이런 경우, 존중과 냉대의 표현은 휴리스틱으로서 기능한다. 즉, 이러한 휴리스틱은 특정한 커뮤니티에서 공유되는 규준에 대해 알려준다. 예를 들어, 싱가포르에 갔을 때, 씹던 껌을 바닥에 버린다면 나는 태형을 받게 될 것이다. 그렇게 되면 나는 껌 씹기에 대한 규준을 절대 잊지 못할 방법으로 익히게 될 것이고, 앞으로 절대 껌을 씹지 않게 될 가능성이 높다. 하지만 이와 같은 규준을 내재화한다고 해서, 나의 모든 행동을 완벽하게 도덕적으로 만들 수는 없다. 껌에 대한 규준에 대해 말도 안 된다고 생각하면서도, 동시에 신체적으로

---

7   브레난과 페팃(Brennan and Pettit, 2004), 83

고통스러운 갈등을 지역 커뮤니티와 겪게 되는 것을 피하기 위해 규준을 따를 수도 있다. 이는 3장에서 다원적 무지(pluralistic ignorance)에 대해 이야기했듯이, 규준에 대한 "위선적인" 수용의 또 다른 실례가 될 수 있겠다. 커뮤니티의 모든 구성원들은 특정한 선호도를 표현하고, 어떤 사람이라도 그 선호를 가지고 있다고 믿고 있지만, 사실 개인적으로 그러한 선호도를 좋아하는 사람은 아무도 없는 상황 말이다.[8]

둘째, 존중을 받고자 하는 특정 의사결정에 대해 다른 사람들이 도덕적으로 칭찬을 하거나 비난을 하는 방법에 대해 고려하지 않는다면, 우리는 절대 자동적으로 존중을 얻을 수 없다. 내가 존중을 받고자 하는 대부분의 노력은, 특정한 행동이나 사람의 존중가능성을 평가하는 데 있어서 "역량이 있다"라고 내가 믿고 있는 권위자들의 눈에 띄게 된다. 다시 말해서, 존중은 집단적인 평가에 의해 얻을 수 있는 것이다. 공유된 규준은 언제나 사회적 압력을 받기 때문이다. 브레난과 페팃이 이야기했듯이, 존중을 얻고자 하는 노력이 협상할 필요가 없는 표준적 기준(예 : 다른 사람에 대한 존중, 환경에 대한 존중, 어린이를 대상으로 하는 교육)을 기반으로 이루어지는 영역이 존재하는 것은 사실이다.

"객관적인" 존중감의 경제학이 발달했다는 것은, 사전의 합의가 이루어진 도덕적 규준에 대해 상호적인 인정이 있다는 것을 의미한다. 이렇게 존중감을 얻고자 하는 사람들을 사회체제 순응주의라고 비난하는 경우도 있으므로, 그렇다면 존중감 이외의 상징적 상품이 인간 행동의 동기요소로 기능할 수 있는지를 살펴보도록 하자.

---

8   쿠란(Kuran, 1997). 다원적 무지 현상을 3장에서 다루고 있다.

동기요소로서의 명예

철학자 앤소니 애피아(Anthony Appiah)는 최근에 집필한 책에서 도덕적 혁명은 동료들 사이에서 명예코드(code of honor)가 공유되면서 시작된 것이라고 주장하였다. 명예라는 것이 전근대적인 규준으로 무시되는 일이 많았지만, 애피아는 여전히 명예가 도덕적 행동에 대한 중요한 동기요소로 남아 있다고 주장하였다. 그는 도덕적 혁명의 세 가지 역사적 에피소드에 대해 초점을 맞추었다. 대영제국에서의 결투의 중지, 중국에서의 전족 금지, 대서양 연안 국가들의 노예 무역 종결. 이 모든 에피소드에서, 전통적인 도덕적 관행들은 꽤 짧은 기간 내에 끝이 나게 되었다. 새로운 법적 금지규정이 명확하게 실행되거나, 새로운 도덕적 감성으로의 변화가 이루어진 것도 아니었다. 좋지 않은 관행들은 이전에도 도덕적 규준에 의해 비난 받아왔었지만, 사람들은 자신의 사회적 습관과 행동을 여전히 버리지 않았었다. 그런데 어떤 특정 순간이 되자, 이 관행들은 갑자기, 그리고 완전히 없어진 것이다.

애피아의 주장에 따르면, 도덕적 혁명의 이 세 가지 실례들이 가지고 있는 공통점은 모두 명예에 의해 동기부여된다는 것이다. 철학자 스티븐 다월(Stephen Darwall)[9]의 주장에 기반하여, 애피아는 명예 이론의 초안을 그렸다. 이 이론은 존중의 두 가지 형태 간의 차이로부터 시작한다.

인정으로서의 존경 — 우리가 서로를 동등한 존재로 존경할 때 —, 그리고 평가로서의 존경 — 우리가 누군가의 대단함을 존경할 때(운동선수, 영웅 등) —. 후자는 애피아의 표현을 빌자면 '경쟁적 명예'이지만, 아마 '경의(deference)'로 표현하는 것이 더 나을 것이다.

애피아에 따르면, 도덕적 혁명이 일어날 때는, 암묵적인 명예코드가

---

9   다월(Darwall, 2013)

다음과 같은 이중적 목적에 의해 생겨날 때이다. 첫째, 도덕적 관행의 희생자에게 명예를 부여하거나 존경을 하기. 둘째, 이 희생자들의 명예(이전에는 부인되었던)를 대담하게도 인정했던 사람들이 명예나 존경을 얻도록 하기. 예를 들어, 잉글랜드의 국가적인 명예는 대서양 연안의 노예 무역을 끝내자는 캠페인에서 핵심적인 논쟁거리가 되었다. 영국의 명예는 노예제가 부끄러움 없이도 유지되었던 미국 식민지의 수치와 대조되는 것이었다. 존경의 신호로서 명예를 수여하는 것은, 명예를 줌으로써 명예를 얻기 위한 행동이었다.

> 하지만 명예의 시스템은 우리가 다른 사람들에게 좋은 행동을 하는 것을 도와주기만 하는 것은 아니다. 그 시스템은 우리 자신의 행복을 추구하는 행동을 계속할 수 있도록 돕기도 한다… 그래서 명예란 전근대적인 사회의 부패된 흔적 따위가 아니다. 우리에게 있어서 명예는 언제나 우리의 자아개념과 다른 사람들의 시각 사이에서 이루어지는 대화에 의해 충전되는 엔진이었다. 우리가 공유하는 세상에서 우리가 담당해야 하는 책임감을 진지하게 고려하도록 해주는 도구였다. 진실성을 가지고 있는 사람은 자신의 이상에 따른 삶을 살기 위해 노력할 것이다. 그 노력이 성공한다면, 우리가 그 사람을 존경해줄 수 있다. 하지만 옳은 일을 하기 위해 노력하는 행동 자체가, 존경을 받을 만한 행동과 반드시 일치하는 것은 아니다. 사회적인 세상에서 사람들과 잘 어울려 사는 삶 자체가 존경받을 만한 행동이다.(Appiah 2010, 179)

애피아에게 있어서, 우리는 명예를 추구하고, 다른 사람들과 특정한 명예코드(honor code)를 공유하고 있다는 인식을 하기 때문에, 도덕적인 행동을 추구하는 것이라고 한다. 하지만 그의 분석에서도, 도덕성과 명예 간의 관계는 여전히 알려진 바가 많이 없다.

우리가 다른 사람들 모르게 도덕적 규준을 새롭게 나타난 명예코드에 포함시킬 때에만, 명예롭게 행동하고자 하는 사람들이 전통적인 불평등, 계급, 비도덕적인 문화적 규준을 재생산하지 않을 거라 확신할 수 있다. 이 포인트를 명확하게 설명해줄 실례를 한 가지 들어보도록 하자. 베일을 쓰는 것은 도덕적으로 "중립적인" 규준이다. 모든 문화에서 공유되는 것은 아니지만 말이다. 2004년, 프랑스의 공립학교에서 종교적인 상징이 되는 옷을 입는 것을 금지한 법안은 전 세계에서 비난을 받았다. 해당 규준을 가지고 있는 커뮤니티에 대한 존중과 인정이 부족하다는 점 때문에 말이다. 하지만 이 사례에서 "명예"는 어떻게 도덕적 혁명을 만들어낼 수 있을까? 종교적인 상징이 되는 옷을 입는 사람들에 대한 수용성 측면에서? 아니면 종교적인 상징은 옳지 않은 가치를 전달하고, 사회의 세속주의에 모순된다는 것은 인식하는 측면에서? 명예코드(honor code)를 공유한다는 것은 우리가 특정 규준을 평가하는 것을 어떻게 도와줄 수 있을까? 내 가족의 의지에 반하지 않는다는 도덕적 코드를 공유하고 있기 때문에, 계속해서 종교적인 상징 의상을 입기로 결정한다면, "나의 명예"는 내가 그 상징물을 앞으로도 입어야 한다고 지시할 것이다.

애피아는 도덕적 혁명에 영향을 미치는 메커니즘을 자세히 설명하지는 않았다. 그가 생각하기에, 공유된 명예코드는 도덕적 혁명(이전에는 인식하지 못했던 사람이 처음으로 무언가를 인식하게 된다는 것)을 촉진한다고 한다. 이러한 과정은 이전에는 인식하지 못했던 타인의 인식을 끌어내는 사람들의 자기존중감을 어느 정도 높여준다. 하지만 도덕적 변화와 명예코드의 결합은 완벽하게 우연히 일어나는 현상이다. 나는 내 평판에 대한 고려는 전혀 하지 않으면서도 현재 일어나는 변화의 "물결"에 참여할 수 있다.

체제 순응주의 때문에 변화할 수도 있고, 모방에 의해 변화할 수도 있다. 나의 행동은 매우 작은 변화 행동들을 끌어내서, 궁극적으로는 커다란 규범의 변화를 만들어낸다. 하지만 이러한 과정들은 도덕적인 고려가 전혀 없는 상황에서도 일어날 수 있다.

예를 들어 보자. 오늘날의 선진국에서 우리는 담배에 대한 규준과 습관이 변화하고 있는 것을 볼 수 있다. 담뱃갑에 완전히 새로운 "명예코드"가 쓰여지는 것("흡연은 죽음을 부릅니다", "흡연은 주위 사람들의 건강에 해를 미칩니다"), 경제적인 제재(담배의 가격을 올리는 것), 공공장소에서의 흡연 금지와 같은 일들이 동시에 일어나면서, 우리가 담배와 맺는 관계도 변화시키고, 흡연자에 대한 우리의 수용성 또한 변화시키고 있다. 내가 담배를 끊기로 한 이유는, 다른 사람들의 인정을 바랐기 때문이기도 하고, 점점 더 내 주위에서 담배를 피우는 사람이 줄어들었으며 흡연자에 대한 인내심 또한 갈수록 줄어들었다는 것을 알아챘기 때문이기도 하다. 이는 명예코드를 공유하는 것과는 아무런 상관이 없다. 금연에 대한 내 결정을 이끌어낸 메커니즘이 무엇인지 명확하게 설명하기는 어렵긴 하지만 말이다.

어쩌면 명예도 이 사례들에서 어떤 역할을 하고 있는지도 모른다. 하지만 그렇다고 해도, 우리는 이 사례들에서 역할을 하고 있는 메커니즘들을 더 밝혀낼 필요가 있다. 평판의 폭포, 정보적 비대칭성, 네트워크 효과, 계급의 결과 등이 관련된 핵심적 메커니즘이다. 지금부터 하나씩 살펴보도록 하자.

경의, 지위, 계급

명예는 하나의 특정한 코드가 아니다. 느껴지는 관계에 가깝다. 명예는 다른 사람들과의 관계 내에서만 존재하는 것이다. 명예와 평판이 행동에 대한 동기요소로 기능한다면, 그것들이 구조화되는 방법은 매우 역동적이라서, 상호작용들을 통해 변화하는 모습을 볼 수 있다. 오늘날의 우리 사회에서, 평판은 매우 유동적이고 맥락에 따라 달라지고 있다. 우리의 평판은 과거와 같이 특정한 사회적 세상에서 공유되고 있는 고정된 규준에 따라 좌지우지되지 않는다. 명성에 대해 폐쇄적인 성질을 가졌던 전근대적 사회를 떠나, 우리는 이제 현대사회의 특성인 상호작용이 무한대로 이루어질 수 있는 곳에서 살고 있다.

오늘날 그 결과, 명예와 평판의 동기부여적 힘은 이 새로운 역동에 의존하게 되었다. 그래서 명예가 선택과 행동에 대한 동기부여를 어떻게 하는지를 설명하기 위해, 단순히 문화적이고 상징적인 차원만을 고려해서, 행동에 대한 합리적 설명을 하는 것은 불가능하다. 명예란 단순히 특정한 문화, 코드, 규준의 문제가 아니다. 모든 요소들은 지역적 특성을 가지고 있고, 다양성이 매우 크다. 의미가 있는 명예는 계급적 관계를 창출하고 유지하기 위한 사회적 상호작용으로부터 생기는 것이기 때문에 모든 개별적인 사회적 상호작용들이 포함된다. 명예란 계급 내에서 지배적인 위치를 차지함으로써 얻을 수 있는 이득에서 생기는 감정이다. 평판은 장기적인 이득을 보장해준다. 왜냐하면 오랜 시간 동안 축적되는 것이고, 사회적 네트워크를 통해 퍼지는 것이기 때문이다. 사회학자 로저 굴드(Roger Gould)가 명확히 설명한 것을 보자. "모든 종류의 사회적 계급에서 지배적인 위치를 차지하는 사람들은 — 부(wealth)나 수입의 위계 모두 — 구성원에게 본질적인 가치를 전달해준다."[10] 사회적 집단이 개별 구성원들에게 어떻게 명예를 부여할지를 결정하는 사회적 역동을 우리가 이해하지 못한다면, 사회 내에서 명예를 배분하는 메커니즘을 명료화시키지 못하

---

10   굴드(Gould, 2003), 20, 필자가 강조하고 싶은 내용이다.

는 명예의 개념 — 공유된 도덕적 코드에 대한 존중 — 정도만 아는 수준에서 끝날 수밖에 없다.

서로에게 존경심을 표현하는 사회

명예와 평판은 계급적인 사회에서 관련된 지위가 창출되고 유지되는 역동으로부터 만들어진다. 이 역동은 비교를 하는 평가 — 누가 누구보다 더 우수한가 — 를 할 수 있는 우리의 능력에 대한 기반을 제공해준다. 이러한 판단에서 생기는 사회적 계급은 완전히 성과중심주의(명단의 가장 최상위)도 아니고, 사회적 역할을 정의하고 배정하는 기관에 의해 만들어지는 것도 아니다.

평판의 계급은 존중 및 인정의 행동들이 축적되면서 조금씩 만들어지게 된다. 한 명의 개인이 인정을 많이 받게 될수록, 그가 앞으로 인정을 받게 될 가능성도 커지게 된다. 이것이 바로 4장에서 언급했었던 마태 효과(Matthew effect)이다. 머턴(Merton)은 1972년 발표한 유명한 논문에서, 명성이나 이득의 계급(최상위 계층에 있는 사람들이 혜택을 받는 누계의 구조를 가지고 있음)이 '승자가 모든 것을 가지는' 완전히 비대칭적 구조로 진화되는 것이 아닌 이유에 대해 의문을 제기했다. 계급이라는 것이 처음부터 누적을 시키는 경향성을 가지고 있다면, 대부분의 경우 최상위에 있는 소수의 엘리트와 다수의 별 볼 일 없는 사람들이 있어야 하는 것 아닐까? 하지만 우리가 발견한 것은 이런 것이 아니었다. 명예와 명성, 평판을 배분하는 경의(deference)의 행동은 특정한 수준의 호혜성(reciprocity)을 요구한다. 굴드와 마찬가지로, 사회학자 지안루타 만초(Gianluca Manzo)와 델리아 발다사리(Delia Baldassarri)[11]는 계급적 체계에서 더 우월한 위치에 있는 사람에

11　굴드(Gould, 2002), 만초와 발다사리(Manzo and Baldassarri, 2014)

게 경의를 표현하는 것은 명예를 가진 사람들에 대한 존경을 표현하는 것과, 그에 대해 접근성을 높이는 것 두 가지 모두가 포함된다고 주장하였다. 존경, 경의, 인정의 메시지가 소수의 개인들에게 누적적으로 전달되는 경향(어쩔 수 없이 동일한 종류의 표현이 계속해서 많이 생기게 됨)이 있음에도 불구하고, 이 피라미드의 최상위에 있는 사람들은 때때로 은혜를 갚아야 한다. 왜냐하면 리더와 팔로워 간의 차이는 관계가 가지고 있는 비대칭적 속성으로 상징되기 때문이다. 유명인사들은 특히 자신의 팬들에 대해 가끔씩 존경심을 표현해야 한다.

우리가 존경하고, 공적인 경의의 행동을 통해 우리의 존중감을 표현하는 사람이 은혜를 갚지 않는다면, 우리에게 아무런 존중의 행동도 하지 않는다면, 우리는 결국 그를 따르던 것을 그만두게 될 것이다.

인기 가수(rock star)라 할지라도 가끔씩은 팬들에게, 얼마나 자신이 그들을 사랑하는지를 표현해야 하고, 대중의 과한 찬사에 대해 약간이라도 감사하는 태도를 보여야 한다. 팬클럽은 이와 같은 의무적인 호혜성을 시뮬레이션하도록 설계된 곳이다. 티셔츠에 해준 아이돌의 사인, 팬 한 명에 대한 따뜻한 말 한마디, 콘서트가 끝난 후의 악수, "팬 여러분들을 사랑해요!"라는 외침은 추종자들의 충성심을 강화하고, 최소한의 관심과 고려를 받을 수 있게 해주는 다양한 전략들이다.

우리가 타인에게 명예나 평판을 부여할 때, 어느 정도 수준의 호혜성은 항상 요구된다. 우리는 우리를 인정해주는 사람을 인정하고 싶어한다. 그 사람과의 관계에서 비대칭성이 존재한다는 것을 안다고 해도 말이다. 사실, 경의를 표현하는 행동은 이득에 대한 초반의 차이를 확대시키기 때문에, 비대칭성을 증가시킨다. 우리가 누군가에 대해 경의를 표할 때마다, 누군가에 대해 존경을 표현할 때마다, 우리는 우리의 평가적 과정의 흔적을 남겨서, 누군가 순위를 매길 때 참고로 삼을 수 있도록 한다. 이와 같은 사회적 확대와 최소한의 호혜성에 대한 니즈는 사회에서 평판과 명성이 배분되는 과정을 설명해주는 두 가지 핵심적인 메커니즘이다. 예를 들어 보자. 애피아가 설명한 도덕적 혁명에서, 처음에 서로를 존중하지 않았던 두 그룹 사이에서 누가 존중을 받을 만한가에 대한 믿음들이 어떻게 조화를 이루는지를 설명할 수 있는 것은, 우리를 존중해주는 사람을 존중하고자 하는 우리의 경향성인 것이다. 이것이 바로 "명예 코드"를 공유하는 방법이다.

타인에 대한 존중감을 화답받고 싶어하는 우리의 니즈는 다른 사람들에 의해 사랑받고 인정받고자 하는 욕구뿐만은 아니다. 사회적 인정을 받을 수 있는 전략이기도 하다. 평가적 선택에 대한 우리의 자신감을 강화시키기 위해 외부적인 피드백을 탐색하는 과정이다. 내가 존중하는 사람들이 나를 존중해준다면 — 최소한 어느 정도라도 — , 내 주위의 사회에 대한 가치 판단을 하는 데 있어서 옳은 길로 갈 수 있을 것이다.

이와 같이 존중감을 위해 자기강화적으로 존중감을 교환하다보면 악순환이 만들어질 수 있다. 눈앞에 있는 통통한 포도에 손이 닿지 않으니까, '그 포도는 아직 익지 않아서 실 거야'라고 스스로를 설득하는, 라 퐁텐(La Fontaine)의 우화에 나오는 여우와 마찬가지로, 우리는 때때로 상호작용을 할 수 없는 사람들에게 존중감을 주지 않거나, 주었던 존중감을 다시 회수시키곤 한다. 자신을 회원으로 받아들인 어떤 클럽에 대해서도 퇴짜를 놓은 그루초 막스(Groucho Marx)에게는 외람된 말이지만, 우리는 지속적으로 우리가 존경하고, 동시에 우리를 존경해주는 사회적 집단에 들어가려고 애쓴다.

나의 전문 분야에서 최고의 명성을 가지고 있는 과학 저널에 계속해서 원고를 제출한 후, 어느 시점이 되면, 나는 자연스럽게 가치에 대한 재평가를 하게 된다. 내가 처음에 생각한 만큼 그 저널이 좋은 학술지는 아닌가 라는 회의를 가지기 시작할 것이고, 결국은 나에게 편견을 가지고 판단을 하고 있다는 결론까지 내게 될 것이다. 즉, 나는 그 저널이 나의 논문에 대해 충분히 고려를 해주지 않았기 때문에, 그 저널에 대한 존경 수준을 낮추어 버릴 것이다. 이렇게 유명한 학술지에 논문을 싣고자 했던 시도가 결실을 맺지 못하면, 나는 다른 연구자들과 마찬가지로 조금 덜 유명한 학술지에 논문을 제출하게 될 것이다. 결국은 내 논문을 받아 줄 학술지 말이다. 내 논문이 실리게 되었다는 소식을 받는 그 순간, 덜 유명한 학술지에 대해 내가 생각하는 상대적 순위는 곧바로 치솟게 된다. 나는 그때부터 내 논문을 거절한 학술지보다, 이 새로운 학술지가 얼마나 재미있고, 창의적이며 혁신적인지에 대해 이야기하기 시작할 것이다. 이와 같은 평가적 재조정은 '상호적 존중을 하는 사회(mutual admiration societies)'[12] — 구성원들이 상대방을 존중하는 마음을 서로에게 엄청나게 많이 표현함으로써 스스로의 자존감을 강화하는 집단 — 의 특성이다.

머튼(Merton, 1972)에 따르면, 상호적으로 존중하는 사회는 인사이더 (insider)와 아웃사이더(outsider) 간의 장벽을 더 공고화한다고 한다. 예를 들어 보자. 명성이 높은 학술지에 실린 논문의 저자들은 서로의 논문을 인용하는 경향이 있다. 그러면서 상호적인 인정을 표현하는 "행복한 소수"들이 모인 끈끈한 커뮤니티를 만들어내는(인용이란 존중의 핵심적인 표현임) 반면, 학술 분야의 스타가 될 수 있는 문을 아직 통과하지 못한 사람들을 소외시킨다. 바로 이것이 상호적 존중을 하는 사회에서 관습적인

---

12   헨리 데이비드 소로(Henry David Thoreau)는 '상호적 존중을 하는 사회(mutual admi-ration societies)'라는 표현을 활용하여, 구성원들이 상호적으로 서로를 칭찬하여 집단내 모든 사람들의 평판을 높이게 되는 문학집단을 묘사하였다. 이 표현은 1956년의 미국 브로드웨이 뮤지컬, '행복한 사냥(Happy Hunting)'에 삽입된 노래 '상호적 존중을 하는 사회'를 통해 유명세를 얻었다.

회원규준을 강화하는 방법이다. 인사이더가 된다는 것은 기대되는 탁월함을 어떻게 만들어내는지를 알고 있다는 것이고, 높은 존경을 받아야 하는 사람이 누구인지, 그리고 잊어버려도 될 사람은 누구인지를 결정할 수 있는 역량을 가진 사람이 되는 방법을 알고 있다는 것이다. 특정한 집단에 소속되고 싶어서, 우리는 이미 집단의 인사이더가 된 사람들의 판단과 행동, 칭찬과 비난의 표현을 흉내내려는 노력을 많이 한다. 왜 그러는지를 정확히 알지 못할 때에도 말이다. 학술적 인용의 사례로 돌아와서 생각해보면, 마치 자신이 전문 분야의 "특정한 사람에 대해 어떤 생각을 해야 하는지"를 판단할 만한 역량을 가지고 있는 것처럼, 경의의 행동으로서 서로의 논문을 인용한다. 특정 분야의 전문가 집단에서 아웃사이더의 논문을 인용하는 것은 최악의 취향을 보여주는 행동이다. 인사이더들이 관심을 가질 가치가 없다고 판단한 학자에 대해 특이하게 존경심을 표한 학자는 그의 지식에 대한 존중을 받지 못할 것이다. 좋은 평가가 줄어들 위험이 있고, 평판이 아예 망쳐질 가능성도 있다.

타인의 명성을 인정하는 것은 언제나 양날의 검이 된다. 경의의 행동은 경의의 표현을 하는 사람과, 경의를 받는 사람 모두에게 어떤 메시지를 보낸다. 그래서 우리는 존중감 전달에 대한 관행과 규준에 대한 사회적 합의 도구가 필요하다. 그 도구는 타인에 대해 존경을 표하고 싶은 개인적 욕구를 만족시키고 싶은 우리 자신의 니즈와, 우리가 속해 있는 동료 집단에게 "수용할 만하다"라는 평가를 받기 위해 타인을 인정하도록 하는 사회적 순응 요구 사이에서 적절한 균형을 잡는 것이어야 한다.

일반적으로 말해서, 사회적 행동의 변화는 사회적 규준의 발생과 확산에 따라 생긴다고 한다. 그렇다면 생기게 되는 의문이 한 가지 있다. 콘서트가 진행되는 중에 청중이 기립박수칠 때를 결정하는 규칙은 어떤 것인가?[13] 처음 일어나는 사람은 누구이고, 다른 사람들이 그 사람의 행동을 따라하는 이유는 무엇인가? 개인적인 선호도의 표현과 사회적 기대에 대한 순응 간의 경계선은 어디에 있는가? 거의 모든 사람들이 일어서서 열정적으로 손을 흔들고 있을 때, 꿋꿋이 자리에 앉아 있는 것이 부적절해지는 시기는 언제부터일까?

그래서 명성과 인정에 대한 투쟁이 항상 양면성을 가지고 있는 것이다. 우리가 다른 사람에 대해 존중을 표현하는 행동을 하게 되면, 일종의 사회적 계급이 만들어진다. 하지만 그럼으로써 우리 자신의 사회적 지위도 변화시키게 된다. 과연 평판, 존중감, 명예는 행동의 동기요소로 기능할 수 있는가? 평판을 만들어주고, 평판을 받는 것은 동일한 역동에서 생기는 두 가지 차원이기 때문에, 대답은 "그렇다"이다. 이 모두는 불안정하지만 도망칠 수 없는, 변화가 가득한 사회적 세상에서 우리의 상대적 위치를 잡고 싶어하는 과정인 것이다.

---

[13]　기립박수 현상은 사회적 규준의 발생에 대한 연구에서 모델링 작업이 진행되고 있다. 멀둔 및 리시안드라 외 동료들(Muldoon, Lisciandra et al., 2014)의 논문을 참고할 것.

평판

Reputation

Information and Reputation: The Collective Intelligence of the Web

7장

정보와 평판 :
인터넷의
집단 지성

문명화(civilization)가 되었다는 것은, 우리가 가지고 있지 않은 지식으로부터 혜택
을 받는다는 것을 의미한다.

프레데릭 하이에크(Frederich Hayek), 『법, 입법 그리고 자유(Law, Legislation and Liberty)』

지금쯤이면 독자들이 명확하게 이해했겠지만, "평판"이란 관련성 있는 다양한 종류의 현상들을 설명할 수 있는 광범위한 개념이다. 2차적 자아, "상징적인 권위(symbolic grandeur)", 의도적으로 전달하는 신호, 우리의 사회적 정체성을 안정화시키기도 하고 불안정하게 만들기도 하는 소문, 행동에 대한 동기요소, 정보를 분류하는 파워풀한 시스템이며, 다른 사람들의 권위에 의해 만들어지는 것이고, 우리가 판단내리는 것을 도와주는 것이다. 또한 독자들은 우리의 평판에 대해 우리가 통제할 수 있는 것은 매우 제한적이고 불안정하다는 사실도 알고 있을 것이다. 우리는 우리 자신의 평판을 완벽하게 통제할 수 없다. 왜냐하면, 현실과 상상에 존재하는 다양한 사회적 "거울들"은 서로의 모습을 비춰주면서, 어느 부분은 왜곡해서 보여주고, 아예 흐릿하게 만들기도 하며, 전혀 새로운 모양으로 변화시키기도 하기 때문이다.

하지만 우리는 평판이 없는 세상에서 살 수는 없다. 평판이 없다면, 사회적인 성찰을 통해 자신의 모습을 직면할 수 있도록 해주고 다른 사람들이 우리를 바라보는 방법에 맞춰 우리가 스스로를 보는 방법을 조율하도록 해주는 이 어마어마한 시스템이 없다면, 우리는 마치 마이크의 울림이 너무 커서 자신의 목소리를 명확하게 듣지 못하고 음정이 맞지 않는 노래를 콘서트에서 하게 된 가수와 같이 될 것이다.

이 책의 1장에서 나는 우리가 전략적으로 평판을 이용하는 방법에 대해 이야기했었다. 지금부터 다양한 사례연구들을 통해 탐색해보고 싶은 것은, 우리가 주위 세상으로부터 정보를 얻어내기 위해 사람과 사물에 대한 평판을 어떻게 이용하고 있는지에 대한 문제이다. 우리의 주위 세상을 이해하기 위해 평판을 이용하는 방법에 초점을 맞추는, 평판에 대한 "인지적" 접근에 대해서는 4장과 5장에서 짧게 다루어보았었다. 하지만 이제부터는 세 가지의 특별한 사례들을 통해 평판의 인식론과 세부적인 의미에 대해 더 심층적인 탐구를 해보려고 한다. 인터넷에서의 평판(7장), 와인의 평판(8장), 학문적인 평판(9장). 얼핏 보기에 이 세 가지는 매우 사소한 것 같고 서로 별 관계성이 없어 보일 수도 있지만, 사실 이 사례들은 공통점을 가지고 있다. 이 세 가지 사례들을 통해 우리는 다음과 같은 인지적 삶의 세 가지 핵심적 분야에서 평판이 담당하고 있는 인식론적 역할을 탐색해볼 수 있다. 정보의 순환, 미각의 훈련, 지식의 축적. 우리가 새로운 영역을 처음으로 학습하게 될 때, 지식에 대한 우리의 접근은 다른 사람들의 의견, 가치, 선호도에 의해 영향을 받을 수밖에 없다. 새로운 소통기술을 통해 새로운 지식 분야를 여행하고자 하는 초심자들이 좀 더 쉽게 학습하기 위해서는, 다른 사람들의 편견(또는 예단)에 대한 의존을 할 수밖에 없는 상황에 대해서 항상 염두에 둘 필요가 있다.

사실, 이제 우리는 지식과 관계맺는 과정에서 핵심적인 패러다임 변화를 마주하고 있다.

우리는 '정보의 시대'를 벗어나서, 정보가 다른 사람들에 의해 이미 면밀하게 조사가 되고, 평가받고 코멘트를 받은 상황에서만 가치를 가지게 되는 '평판의 시대'로 옮겨가고 있는 중이다. 이러한 시각으로 보았을 때, 평판은 현대 집단지성의 핵심적인 요소인 것이다. 평판은 우리가 결정을 내릴 때 의존하는 다른 사람들의 지식들을 기반으로 하고 있다. 평판의 신뢰도와 타당도가 높아지는 이유는, 다른 사람들의 편향된 판단들을 통해 우리에게 확신을 주기 때문이다. 인터넷은 정말 이에 대한 전형적 실례라고 할 수 있겠다. 인터넷은 지식에 대한 우리의 접근에 있어서 급진적인 변형을 가져왔고, 평가와 평판을 정보–수집 시스템에 통합시켰다. 정보의 순위를 기반으로 한 검색 알고리즘을 활용함으로써(예 : 페이지랭크(PageRank)), 인터넷은 지식이 구축되는 형태, 대상 영역, 이론, 방법을 모두 변화시켰다.

명확한 결과를 얻기 위해 사회에서 분산되어 있는(decentralized) 정보를 수집하고 통합하는 웹 2.0의 뛰어난 능력을 바탕으로, 집단지성이라는 개념은 새로운 국면을 맞게 되었다. 사고(thought)의 역사를 보면 대부분의 경우, 집단지성이란 호기심이거나 환상이었다. 하지만 오늘날, 집단지성은 일상생활에서의 사람들의 사고방식과 의사결정방법을 급진적으로 바꾸고 있다. 이러한 상황에 대해서는 좀더 진지하게 생각해볼 필요가 있다. 집단지성이 우리의 지식 시스템 전체를 운영하는 것은 아니지만, 우리의 일상생활의 많은 부분에 영향을 미치고 있는 것은 분명한 사실이다. 구글(Google) 검색, 위키피디아(Wikipedia) 등록, 이베이(eBay) 거래, 사회적 네트워크. 이와 같은 것들이 순수한 집단지성시스템은 아니지만, 앞으로 만들어질 수 있는 집단지성시스템의 하위형태라고는 말할 수 있을 것이다.

이와 같은 새로운 집단지성 시스템들이 가지고 있는 핵심적인 문제는 정보가 구성되는 방법에 대해 우리가 통제력을 거의 가질 수 없다는 사실이며, 통합 프로세스를 설계하는 데 있어서 개인이나 조직이 개입할 수 있는 경우도 매우 제한적이라는 것이다.

나는 이와 같은 상황을 우리가 매우 심각하게 생각해봐야 한다고 본다. 이 시스템들이 본래 가지고 있는 편견과 잠재적인 오용에 대한 인식 능력을 날카롭게 다듬을 필요가 있다. 바로 이것이 조직적 설계에 대한 이슈이다. 집단적 성과(판단, 행동, 인지적 성취 등)를 만들어내는 과정에 얼마나 많은 사람이 참여하는지에 상관없이, 상호작용이 설계되는 방법, 서로에 대해 아는 것과 모르는 것, 집단적 과정에 접근하는 방법, 행동을 하는 방향, 다른 사람들의 행동과 일치시키는 방법은 성과의 내용에 영향을 미친다. 물론, 정책입안자, 조직설계자, 민주사회 시스템의 설계나 다양한 시각을 고려하게 되는 규칙 시스템 구축에 참여하는 모든 사람들은 이 사실을 잘 알고 있다. 하지만 지식의 설계와 인터넷의 인식론적 운영에 대해서는 그다지 많은 이야기가 나오지 않고 있다(적어도 보다 정교한 타당화가 필요한 상황이다). 왜냐하면, 인터넷은 지식에 접근하는 방법에 있어서 기존에 존재하던 적법한 과정들을 파괴시킨 와해적(disruptive) 기술로 생각되고 있기 때문에, 이용자들에게 새로운 지적 자유, 그 어떤 통제도 받지 않은 상태에서 새로운 내용을 창출하고 발굴하고 배포할 수 있는 힘을 주었다. 여전히, 인터넷의 수많은 지식에 접근할 수 있는 방법은 매우 다양하고, 기존에 존재하던 지식접근방법과는 매우 큰 차별성이 있다. 제임스 서로위키(James Surowiecki)는 자신의 책 『대중의 지혜(The Wisdom of Crowds)』에서 집단지성을 만들 수 있는 색다른 설계들에 대해 다음과 같이 기술하였다. "결국 구글보다 더 똑똑한 미래 시장은 존재하지 않게 될 것이다. 대중의 지혜를 얻고자 하는 모든 시도들이 존재하므로 구글이 운영되는 것이기 때문이다."(2004, 22)

하지만 때로 문제는 아주 작은 곳에 존재하고 있다. 대중의 지혜가 구축되는 방법은 그 결과에 대해 중요한 차이점을 만들어내고, 우리의 인

214

정보와 평판 : 인터넷의 집단 지성

지적 삶에 영향을 미친다.

이제부터 나는 인터넷에 공통적으로 존재하는 집단적인 "지성 시스템"의 세부사항에 대해 정리를 해볼 예정이다. 그런 다음에 각각의 시스템을 기반하고 있는 설계의 기술에 대해 간단한 설명을 하도록 하겠다. 나는 이 시스템들이 운영되는 이유는 (1) 각 개인의 선택과 집단적으로 필터링된 선호도와 (2) 인간의 행동 및 컴퓨터 프로세스를 뚜렷하게 표현해주는 매우 특별한 방법 때문이라고 생각하고 있다. 그래서 결론적으로 지식 행동에서 순위가 담당하는 역할에 대해 인식론적 코멘트를 달아본다면, 지식(epistemic) 행동으로서 인터넷이 성공을 하게 된 이유는, 무한한 양의 정보창고 시스템을 제공했기 때문이 아니라, 다른 사람들에 의해 먼저 필터링되었다는 이유만으로 정보의 가치가 매겨지는 거대한 순위 및 평가 시스템 네트워크를 제공했기 때문이라고 말할 수 있겠다. 평가적 계급을 만들고자 하는 이와 같은 열정은 집단지성이 가지고 있는 가장 중요한 특성이다.

서로위키의 책을 보면, 지혜로운 대중(wise crowd)이라고 말하기 위해 충족되어야 하는 조건들이 명료하게 정리되어 있다. 모든 대중이 지혜로운 대중은 아니다. 집단 분극화 현상(polarization), 정보 폭포, 체제순응주의와 같은 악명높은 어려움들을 피해가려면, 그 집단은 정보의 개체(entity)가 될 수 있는 특정한 모습을 보여주어야 한다. 서로위키가 제안한 네 가지 특징은 다음과 같다.

1. 의견의 다양성(모든 개인은 자신만의 정보를 가지고 있어야 한다)
2. 독립성(사람들의 의견은 다른 사람들에 의해 판단되지 않는다)
3. 분산성(사람들은 비주류의 의견들도 들을 수 있어야 한다)

4. 응집(각 개인의 판단을 모아 집단적 결정을 할 수 있는 메커니즘이 존재해야 한다)[1]

나는 여기에 다섯 번째 조건을 추가하고 싶다. 정보의 집단적 필터링
을 강화하는 데에 특별히 중요한 것으로 보이는 조건이다.

5. 평가 도구의 존재(모든 사람들은 과거의 평가 시스템들을 참조하여 평가 체계를 만
들어낼 수 있어야 한다. 그리고 자신의 평가 체계를 다른 사람들에게 활용할 수 있도록 해
야 한다. 적어도 특정한 환경에서는.)

내 생각에 이 마지막 조건은 특히 웹 2.0이 가능하게 만든 집단지성의
프로세스를 이해하는 데에 유용하다(그 과정에만 쓰일 수 있는 것은 아니지만). 물
론 평가 체계에 초점을 맞추다보면 이 순위들의 인지적 가치에 대해 인
식론적인 문제를 제기하게 된다. 특정한 집단이 만들어낸 진실과 거짓들
간의 비율을 스스로 변화시킬 수 있는 정도는 어디까지인가, 개인적으로
순위를 지각하는 것이 그 개인의 믿음에 어떻게 영향을 주는가. 결국 순
위라는 것은 판단을 내리는 과정에 특정한 편견을 소개하게 되고, 특정
방향으로 편향된 판단이 지식적 우월성을 가지고 있는지의 여부는 타당
화 작업이 필요한 것이다. 대부분의 순위들은 인공적인 도구를 통해 인
간들이 집단행동을 하여 만들어낸 성과이다. 정보들의 역동에 기반하고
있는 휴리스틱과 전략을 통제하는 과정은 이용자들(휴리스틱과 편견들에 대해
서 자신이 통제할 수 없으며, 역동적이고 기계를 이용한 소통채널을 통해 얻어지는 정보라는 외
부적 원천에 의존할 수밖에 없는 입장인)의 눈에 보이지 않거나 아예 이해 불가능
하다. 예를 들어 보자. 2002년까지 다음과 같은 사실은 이용자들의 60%

---

1   서로위키(Surowiecki, 2004), 킨들판, loc.142.

가 모르고 있었다. 기업들은 검색엔진에 자신의 회사에 대한 내용이 포함되도록 하기 위해, 그리고 "좋은 검색결과 순서"를 받기 위해 정기적으로 돈을 내고 있었다.

그해에 미국연방무역공사(American Federal Trade Corporation)는 검색엔진기업들에게 이용자들에게 혼란을 주지 않도록 유료 링크 정책을 중지하고 광고일 경우에는 명확한 표기를 할 것을 공식적으로 요청하였다.[2]

이와 같이 집단적으로 만들어진 순위가 가지는 지식적 지위에 대해서는 그 어떤 경우에도 다음과 같은 인식론적 질문을 해보게 된다.

1. 사람들은 이와 같은 순위를 왜 신뢰하는 것일까? 이 순위를 신뢰해야 하는 것일까?
2. 우리는 특정 선호도에 대해 집단적으로 필터링을 하게 되면, 인터넷에서 더 현명한 결과를 얻게 된다고 왜 믿어야 할까?
3. 인터넷의 종합 시스템이 가지고 있는 휴리스틱과 편견 중에서 사람들이 인식해야 하는 것은 무엇인가?

이 질문들은 집단지성시스템의 사회적 인식론에 대해 묘사적(descriptive) 시각과 규범적(normative) 시각을 모두 포함하고 있다. 정보로 가득찬 환경에서(사람들의 관심을 받기 위해 다양한 정보의 원천들이 지속적으로 경쟁하고 있고, 정보의 신뢰도에 대한 직접적 타당화가 합리적인 비용만 가지고는 불가능한 상황), 평가와 순위는 지식적 도구이며 쓸만한 정보에 대한 접근권을 얻을 수 있는 귀중한 지름길

---

2   프린스턴 서베이 연구 연합(Princeton Survey Research Associates), "신뢰의 문제: 이용자들이 웹사이트에서 원하는 것", 프린스턴(2002년 1월). 컨슈머 웹워치(Consumer Web-Watch)가 진행한 전국 인터넷 연구자 대상 연구. 로저스(Rogers, 1994, 195)가 언급하였음.

을 제공해주는 인지적 자원이 된다. 이러한 현상은 특히 정보가 차고 넘치는 현대의 사회에서 놀라울 만큼 많이 나타나고 있다. 하지만 내 생각에는 전체 지식으로부터 정보들을 증류해내는 어떤 시스템도 이러한 특성을 가지고 있다고 본다. 이전에 이루어진 평가와 다른 사람들의 의견에 의존하지 않고 판단을 내릴 수 있는 이상적인 지식이란 존재하기 않기 때문이다. 그리고 내가 조심스럽게 인식론적 예측을 해보자면, 우리가 받고 있는 정보의 내용이 모호할수록, 그 내용의 신뢰도를 평가하기 위해 다른 사람들의 의견에 의존하는 정도는 더 커질 것이다.

앞에서 언급한 평판 도구들에 의존할 때 우리가 가져야 하는 지식적 의무는, 그 도구의 설계상 포함되어 있는 편견에 대해 인식하는 것이다. 이는 기술적 이유, 사회적 이유, 조직적 이유 모두 해당된다. 인터넷을 통해 각 개인의 선택을 종합할 수 있도록 해주는 방법을 소개할 때에는, 그 시스템을 설계할 때 포함될 수 있는 편견에 대한 분석결과도 함께 제시되어야 하는 것이다.

지능형 에이전트(intelligent agent)는 집단으로 있을 때 더 좋은 사고를 하는 경우가 많고, 때로는 개인의 수준에서는 생각할 수 없는 방법으로 사고하기도 한다. 인터넷이 바로 정확한 실례이다. 그래서 인터넷이 처음 발명되었을 때 개인수준에서 나타날 수 있는 사고의 수준을 넘어설 수 있을 거라는 엄청난 기대가 있었고, 새롭고 더 파워풀한 형태의 기술이 매개된 지능이 출현할 수 있을 거라는 기대가 있었던 것이다. 하지만 인터넷을 수퍼 지능형 에이전트로 생각하는 수많은 이미지와 은유들(인터넷을 '확장된 정신', '분산된 디지털 이성', '고차원적인 지능 존재'로 표현하는 것들)은 곧 미디어 연구문헌들에서 사라졌다.

인터넷을 이와 같이 파워풀한 인지적 매개체로 만든 집단적 프로세스는 "집단 지성"(각 개인의 선택과 선호를 총합할 수 있는 도구)의 한 실례를 보여준다. 하지만 인터넷이 가능하게 해준 놀라운 일은, 인터넷의 발명과 전 세계로의 확장 이전에는 존재한 적이 없었던 지식의 종합에 대한 완전히 새로운 형태를 제시해준 것이다. 이렇게 보면, 인터넷은 각 개인의 시각들을 종합할 수 있는 새로운 도구의 전형이다. 매우 다양한 사람들이 개인적으로 가지고 있는 지식의 조각들을 적절한 방법으로 결합시켜 줬었던 기존의 도구들에 대해 우리는 다시 생각해보게 되었다.

인터넷과 웹

이와 같이 새로운 형태의 종합(aggregation)이 보이는 특징은 특히 월드와이드웹(World Wide Web)의 인터넷 기술을 통해 개인의 선택을 명확히 표현할 수 있고, 선호도에 대해 집단적인 필터링을 할 수 있다는 것이다. 그렇다면, 처음부터 인터넷은 네트워킹 현상으로, 웹은 새로운 네트워크의 존재를 통해 가능해진 특별한 기술이라고 구분하는 것이 더 유용할 것 같다. 네트워크로서의 인터넷의 시작은 1960년대로 거슬러 올라간다. 미국 통신회사 AT&T, 미국 글로벌 정책 싱크탱크인 RAND(Research ANd Development), 매사추세츠 공과대학교(MIT)와 방위통신청(Defense Communications Agency)의 미국인 과학자들은 네트워크를 통해 정보를 이동시킬 수 있는 대안적 모델에 대해 연구를 하기 시작했다. 당신이 파리에 있는 아파트에서 뉴욕에 전화를 한다면, 고전적인 전화 시스템에서는, 당신과 뉴욕 전화번호 간에 회로가 오픈된다. 두 곳을 물리적으로 연결하는 구리선이라고 말할 수 있겠다. 새로운 아이디어는 대화내용을 디지털화해서, 즉 파동을 비트로 변환시켜서, 그 결과를 패킷에 넣고, 네트워크를 통해 흘러가도록 하면서, 실시간으로 연결되는 듯한 느낌을 주도록 하는 대안적 시스템(패킷 교환 기술)을 개발하는 것이었다. 첫 번째 네트워크 아르파넷(Arpanet)은 1970년대 초반에 운영되기 시작했다. 아르파넷은 네트워크를 통해 해체된(dismemebered)

정보의 뭉치들을 보내고 마지막에 재구축("re-membering")함으로써 메시지를 전달하는 원리를 가지고 있었다. 1970년대 중반이 되자, 네트워크의 중요한 첫 번째 응용 프로그램인 이메일이 개발되었다. 인터넷이 이와 같이 파워풀한 도구가 될 수 있었던 이유는, 인터넷의 성장이 비집중형 방법으로 이루어졌기 때문이었다. 인터넷은 네트워크의 네트워크라고 말할 수 있다. 컴퓨터들이 몇몇의 새로운 프로토콜(예: TCP/IP)을 통해 소통할 수 있도록 하기 위해 기존의 선(예: 전화 네트워크)을 이용했고, 이용자들은 이 프로토콜을 활용하여 네트워크에 연결할 수 있었다.

메일 시스템, 동영상-전달 시스템, 디지털 전화 시스템과 같은 새로운 응용 프로그램들의 발명 또한 동일한 프로토콜을 활용하여 이루어졌다. 인터넷 프로토콜은 우리가 "공통 집합체"[3]의 한 부분이 될 수 있도록 해주었다. 그래서 이 네트워크의 성장은 엄청나게 빨라졌고, 이를 응용한 프로그램의 발명도 놀랍도록 많아졌다. 바로 이것이 인터넷의 지성이 가지고 있는 핵심이다. 이 프로토콜을 무료로 이용할 수 있게 하자는 정치적 결단이 없었다면, 인터넷은 비집중형 방법으로 성장하지도 못했을 것이고, 인터넷이 촉진한 협력적 지식 활동 또한 가능하지 않았을 것이다.

훨씬 더 최근에 발명된 월드와이드웹은 인터넷과 마찬가지로 무료 프로토콜의 철학을 유지하였다(HTTP : 하이퍼텍스트를 빠르게 교환하기 위한 프로토콜 / HTML : 웹페이지의 모습을 기술하기 위한 규약). 웹은 인터넷을 통해 운영되는 서비스로서, 하이퍼링크의 기술을 통해 페이지들이 서로에게 쉽게 링크될 수 있도록 해주는 프로토콜과 컨벤션(convention)의 세트이다. 이는 다양한 정보들을 멋지게 단순화하여 보여주는 프로토콜이다. 웹의 성장은 인터넷의 성장과는 좀 다르다. 웹이 그렇게 빨리 발전할 수 있었던 이유는, 하이

---

3   레시그(Lessig, 2001)

퍼링크를 만들 때 그 어떤 기술적 역량도 필요하지 않기 때문이었다. 웹은 인터넷 어플리케이션이 무료 프로토콜 덕분에 어떻게 퍼져나갈 수 있는지를 보여준 환경인 것이다. 그리고 IT가 집단지성에 대해 미치는 영향은 대부분의 경우 웹 덕분이다.

웹, 집단 기억, 메타-기억

웹을 통해 개인들의 선호도를 응집시키는 작업을 하는 것이 그렇게 특별해진 이유는 무엇일까?

문화의 역사를 통해 보았듯이, 웹은 정보의 보관·배포·검색 분야에서 일어난 엄청난 혁명이다. 문화의 역사에서 일어난 핵심적 혁명은 기억의 분배에 대해 영향을 미쳐왔다. 웹도 이와 같은 혁명들 중의 하나이다. 이에 대해 한번 생각해보자. 웹은 쓰기와 인쇄 분야에서의 혁명에 종종 비교되곤 하는데, 이 비교는 모두 타당해보인다. 기원전 4000년 후반, 메소포타미아(Mesopotamia)에서 발명된 쓰기(writing)는 지적인 삶의 재구조화와 사고의 구성(이 두 가지는 기존의 구술 문화에서는 가능하지 않은 것이었다)을 가능하게 해주는 외부적 기억장치이다. 쓰기가 소개되면서, 우리의 지식들 중 일부는 개인적인 뇌를 떠나서 외부적 지원을 통해 배포되기 시작했다. 한 사회가 어떤 지식을 가지고 있는지를 보여주게 되면서, 보다 유용하고, 보다 활용하기에 "논리적인" 방법(예 : 목록, 테이블, 가계도 활용)으로 지식을 재구조화하며, 한 세대로부터 다음 세대에게 지식을 전달해주는 것이 가능해졌다. 그리고 문화적 기억을 감독하는 "관리자(custodial)" 계급이 탄생하게 되면서(예 : 필경사, 점성술사, 사서), 메타-기억(문화적 기억에 접근하고 복구하는 프로세스의 세트)의 조직화가 가능하게 되었다.

15세기말에 우리 문화에 소개되었던 인쇄기술은 문화적 기억을 재배포할 수 있게 해주었고, 지식의 보급에 있어서 "정보의 피라미드" 환경

구성을 변화시켰다. 그렇다면 웹이 가져온 혁명은 세계를 변화시킨 쓰기와 인쇄의 발명에 견줄 수 있는 것일까? 이 두 가지의 초기 혁명과 마찬가지로, 웹은 문화적 기억의 기록, 복구, 재생산, 배포의 효율성을 증가시켰다. 웹은 쓰기와 마찬가지로 외부적인 기억장치이다. 물론 문서로 쓰여진 단어의 수동적인 속성과 달리 "능동적인" 특성을 가지고 있지만 말이다. 웹은 인쇄기술과 마찬가지로 특정 인구집단 내에서 문화적 기억을 재배포해주는 도구이다.

물론 웹은 배포의 비용과 속도를 엄청나게 바꿔놓았다는 점에서 인쇄기술과 차이가 있지만 말이다. 웹이 쓰기 및 인쇄와 가장 다른 것은, 메타-기억을 관리할 수 있는 새로운 도구들을 소개하면서, 문화적 기억에 접근하고 복구할 수 있는 환경에 있어서 급진적인 변화를 가져왔다는 사실이다. 잊어버렸거나 부분적으로만 복구된 기억들에 접근하고 복구할 수 있는 새로운 프로세스를 발명했다는 것이다. 대부분의 경우, 문화란 정리되지 않고 확대되어가는 집단적 기억을 손쉽게 이해할 수 있도록 해주는 효과적인 메타-기억이나 규칙·관행·표현 시스템의 구상, 조직화, 제도화라고 말할 수 있다. 우리의 학문적 교육에서 훌륭한 부분은, 특정 문화에 의해 선택된 메타-기억, 스타일의 분류, 순위 시스템을 내재화 시켜주는 것이다. 예를 들어보자. 시 한 구절이 어느 스타일을 갖고 있는지, 어느 시대에 쓰여진 것인지, 이탈리아나 프랑스 문학 어디에 속해 있는지를 신속하게 분류하고 싶다면 수사학(rhetoric)의 기본을 파악하는 것은 중요한 일이다. 즉, 메타-기억은 단순히 인지적 기능(문헌이나 과학적 자료로부터 정보를 검색하기)을 하는 것뿐만이 아니라, 사회적·지식적 기능을 하는 것이다. "문화적 전통"을 기반으로 하여 다양한 분류시스템 내에서 이 정보를 조직화하는 기능 말이다. 정보를 검색한다는 것은 지식적인 행위로서, 문화적 권위자들이 해당 정보에 대해 어떻게 분류를 하고 순위를 매기고 있는지에 대해 우리가 알 수 있게 해준다. 기억에 접근하고 기억을 복구하는 기능을 자동화해주는 기술이 발전하면서(예 : 검색엔진, 지식관리 시스템), 메타-기억은 외부적 기억의 한 부분이 되었다. 인간 사회의 문화적 조직화에서 핵심적인 역할을 담당하고 있는 인지적 기능은 자동화되기 시작했다.

그러다보니, 우리의 뇌 안에 있던 지식은 뇌 밖으로 나가서, 외부적 지원을 통해 구체화되었다. 앞에서 언급했던 실례로 되돌아가보자. 내가 "귀도, 나는 희망한다(Guido, i'vorrei)"라는 시 한 구절을 기억해냈지만, 시인이 누구인지, 어느 시대에 쓰여진 것인지, 그리고 어떤 스타일의 시인지도 기억해낼 수 없다고 가정해보는 거다. 이제는 그냥 검색엔진의 창에 그 한 구절을 입력하면, 시 전체에 대한 정보를 눈 깜빡할 사이에 찾아볼 수 있게 되었다. 시의 한 구절에서 단어들의 희한한 결합이 이루어져 있다 해도, 그 구절만 검색창에 입력하면 전체 시가 무엇인지를 알려주는 적절한 정보를 찾게 해준다(내가 이 구절을 구글에서 검색해보니 654개의 결과가 나왔다. 상위 10개의 검색 결과에서는 해당되는 단테(Dante)의 시 전체 내용을 알려주었다).

그렇다면 이와 같은 메타-기억 시스템은 웹기술을 통해 어떻게 설계된 것일까? 이용자들의 행동이 달팽이가 기어가면서 땅에 남기는 흔적과 같이 시스템에 흔적을 남기고, 다른 달팽이가 그 경로를 따라갈 수 있도록 해주듯이 누군가 즉각 그 흔적을 재사용할 수 있게 해주는 웹의 속성에서 독특한 점은 무엇일까? 다양한 이용패턴의 흔적을 종합하게 되면, 이용자들의 미래 선호도와 행동에 대한 정보를 주고 그에 대해 영향을 미칠 수 있는 순위가 매겨지게 된다. 웹에서는 엄청난 양의 지식들이(이용자들의 개인적 행동에 의해 만들어지고 유지되는) 시스템에 의해 자동적으로 필터링된다. 다양한 행동들을 순위를 매기면서 통합하고, 새로운 개인 이용자들이 필터링된 정보를 활용할 수 있도록 해주면서 말이다. 이제부터는 메타-기억

도구들 중 두 가지 다른 종류에 대해 탐색을 해보려고 한다. 모두 이용자들의 행동에 대해 알려주고 영향을 미치는 정보선택을 할 수 있게 해주지만, 이 두 가지 시스템은 다른 방법으로 설계되었다. 그 차이점에 대해 파악하는 것은 가치있는 일이 될 것이다.

협력적 필터링 : 알고리즘을 통해 지혜를 얻기

협력적 필터링이란 다른 이용자들의 행동 패턴으로부터 추론을 하여, 이용자들의 선호도에 대해 예측하는 방법이다.

이는 온라인 사업을 위한 웹 어플리케이션에서 상업적 목적을 위해 주로 사용되었고, 다른 영역에서도 확장되어 활용되었다. 협력적 필터링 시스템 중 가장 잘 알려진 사례는 아마존 닷컴(amazon.com)을 들 수 있겠다. 아마존은 웹 어플리케이션으로서, 이용자들과 시스템과의 상호작용을 추적하는 지식―관리 시스템이다. 다양한 행동 패턴들 간의 상관관계를 보여주어, 다른 이용자들의 선호도에 대한 정보를 알려줄 수 있도록 설계되었다. 이 시스템에서 가장 잘 알려진 특성은, 다양한 아이템들을 연결해서 판매한다는 것이다. "X를 구입하신 고객들은 Y도 구입하셨습니다." 이와 같은 시스템의 원리는 X와 Y를 상향식(bottom―up)으로 짝짓는 것이다(이 상관관계가 유효할 수 있는 한계치는 시스템의 정보구조에 의해 고정되어 있기는 하다). 아마존에서 '대중의 지혜'를 찾으면, 서로위키(Surowiecki)의 책과 이언 에어즈(Ian Ayers)의 '슈퍼 크런처(Super Crunchers)' 간의 관계가 이용자의 선호도를 종합하여 상관관계를 만들어내는 알고리즘에 의해 자동적으로 생성된다. 이것이 바로 상호적인 시스템이 가지고 있는 독특한 특성이다. 처음에는 관련이 없었던 인간의 행동들도 쉽게 이해가 능한 순위로 자동 변화시켜서 새로운 카테고리를 형성할 수 있다. 시스템의 집단지성은 정보를 구성하고 제시하는 알고리즘과, 시스템과 상호작용하는 이용자들 간의 인지적 노동 덕분에 구축된다. 따라서 만들어지는 분류와 순위는 이전에 존재하던 이용자들의 습관과 관행에 대한 문화적 지식에 기반하는 것이 아니라, 이용자 개인과 시스템 간의 상호작용을 통해 선호도를 종합하여 만드는 중요한 패턴에 의해 기반된다. 물론, 이 시스템에서도 편견들은 존재한다. 어떤 특정한 아이템은 다른 아이템보다 추천될 가능성을 더 많이 가지고 있는 것과 같이 각 아이템에 대한 가중치가 고정되어 있는 점이 있다.

하지만 극단적으로 편향된 제안들은 이용자들이 더 이상 채택하지 않을 것이므로, 시스템은 이용자들의 반복적 행동을 기반으로 한 지속적 재조정작업을 하고, 그와 같은 편향된 제안은 시스템의 안정화를 위해 더 이상 재생산하지 않을 것이다.

페이지랭크

검색엔진은 인공적인 도구를 활용한 메타 – 기억 기능을 가지고 있는 또 다른 시스템이다. 경험을 통해 우리 모두 알고 있듯이, 검색엔진은 우리의 지식 행동을 매우 크게 변화시켰고, 의미가 매우 큰 인지적 혁명을 가져왔다. 이 도구가 가져온 가장 큰 혁신은 21세기 초에 웹이라는 구조가 발명되면서 시작되었다.[4] 웹은 사회적 네트워크로서의 구조를 가지고 있으며, 이용자들의 선호도와 습관에 대해 엄청나게 많은 정보를 담고 있는 곳이다. 구글(Google)과 같은 차세대 검색 엔진은 세상에서 지식이 어떻게 배포되는지에 대한 정보를 얻기 위해 이 구조를 활용하고 있다. 기본적으로 페이지랭크(PageRank) 알고리즘은 A 페이지에서 B 페이지로 연결되는 링크를, 페이지 B에 대한 페이지 A의 투표(vote)라고

4　　클라인버그(Kleinberg, 2001)

해석한다. 하지만 웹은 민주주의가 아니고, 표는 승자와 패자를 결정하는 데 있어서 동일한 가중치를 주지 않는다. 특정한 사이트("허브(hub)"라고 불리는)로부터 나오는 표는 다른 곳에서 나온 표보다 더 큰 가중치를 가지고 있으며, 웹 외부에 존재하는 평판의 계급을 반영한다. 간단하게 얘기해서, 내 홈페이지에 하버드 대학 페이지 링크가 있다는 것은, 하버드 대학 페이지에 내 홈페이지 링크가 있는 것보다 더 많은 의미가 있다. 웹은 "귀족적인 (aristocratic)" 네트워크 — 사회적 네트워크 이론가들의 표현을 빌자면 — 이다. "빈익빈 부익부"라는 특성을 가지고 있어서, 당신이 링크를 많이 가지고 있을수록, 당신의 페이지가 링크될 가능성은 더 커진다.

이와 같은 가중치의 불균형은, 질문(query)의 결과에 대한 정보를 주는 "평판의 풍경(landscape)"을 만들어낸다. 페이지랭크 알고리즘은 각 개인 이용자들의 지식과 선호도를 기반으로 하며, 관련성의 계급으로 자연스럽게 해석되는 결과 순위를 보여주면서 이용자들에게 또 영향을 미친다. 여기에서, 이 시스템은 지식-관리 시스템이 아니라는 것을 기억할 필요가 있다. 페이지랭크 알고리즘은 각 개인의 특정 행동 패턴에 대해서는 아무것도 알지 못한다. 당신과 내가 학술저널 도서관인 제이스토어 (JSTOR) 사이트에 몇 번 갔는지, 우리가 서로를 검색하는 경로가 무엇인지에 대해 모른다. 한 페이지에서 다른 페이지로 가는 "클릭(click)"은 페이지랭크에 아무런 정보를 주지 않지만, 두 페이지 간의 링크는 시스템이 추론할 수 있는 이용자의 지식에 대한 정보를 많이 담고 있다.

그렇기 때문에, 페이지랭크가 사회적 네트워크로서의 웹 구조(수학자 존 클라인버그(Jon Kleinberg)가 2000년에 발표)에 의지할 수 있는 것이다. 오늘날, 이와 같은 종류의 알고리즘을 필요로 하는 검색엔진은 이용자 행동에 대한 지식을 통합하면서 더 많은 조작(manipulation)과 편향된 이용을 가능하

게 해준다.[5]

설명하는 방법은 좀 다를 수 있지만, 두 가지의 시스템은 집단지성의 설계 부분에서 보면 공통점이 있다. 순위를 매기는 공유 시스템을 만들어 내는 데 있어서 사람들 간의 협력이 필요 없다. 집단적 필터링의 "협력적인" 면은 인간보다는 기계에 의해 더 많이 만들어지는 것이다.[6] 이 시스템은 사람들이 시스템(KM 시스템)과의 상호작용을 하다가 무심코 웹에 흔적을 남긴 정보, 또는 한 페이지에서 다른 페이지로 넘어가는 링크(검색엔진)를 통해 적극적으로 만들어내는 정보들을 활용한다. 결과는 집단적이지만, 동기는 개인적이라고 말할 수 있겠다.

검색엔진을 통해 만들어지는 편견들은 몇 년 동안 토론과 논쟁의 주제가 되어왔고, 사람들이 두려워하는 대상이 되어왔다. 앞에서 언급했듯이, 구글과 같은 차세대 검색 엔진을 정교화시키게 되면서, 이용자들의 눈에 띌 수 있는 좋은 위치를 차지하기 위해 돈을 지불할 수 있게 되었는데, 국가 기관에서는 이 변화에 대해 제재를 가하기 시작했다. 또한 이 귀족적 네트워크가 가지고 있는 마태 효과는 악명이 높기 때문에, 이 도구는 이미 유명세를 얻은 웹사이트에게 타당화되지 않은 명성을 줄 수 있는 위험도 있다. 이와 같은 편견들을 파악하고 있다면, 검색엔진을 조금 더 정교화시키는 것도 가능할 것이다. 예를 들어, 키워드가 더 독특할 수록, 필터링된 결과의 적절성은 더 상승하게 될 것이다. 웹에 대한 초심자와 학생들은 웹이 가지고 있는 기본적인 원칙에 대해 교육을 받아서, 이미 존재하고 있는 편견들에 대한 취약성을 줄일 필요가 있다.

---

5   오리기와 시라나(Origgi and Ciranna, 2017)
6   아마존닷컴과 같은 지식−운영 시스템은 최대 별 5개를 줄 수 있는 순위 시스템을 활용한 북리뷰와 같은 협력적 필터링 특성을 가지고 있다. 이와 같은 특성은 협력적 필터링 프로세스의 기능에 있어서 점점 더 중요해지고 있다.

평판 시스템 : 지위 불안이 지혜를 만들어내는 방법

정보의 집단적 필터링은 때때로 위에서 언급했던 사례들에서 필요한 정도보다 더 적극적인 커뮤니티의 참여를 요구할 때가 있다. 사회학자 리차드 로저스(Richard Rogers)는 『웹에서의 정보 정치(Information Politics on the Web, 2004)』라는 자신의 책에서, 웹 역동은 이용자들에게 피드백을 제공할 때 인간과 기계가 담당하는 역할에 따라 "의지주의적(voluntaristic)" 또는 "비의지주의적(non-voluntaristic)"으로 분류될 수 있다고 하였다. 평판 시스템은 앞에서 언급된 것들보다 더 "의지주의적"인 특성이 높은 웹 어플리케이션이다. 평판 시스템은 특별한 종류의 집단적 필터링 알고리즘으로서, 이용자들이 서로에 대해 표현하는 의견들을 기반으로 하여, 순위를 결정해준다.

평판 시스템은 참여자들의 과거 행동에 대한 피드백을 수집하고 배포하며 종합한다.

웹에 중요한 영향을 미치고 있는, 가장 유명하고 가장 단순한 형태의 평판 시스템은 이베이닷컴(ebay.com)이다. 1억 5천만 명 이상의 전 세계 사람들이 상업적인 상호작용을 할 수 있게 해주는 공간이다.[7] 이용자들은 구매자와 판매자로 구성되어 있다. 구매자는 한 아이템에 대한 경매에 참여한다. 경매가 성공적으로 진행되면, 상업적 거래과정을 마감하게 된다. 이후 구매자와 판매자는 거래과정의 수준에 대해 피드백을 제공한다. 이와 같은 다양한 피드백들은 시스템에 의해 종합되어 매우 단순한 형태의 피드백 프로파일로 정리되고, 긍정적 피드백, 부정적 피드백, 코멘트가 정리되어 잠재적인 이용자들에게 제시되게 된다. 바로 이것이 기존의 구매자와 판매자가 가지고 있는 평판이, 앞으로 거래를 계속할지 중

---

7   http://www.statista.com/statistics/242235/number-of-ebays-total-active-users/.

단할지를 결정할 때 사용할 수 있는 지식이 되는 것이다. 이 경우 평판은 현실적이고 측정 가능한 상업적 가치를 가진다. 권력이 집중화되어 있지 않고 특별한 협력이 필요치 않으며, 각 개인이 제공할 수 있는 정보가 별로 없는 시장이라면, 평판은 판매자를 신뢰해야 할지의 여부를 결정하는 데 있어서 매우 중요한 정보가 된다. 이베이의 판매자들은 구매자와 판매자가 직접 만나지 못하고, 아이템을 직접 보거나 만져볼 수 없으며, 외국에 살고 있는 사람과 거래를 할 때 적용될 표준적·법적 규정이 어떤 것인지가 명확치 않은 이러한 특별한 비즈니스에서, 좋은 평판이 얼마나 큰 가치가 있는지에 대해 잘 알고 있다. 그렇기 때문에, 판매자들은 긍정적 평가를 많이 받기 위한 목적으로 저가 상품의 거래를 많이 하고 있다.

이 시스템에서는 거래가 끝났을 때 이용자들에게 평가를 요청하며, 규정을 지키지 않았을 때 제재를 가함으로써 협력적 행동을 할 것을 강화하여, 집단적인 결과를 만들어낸다. 이와 같은 이용자들의 참가가 없다면, 시스템은 아무 쓸모 없는 존재가 되고 말 것이고, 판매자들은 좋은 평판을 쌓을 수 있는 방법을 갖지 못하게 될 것이다. 이는 한 개인의 협력행동은 그다지 큰 가치가 없는, 특별한 종류의 협력적 행동이다. 협력을 하지 않는 이용자들은 다양한 제재를 받는다. 거래가 만족스럽지 않을 때에도 부정적 평가를 받지만, 평가 프로세스에 참가하지 않아도 부정적 평가를 받게 된다. 이베이의 규정을 어기게 되면 이 커뮤니티에서 쫓겨날 수도 있다. 즉, 이 시스템의 지성이 설계될 수 있었던 이유는, 커뮤니티에서 소외될 것(비즈니스 기회를 상실하게 되는 결과를 낳는)을 두려워하는 이용자들의 적극적인 참가가 있었기 때문이었다. 물론 이 환경에서도 편견이 존재할 수 있다. 평판 포인트를 쌓을 목적만으로 저가 상품의 거래에 투자하는 사람들이 있다. 그러므로 구매자들은 존재가능한 편견에 대해 미리 고려할 필요가 있다. 이 부분은 쉽게 확인 가능하다. 판매자가 수상한 저가 상품을 너무 많이 팔고 있다면, 신뢰로운 이미지를 만드는 것을 너무 많이 걱정하고 있는 것이라고 봐도 될 것이다.

플리커 닷컴(flickr.com)과 같이 비상업적 시스템에서도 평판에 관련된 요소가 활용된다. 플리커는 사진을 공유할 수 있는 협력적 플랫폼이다. 얼마나 많은 사람들이 특정 사진을 좋아하는 사진목록에 추가해놓았는지를 볼 수 있고, 그 사람들이 누구인지에 대한 정보도 볼 수 있다.

최근, 평판 시스템은 엄청나게 증가하고 있다. 에어비앤비 닷컴(Airbnb.com)과 같은 시스템(전 세계의 각 개인들 간에 이루어지는 아파트 대여사업)은 호스트의 평판을 기반으로 만들어진 사회적 정보 관리를 통해 날로 번성하는 중이다.

이와 같은 시스템에서는 평판이라는 기능이 곧 "돈"을 가리킨다는 것을, 다양한 연구 프로젝트들이 보여주고 있다. 평판의 진화적 이득 분야의 선구자인 생물학자 맨프레드 밀린스키(Manfred Milinski)는 이와 같은 시스템이 경제적으로 생존하는 데 있어서 평판이 얼마나 중요한지를 보여주는 몇 가지 실험을 진행하였다.

간접적인 상호성 게임에서 얻은 평판은 사회적 정보로서 전달되는데, 이때 그 정보는 가십의 형태를 갖추게 된다. 연구자들이 발견한 흥미로운 상관관계는, 더 많은 사람들이 당신에 대해 이야기를 할수록, 당신의 평판과 신뢰도는 높아진다는 것이다. 모순적이지만, 부정적인 가십의 영향이 가져오는 위험은 가십의 양이 불어날수록 적어지게 된다.

평판 시스템은 과학논문인용색인(Science Citation Index)을 활용하여 평판을 측정하는 시스템(9장에서 자세하게 살펴볼 예정임)과는 다르다. 후자의 시스템은 한 가지의 평판만을 기반으로 하고 있다. 과학적 측정기법을 사용하여 출판물의 영향력을 계산하는데, 이때에는 다른 출판물에 인용된 횟수를 기반으로 계산하게 된다. 하지만 이 시스템은 평판을 얻기 위해 인용을 하는 사람의 능동적·의식적 참여를 요구하지는 않는다.

협력적 시스템과 개방적 시스템 : 협력을 통한 지성

웹에서의 협력적 필터링은 앞에서 언급한 사례들보다 훨씬 더 자발적이고 인간적이지만, 지적인 성과를 만들어내기 위해서는 웹의 도움을 필요로 한다. 가치있는 정보를 필터링하고 수정하는 데 있어서 적극적인 인간의 협력이 있어야 하는 협력적 시스템에서 가장 많이 언급되는 두 가지는 리눅스(Linux)와 같은 소프트웨어 개발에 대한 오픈 소스 커뮤니티와, 위키피디아(Wikipedia)와 같은 집단적 오픈-컨텐츠 프로젝트이다. 두 가지 모두, 필터링 프로세스는 인간들이 참여하여 구성한다. 코드나 컨텐츠는 사람들이 개인적 기준이나 공유된 기준에 따라 수정하고 편집하고 삭제하는 행동을 한 후에 활용 가능해지기 때문이다.

이 두 가지 시스템은 모두 전문가가 아니라 아마추어 커뮤니티에 의해 만들어진 것이다. 자신이 하는 일을 사랑하고, 커뮤니티를 위해 자신이 가지고 있는 지식을 기꺼이 공유하려는 사람들 말이다. 그래서 집단 지성은 각 개인의 노력이 하나의 조직으로 통합되어 만들어진다. 그곳에서 협력의 비공식적 규준이 공유되는 것이다.

여기에서 위키피디아가 가지고 있는 편견에 대해 논하지는 않겠다. 너무나 광범위한 주제여서, 이 장 전체의 주제로 해도 될 만큼 크기 때문이다. 이번에는 위키피디아의 설립자 중 하나인 래리 생어(Larry Sanger)를 언급하는 것에서 그치려고 한다. 그는 몇 년 전에 대안적인 프로그램인 시티즌디엄(citizendum.org)을 선보였다. 이 시스템에서는 사용자에게 실명 등록을 요구하여, 저자가 누구인지가 밝혀지게 된다. 자기 추천, 이데올로기, 특정 대상의 평판에 대한 공격은 위키피디아 내용을 선택하는 데 있어서 영향을 미치는 편견으로 기능할 수 있다. 하지만 위키피디아가 극단적인 정보 때문에 위험한 사이트가 될 수 있다는 공포는 그동안 많이 해소되어 왔다. 위키피디아는 엄청난 규모 덕분에, 토픽과 의견 부분에 있어서 차별화되고 있고, 그 신뢰도는 브리타니카 백과사전(Encyclopedia Britannica)과 유사한 수준이라는 평가를 받고 있다.[8]

추천 시스템 : 전문가의 지성

또 다른 종류의 시스템에서는 특정 영역 전문가의 추천을 기반으로 하고 있다. 전문가의 추천을 기반으로 만들어진 집단 지성의 실례로는 트립어드바이저(TripAdvisor)가 있는데, 이곳은 여행자들이 리뷰와 팁을 공유하고, 여행중에 자신이 방문했던 장소, 호텔, 레스토랑에 대한 조언을 나누는 공간이다. 이곳에서의 전문성은 직접적인 경험을 통해 얻어질 수 있는 것이다.

사실 엄격하게 말하면 이는 "전문성"의 문제는 아니다. "조언자"들의 취향은 우리보다 덜 세련될 수도 있고, 사실 전문가적인 지식을 가지고 있는 것도 아닐 수 있으니까 말이다. 조언자도 그냥 우리 같은 사람들일 뿐이다. 조언자의 평판은 여행 선택, 보고서의 수준에 대해 각 트립 어드바이저가 붙여준 작은 "별"의 개수로 결정된다.

이곳에서는 사람들이 자신의 선호도를 자발적으로 공유한다. 어떤 추천 시스템에서는 적극적으로 몇 가지 아이템에 대해 평가를 해달라거나, 두 가지 아이템 중에서 더 좋아하는 것을 골라달라거나, 그들이 좋아하는 아이템의 목록을 만들어달라고 요구하면서 정보를 수집하기도 한다. 그리고 나서 시스템은 다른 이용자들로부터 수집된 유사한 데이터를 비교해보고, 통합분석한 추천을 제공하게 된다. 이 시스템은 기본적으로 보

---

8   "인터넷 백과사전이 점점 더 상위수준을 차지하고 있다"

다 능동적인 요소를 가진 협력적 필터링 전략을 사용하고 있다. 시스템은 사람들의 행동을 관찰하고 그들의 선호도를 추론하는 것이 아니라, 그들에게 직접 선호도에 대해 질문을 한다. 이는 매우 큰 차이점이다. 우리가 자기 성찰을 잘하지 못한다는 것은 심리학에서 이미 잘 알려져 있는 사실이다. 그래서 우리는 스스로의 행동과 일치하지 않는 선호도를 의식적으로 표현하기도 한다. 누군가 나에게 질문을 한다면, 나는 클래식 음악을 좋아한다고 할 것이다. 하지만 내가 한 주 동안 다른 종류의 음악을 들었던 것에 비하여 클래식 음악을 얼마나 더 많이 들었는지를 기록해본다면, 내 진짜 선호도는 꽤 다르게 나올 것이 분명하다.

결론

집단 지성을 창출하기 위해 설계된 웹 도구들을 보면, 각 개인의 선택과 선호도를 종합하는 시스템이 얼마나 다양한지를 알 수 있다. 앞에서 언급되었던 설계의 다양성들 때문에, 집단적 IT 커뮤니티 간에는 큰 차이점이 존재한다.

구글 이용자들의 경우와 같이, 하나의 커뮤니티라고 정의할 수 없는 경우도 있다. 또 이베이와 같이, 커뮤니티의 생존을 위해서는 필터링 프로세스에서 적극적인 사람들의 참여가 필요하기 때문에, 매우 요구가 많은 커뮤니티도 존재한다. 이와 같이 핵심적인 차이점을 잘 고려한다면, 새로운 집단 지식을 창출한 웹(특히 웹 2.0과 3.0)은 지식이나 현명한 판단을 하도록 더 잘 도와주는 집단적 프로세스를 설계하는 실험실로서 기능할 수 있을 것이다.

마지막으로, 이와 같은 새로운 도구들에 의해 만들어진 지식에 대해 조금 더 좁은 범위의 인식론적인 시각을 가려보도록 하자. 내가 초반에 이야기했듯이, 지금까지 이 도구들의 기능은 프로세스에 대한 명명과 평가를 제공해주는 것이었다. 위키피디아도 직접적으로 순위를 제공하지 않고 있으며, 다음의 원칙에 의해 운영되고 있다. 특정 의견이 사이트에서 오래 살아 남는다면(즉, 다른 날카로운 눈을 가진 위키피디아인에 의해 지워지지 않았다면), 읽을 만한 가치가 있는 의견일 것이다. 이와 같은 가치 측정방법은 솔직히 다소 타당성이 약할 수 있다. 내가 언급했듯이, 위키피디아에서 조금 더 구조화된 필터링 도구를 사용하는 방법에 대해서는 논의가 계속되고 있다. 하지만 위키피디아와 같이 엄청나게 큰 규모를 가진 프로젝트라도 생존하려면, 사람들이 생각하는 높은 순위에 끼어 있어야 한다. 즉, "위키피디아"라는 이름은 이미 이용자들의 선택을 받는 평판신호로서 기능하고 있다. 위키피디아가 가지고 있는 좋은 평판이 없었다면, 이 시스템의 성공은 그다지 크지 않았을 것이다.

웹은 평가를 받거나 받지 않은 모든 정보들의 파워풀한 저장고를 넘어서서, 지식의 풍경 속에 계급, 평가 시스템, 가중치, 편견들을 집어넣는 영향력 큰 평판 도구로서 기능한다. 이와 같이 정보들로 넘쳐나는 세상에서도, 평가가 없는 인지(cognition)란 엄청나게 많으며 정리되지 않은 정보 때문에 압도된 사람들에게 황량한 사막에서 살게 하는 것과 같다.

효율적인 지식 시스템으로 성장하려면, 다양한 평가 도구를 창출해내야 한다. 그러면서 문화도 성장하게 되고, 전통들도 만들어질 수 있다. 우선, 문화적 전통이란 외부인으로부터 내부인을 구별해주고, 과거의 마그마에 빠져 있는 상태로부터 벗어나게 해주는 명명 시스템이라고 말할 수 있겠다. 웹의 시대에서 이와 같이 필수적인 평가가 새롭고 집단적인 도구들을 통해 이루어지고 있다는 것은 좋은 소식이다. 이 도구들은 수집된 의견들에 대해 도전을 하고, 혁신적이며 때로는 조금 더 민주적인 방법으로 지식을 선택하는 방법을 개발하며 개선하는 작업을 조력해준다.

사실, 그렇다고 해서 "표준" 지식이 만들어지는 것을 막을 수는 없다. 하지만 창출되는 지식들이 언제나 수정가능한 형태를 취하고 있다는 것은 매우 감사한 일이다.

Experts and Connoisseurs: The Reputation of Wine

8장

전문가와 감정가 :
와인의 평판

나쁜 시인이나 연설가는 자신의 권위나 편견을 기반으로 하여 한때의 유행을 만들어 낼 수 있지만, 그의 평판은 결코 영원히 지속되거나 일반화될 수 없다.

데이비드 흄(David Hume), 「맛의 표준에 관하여(of the standard of taste)」

마음속에 사물의 다양성에 대해 생각하는 것만으로는 불충분하다. 그 사물들은 순서가 있다는 것을 기억하는 것이 더 중요하다.

몽테스키외(Montesquieu), 「맛 실험(Essai sur le goût)」

웹에서의 평판은 정보의 정확성을 알고자 하는 절박한 요구에 의해 만들어졌다. 하지만 지금 문제가 되고 있는 평판이 객관적인 정보가 아니라 주관적인 가치판단에 의해 만들어진 것이라면, 일반적인 합의를 통해 도출되지 않은 의견에 의해 구축된 것이라면 어떤 일이 일어날까? 맛과 미학적 선호라는 영역에서는 평판이라는 것이 어떻게 만들어지고 어떻게 경쟁되고 있는 것일까?

한 사물의 맛에 대한 평판이 믿을 만한지를 어떻게 판단할 수 있을까? 맛의 문제에 있어서 객관적인 기준이 없는 상황이라면 말이다.

세상을 이해하는 데 있어서 평판에 의존한다는 것은 다양한 지식 권위자들을 신뢰한다는 의미로 봐도 될 것이다. 이는 특히 초보자의 경우라면 당연하다. 앞에서도 언급했듯이, 우리는 새로운 지식 영역을 처음으로 접할 때, 다른 사람들의 의견뿐 아니라 그들의 가치와 선호도의 영향을 받아 사실에 대한 접근을 하게 된다. 8장에서 나는 와인 시장에서의 평판에 대해 다뤄보려고 한다. 왜냐하면 와인은 초심자를 새로운 맛의 영역에 소개시키는 데 있어서 몇 가지 이유 때문에 평판이 기능하는 패러다임을 제공하기 때문이다. 사실 이 영역은 내가 평소에 연구하던 분야와는 좀 다르지만, 두 가지 중요한 이유 때문에 와인에 대한 사례연구를 다루기로 하였다. 첫째, 나는 성인 초심자들이 난생 처음으로 가치 판단을 요구하는 새로운 문화적 영역을 접하는 것을 관찰할 수 있었다. 우리의 논의범위를 성인 초심자로 제한하게 되면, 아동교육에서의 지적 권위자들에 대한 경의와 관련된 편견들도 피할 수 있을 것이다. 와인의 세상에서 처음으로 지식을 쌓는 성인들은 처음에는 아무것도 몰랐던 랜드마크에 의해 튼튼하게 구조화된 문화적 영역을 마주하게 된다. 물론, 평판에 대한 사례연구를 하는 데 있어서 미술이나 음악에 초점을 맞춰볼 수도 있었을 것이다. 하지만 이 분야에서의 가치판단과 취향은 부르디외(Bourdieu)가 보여주었듯이, 학교에서의 학습뿐 아니라 사회적 환경에 의해 만들어지는 것이 흥미로웠다. 게다가, 지난 20년 동안 와인 시장이 전통적인 와인 문화가 없는 나라에까지 전파될 만큼 엄청나게 성장한 덕분에, 와인을 감별하는 것을 배우는 초심자들의 모습은 점점 흔한 것이 되어갔다.

와인의 평판은 극도로 복잡하고 흥미로운 몇 가지 분류 체계를 파악하지 않고는 논의할 수가 없는 문제이다. 모든 와인병에 붙어있는 라벨에는, 복잡한 분류 시스템의 결과가 쓰여져 있다. 현재 내가 손에 들고 있는 와인의 평판에 대해 보증을 해주기 위해 활용된 가치 및 지식 프로세스를 보여주는 것이다.

인류학자 메리 더글라스(Mary Douglas)는 자신의 책『기관들의 사고방식(How Institutions Think, 1987)』에서 지식과 사회적 분류 간의 관계를 분석하면서, 와인의 분류는 — 다른 분류 시스템들과 마찬가지로 — 단순화에 대한 저항할 수 없는 압력을 받고 있다고 주장하였다. 그 분류체계를 많은 사람들이 사용할수록, 인지적 기능성의 이유 때문에 분류의 복잡성은 점점 낮아지게 된다는 것이다. 논쟁이 생길 수 있는 이 주장의 근거를 대기 위해, 그녀는 미국의 와인 분류 시스템의 예를 들었다. 미국은 프랑스의 와인 시장과 비교해볼 때 비교적 새롭게 개발된 시장이다. 안타깝게도, 그녀가 모은 경험적 사례들은 그녀의 주장과 반대되는 것이었다. 와인 분류 시스템은 분명히 — 새로운 시장에서 — 변화하고 있고 진화하고 있지만, 단순해지기보다는 오히려 더 복잡해지고 있었다. 세분화 작업이 더 많이 이루어졌다. 우리가 구입하고 맛을 보는 와인의 질을 증명하기 위한 평판 인덱스의 내용이 더 풍부해져서 와인병 라벨에 새겨지게 된 것이다.

　와인병을 새로 딸 때, 우리가 우선적으로 해야 할 일은 우리의 환경에 익숙해지는 것이다. 우리가 앞으로 가게 될 풍경의 그림을 그려보아야 한다. 프랑스 — 보르도(Bordeaux)와 버건디(Burgundy) — 의 오래된 와인 분류 시스템과 미국의 새로운 시스템을 비교하는 데 있어서 이 방법은 유용하다. 메리 더글라스의 가설과는 반대로, 미국에서의 분류체계는 — 와인 시장이 시작되면서부터, 특히 캘리포니아에서 — 보다 정교한 평판 기준들을 종합하여 더욱 더 복잡해졌다. 루시엔 카르피크(Lucien Karpik)가 언급했듯이, 전 세계적으로 와인 시장이 세련되어지면서, 촌스러운 소비자들에 대한 인지적·사회적 평가절하 현상이 나타났다.

　새로운 와인 구매자들에게 세련된 교양이 부족함을 보완하기 위해, 와인 판매자들은 다양한 가치 증명 메커니즘을 소개하였다. 와인 라벨, 와인 전문가, 와인 서적. 와인 라벨은 역사적 정보를 보여줄 수 있는 도구이다. 역사가 가지고 있는 권위는 그 라벨을 붙이고 있는 와인이 좋은 와인이라고 말해주고 있는 것이다. 이 부분에서 전문가들은 와인에 대한 새로운 "담론"을 타당화하면서, 권위있는 표현을 더하고(각 와인의 맛이 가지고 있는 다양한 특성에 대해), 공유할 수 있는 묘사와 평가를 만들어내고 전달하는 데에 기여한다. 마지막으로, 와인 아틀라스(wine atlas)와 같은 와인 필독서, 잡지, 가이드북은 와인목록을 정교화하면서 좋은 와인이 어떤 와인인지를 보여준다. 이 출판물에서 언급된 와인만이 평가할 만한 가치가 있다는 것이다. 정보를 분류하는 다양한 방법을 통해, 대중은 와인에 대한 비교평가를 할 수 있게 된다. 예를 들어 보자. 아셰트(Hachette) 가이드에서는 10,000개의 와인을 평가할 때 5점 척도를 사용하지만 미국의 와인 시장의 대가인 로버트 파커(Robert Parker)는 49점 척도(51-100)를 사용해서 2,000개의 와인만을 평가한다. 따라서 파커의 시스템은 일반인과 초심자에게 더 잘 맞는다. 몇 가지의 와인에 대한 평가를 찾아보고 보다 쉽게 판단을 내릴 수 있게 해주니까 말이다. 이 분류 시스템의 세부적인 면을 검토해보기 전에, 우선 맛의 기준에 대한 이슈를 다뤄보도록 하자.

맛은 주관적인 것인가, 아니면 객관적인 것인가?

플라이니 디 엘더(Pliny the Elder) 이후로, 와인과 와인의 미학적 평가에 대해 이야기하는 것은 이 두 가지 사이를 왔다갔다 하고 있다. 맛의 주관성 수용 vs. 순위와 평판에 대한 객관적 시스템에 대한 필요성 제기. 『자연사(Historia Naturalis)』 14권은 와인과 포도의 경작, 와인의 효능에 대해 쓰여져 있다. 이 책의 8장에서, 플라이니는 와인의 주관적인 측면에 대해 인정하는 모습을 보인다("Quam ob rem de principatu se qisque iudicem statuet").[1] 하지만 이 이야기가 언급되기 몇 줄 전에, 가장 좋은 와인에 대한 길고 구조화된 순위가 소개되는데, 이는 황제와 유명인사들 간에 존재하는 평판에 기반한 것이다.

---

[1]   플라이니, 『자연사』 14장, 8 : "특정 종류의 와인이 다른 와인들보다 더 좋은 맛을 가지고 있고, 똑같은 통에서 나온 와인인데도 때로는 동일 품질을 보여주지 않기도 하는 이유는 무엇일까? 나무통 때문일까, 아니면 다른 우연한 환경 때문일까? 그러니까 어떤 와인이 최고인지에 대해서는 각 개인이 알아서 판단하도록 놓아두자."

"취향에 있어서는 다툴 필요가 없다(de gustibus non est disputandum)"나 "자신이 원하는 대로(chacun son gout)"와 같은 유명한 속담은 우리의 분류 감각에 대한 구조화작업을 조력하는 데 있어서, 맛의 "기준"과 규칙이 필요함을 주장할 때 자주 언급되곤 한다. 새로운 평가 시스템으로 와인 시장에서 혁명을 일으켜서, 전 세계적으로 와인의 대가라는 명칭을 얻은 파커조차도 주관적인 맛이라는 것이 궁극적인 판단의 기준이라고 주장한다. 구독자만 볼 수 있는 와인평가 사이트(Robert-parker.com)에 그는 이런 글을 올렸다. "와인을 마셔보면서 스스로 맛을 느껴보는 것이야말로 와인에 대한 최고의 교육이다." 지금까지 출판된 와인 관련 책 중에서 가장 권위있는 책 중의 하나인 휴 존슨(Hugh Johnson)의『와인 아틀라스(World Atlas of Wine)』에 실린 문구를 생각해보아도 좋다. "당신의 입맛에 가장 잘 맞는 스타일의 와인을 고를 수 있는 사람은 바로 당신 자신이다. 와인 평가에 있어서 절대적으로 맞다 틀리다 라는 것은 존재하지 않는다."[2] 하지만 이 책에서도 전 세계에서 생산되는 와인에 대해 각 지역에서 개발한 평판 ─ 타당화와 순위평가 시스템 ─ 에 대해 자세히 서술하고 있다. 와인 시음은 주관적 경험에 대한 하나의 실례가 될 수 있겠다. 사람들마다 다른 맛을 느끼는 것뿐 아니라, 동일한 사람도 경우에 따라 다른 맛을 느끼기도 한다. 와인의 맛이라는 것은 말로 표현하기도 어렵고, 소통하기도 힘든데다가, 외부적·내부적 조건에 따라 매우 달라지게 된다. 하지만 와인의 세계라는 것은 시음이라는 경험에 있어서 전문가가 핵심적인 역할을 맡고 있는 분야이다.

놀라운 사실은 아니다. 와인은 미학적 경험인데다가 평가의 기준이 필요한 것이기 때문이다.

---

2   존슨과 로빈슨(Johnson and Robinson), 2014, 49(5판)

흄(Hume)의 유명한 에세이 『맛의 표준에 관하여(Of the standard of taste)』를 보면, 우리는 좋은 맛과 나쁜 맛을 구분하기 위해 원칙과 규칙을 필요로 한다. 그는 "진정한 평가자들의 합동 판결"을 통해 기준을 찾는다는 자신의 생각을 다음과 같이 설명하였다.

> 명료한 감각과 민감한 정서는 비교 연습을 통해 점점 좋아지고 완벽해지며 편견을 없애준다. 이 감각과 정서를 가진 비평가들은 권위를 얻게 되고, 다수의 비평가들의 합의된 의견은 취향과 아름다움에서 진정한 기준이 된다.(1985, 23)

흄에게 있어서, 진정한 평가자란 전문가(connoisseur)이다. 미학 분야를 잘 알고 있고, 다른 사람들에게 자신의 독특한 판단 결과를 전달할 수 있는 역량이 있는 사람.

감정(connoisseurship)이라는 것은 특별한 종류의 전문성을 필요로 하는 다소 모호한 개념이다. 우리 대부분이 미술이나 인테리어 장식과 같은 미학적 영역의 전문가를 알아볼 수 있다고 해도, 왜 그 사람을 전문가라고 생각하는지에 대해 명확하게 이야기하기란 어렵다. 전문가란 좋은 미각을 가지고 있거나, 특정 영역에서 객관적인 평가를 받을 만한 전문성을 가지고 있는 사람이기만 하면 되는 것일까? 주관적 경험과 객관적인 전문성 간의 긴장도는 와인의 세계에서 특히 선명하게 나타난다. 왜냐하면, 미각은 후각과 함께 그다지 수준이 높지 않은 감각으로 간주된다. 시각과 청각보다는 미각적 판단과의 관계가 그다지 명확치 않다는 것이다. 또, 와인에 대한 지식은 명확하게 정의된 지식 분야는 아니다. 그래서 와인 세계에서의 전문가는 허세를 부리고 있지만 사실은 그 어떤 객관적 기반도 없는 전문성을 가지고 있는 척을 하는 사기꾼 취급을 받을 때가 많다.

그렇다면, 와인 전문가란 어떤 사람일까? 슬로우 푸드 운동의 창시자인 이탈리아 미식가 카를로 페트리니(Carlo Petrini)는 와인 전문가를 정의하기 위해, 두 가지 이탈리아어 단어의 공통적인 어원을 사용했다. sapore(미각)와 sapere(지식). 두 단어 모두 "미각을 가지고 있음"과 "알고 있음"이라는 라틴어 어원을 가지고 있다. 좋은 미각을 갖추고 위해서는 지식이 필요하다. 특정 사회에서 타당하다고 생각하는 감각적 쾌락에 대한 지식 말이다. 하지만 "미식(gastronomy)"이라는 단어가 유럽 지역의 어휘사전에 들어온 것은 비교적 최근인 1801년이다. 이 해에 조셉 베르슈(Joseph Berchoux)가 발표한 시(La gastronomie, ou L'homme des champs à table)에서, '미식'이라는 단어는 일종의 농담으로 사용되었다. "위(stomach)의 과학"이라는 엉뚱한 아이디어를 전달하기 위해 두 가지 모순되는 용어를 유머스럽게 같이 쓴 것이다.

음식이나 와인과 같은 감각적 쾌락은 최근 들어서야 우리 사회에서 인정하는 적절한 즐거움으로 인정받고 있다. 음주는 여전히 여러 지역 및 국가에서 금지되고 있고, 그 어떤 문화에서도 특정 음식에 대한 제한과 금지가 존재한다. 어쩌면 미학적 미각과 더 본능적 수준의 미각적 쾌락을 구분하기 위해 와인과 음식에 대해 이야기하는 것이 그렇게 복잡해졌는지도 모르겠다. 하지만 사회적 인식과 구분의 메커니즘 내에서 와인에 대한 이야기가 가지는 사회적 의미를 지금 설명할 생각은 없다. 물론 이 이야기는 그 자체로 흥미있는 주제이고, 사회학에서도 오랫동안 탐색되고 있는 주제이긴 하다. 특히 피에르 부르디외(Pierre Bourdieu)는 1984년에 미각에 대한 사회적 비평을 하면서 이 주제를 자세히 다루었다. 대신에 나는 사회적 인식론의 시각에서 이 문제에 대해 접근해보고 싶다. 다양한 지식 구조(분류, 순위 시스템, 평판 시스템 등)는 특정 지식 영역에서 구분작업을 할 수 있는 역량을 키울 수 있도록 어떻게 도와주는지를 이해해보고 싶은 것이다.

칸트(Kant, 1798/2006)가 이야기했듯이, 미각은 식별과 평가를 하기 위해 필요한 기질이다.

이러한 시각을 기반으로 해서 볼 때, 와인 시음은 다양한 지식 및 실행 분야에서 전문성을 얻을 때 기반하는 일반적 지식 프로세스를 잘 보여줄 수 있는 흥미로운 실례라고 생각된다. 와인의 분야가 인식론적으로 특히 흥미로운 이유는, 우리가 성인이 되었을 때 진입할 수 있는 지식 영역이고, 때로는 미각과 판단을 형성하는 문화적 배경이 특별히 없이도 진입 가능한 분야이기 때문이다. 대부분의 경우 와인 시음을 할 때 우리는 특별히 어떤 기관에서 교육을 받지 않는다. 어릴 때부터 와인에 대한 이야기를 많이 듣게 되고 와인 평가에 대한 경험도 많이 하게 되는 남부 유럽 지역에서도 마찬가지이다. 의도적으로 와인에 대해 배우기로 결정하게 되면 사람들은 전문가를 찾아가고, 그들의 매너와 전문성을 익히려고 한다. 와인에 대한 전문적 미각을 얻는 과정에서 적용되는 지식적 전략의 특징을 보자면, 일단 다른 영역들보다 쉬워보이는 점이 있다. 다른 영역에서는 전문성을 기르는 능력이 연령대, 학교의 학습, 기관에서 진행하는 조직화된 교육 커리큘럼에 따라 영향을 받기 때문이다. 그것을 제외하면, 와인의 영역에서 전문성을 얻는 과정은 다른 지식영역에서 지식적 역량을 얻는 것과 크게 다르지는 않다는 것이다. 문화적 지식 아이템들을 구분할 수 있는 능력으로서의 미각을 얻는다는 것은, 인식론과 인지과학 분야에서는 그다지 많이 연구되지 않은 부분이다. 하지만 이는 지식 획득에 있어서 매우 핵심적인 역할을 하고 있다. 우리는 식별할 수 있는 능력을 얻고, 특정 지식 영역에서 적절한 사고 스타일을 이해하기 위해 전문가, 꼬리표(tag), 라벨, 순위 시스템이 필요하다. 나는 지금 "인식 영역"이라는 표현을 다소 직관적으로 사용하고 있는데, 지식으로서 존재하는 것과 지식으로서 학습할 수 있는 것을 설명해주는 원칙적 구분 기준을 가지고 있는 구조화된 지식 분야라면 어디서든지 이 표현을 사용하기 때문이다. 이와 같은 시각으로 볼 때, "인식 영역(epistemic domain)"이라는 표현은 푸코가 "지식의 모음(body of knowledge)"이라고 표현한 것과 동일한 의미로 보아도 될 것이다.[3]

정보를 분류하고 지식의 모음을 통해 항해할 수 있게 해주는 신뢰로운 과정을 익히지 않는다면, 플로베르(Flaubert)의 소설에 나오는 두 명의 주인공, 부바르(Bouvard)와 페퀴세(Pecuchet)가 마주한 불가능해보이는 과제(그들은 은퇴 후에 많은 책을 읽으면서 지금까지 알려진 모든 이론들을 익히려고 노력하지만 결국 아무것도 배우지 못한다)를 우리도 만나게 될 것이다.

내가 주장하고자 하는 바를 이렇게 한번 정리해보도록 하겠다. 특정한 분야의 지식을 익히기 위한 첫 번째 단계는 다른 사람들이 그 지식 분야의 전문가라고 신뢰하는 사람에게 배우는 것이다. 전문가나 라벨의 평판을 통해 접근하는 것은, 새로운 지식 영역에 있어서 신뢰를 얻을 수 있는 방법이다. 주도적인 판단이 아직 가능하지 않은 상태인 초기 학습 시기에 적절한 전략이라고 할 수 있겠다. 이는 논쟁이 가능한 인식론적 시각이고, 앞으로 더 많은 정교화 작업이 이루어져야 하는 주제이다. 고전적인 시각에서 보았을 때, 모든 인식론(우리의 신념에 도착하기 위해 사용해야 하는 방법을 알려주는 것을 목적으로 하는)이 핵심적으로 갖추어야 하는 것은 지식 획득 과정의 자율성을 가질 수 있게 보장해주는 것이다. 우리의 내면에 적용할 수 있는 다양한 기준, 규칙, 원칙들은 철학의 역사 내에서 강조되어 왔다.

---

3   미셸 푸코(Michel Foucault, 1970)는 "지식의 모음(body of knowledge)"이라는 표현을 다음과 같은 대상을 가리킬 때 사용하였다. 분류를 위한 체계적 기준, 정보를 제시하고 구분하는 내재적 과정을 기반으로 구조화된 문화적 지식 영역. 이 시각으로 보았을 때, 서구의 음악, 천문학, 미식 분야는 모두 지식의 실체인 것이다.

지식의 획득에 있어서 필요한 자율성 및 사고의 자유에 대한 보장으로서 말이다. 이 책에서 나는 조금 다른 아이디어를 제시하고자 한다. 정보를 평가하기 위해 간접적인 기준(상대방의 평판과 신뢰도)에 의존한다는 것은 그 어떤 지식 획득 과정 연구에서도 고려해야 하는 기본적인 인식 전략이다.

사람들마다 다양한 이유를 가지고 있기는 하지만 우리는 다른 사람들의 평판에 접근하기 위해 정보를 획득하는 것은 아니다. 우리는 정보를 얻기 위해 사람들의 평판에 접근한다. 이러한 시각을 가지게 되면 몇 가지 인식론적 질문이 떠오르게 될 것이다.

- 특정 영역에서 평판과 순위 시스템은 어떤 과정을 통해 구축되는 것일까?
- 특정 영역에 대한 정보를 얻는 과정에서 사용되는 프로세스는 얼마나 다양할까?
- 사람들은 다양한 정보 식별 작업을 하기 위해 이러한 시스템들을 어떻게 활용하고 있을까?
- 이 시스템을 유지하거나, 시스템에 대한 도전을 하는 데 있어서 전문가의 신뢰도는 어떤 역할을 할까?

이 질문에 대한 답을 찾기 위해, 지금부터 세 가지 실례들을 분석해보려고 한다. 이 실례들은 분류의 조직적 시스템, 전문가의 신뢰도, 와인영역에서의 미각 획득 간에 존재하는 복잡한 관계를 보여줄 것이다. 프랑스의 아펠라시옹(appellation) 시스템, 캘리포니아의 시스템, 와인 시장에서 미각의 대가인 로버트 파커의 신뢰도와 영향력이 상승되고 있는 현상.

분류와 평판 : 아뺄라시옹 시스템에서 프랑스와 캘리포니아의 비교

더글라스(Douglas)는 『기관의 사고 방법(How Institutions Think)』에서 와인 분류의 두 가지 시스템을 비교하였다. 프랑스의 보르도 와인을 대상으로 하는 유명한 1855 분류와, 보다 최근의 캘리포니아 와인 분류 시스템. 더 글라스의 목적은 우리가 특정 지식 영역에서 분류기준을 익히는 방법에 대해 기관들과 사회의 압력이 어떻게 영향을 주는지를 밝히는 것이었다. 차별화되는 두 가지의 라벨링 시스템(보르도 지역을 기반으로 한 시스템 vs. 캘리포니아 포도를 기반으로 한 시스템)을 자세히 설명한 후에, 더글라스는 이런 결론을 내렸다. 캘리포니아의 라벨링 시스템을 통해 우리가 와인에 대해 사고하는 방식은 기존의 복잡한 프랑스 지역을 기반으로 한 시스템으로부터 큰 변화를 가져왔다고 말이다. 프랑스의 시스템은 축적된 정보를 분석할 수 있는 것은 "전문가뿐"이라는 시각을 가지고 있었지만, 캘리포니아의 시스템은 보다 실용적이고 시장 중심의 포도 기반 시스템이기 때문이다.

"이 과정을 통해 이름들이 바뀌게 되었고, 사람들은 새로운 카테고리에 적응하게 되었다. 사람들은 새로운 기관을 조직했고, 그 기관에서는 새로운 라벨을 만들었으며, 새로운 라벨은 새로운 종류의 사람들을 길러냈다."(1987, 108) 더글라스에 따르면, 두 가지 분류 스타일 간의 차이점을 보게 되면, 와인에 대한 사고방식에 있어서 개념적 변화가 일어났다는 것을 알 수 있다고 한다. 하지만 그녀가 예측했듯이 사람들이 완전히 프랑스 분류 시스템에서 캘리포니아 분류 시스템으로 옮겨가지는 않았다. 휴 존슨(Hugh Johnson)의 『와인 아틀라스(World Atlas of Wine)』— 더글라스는 현대 와인 시장을 이해하는 데 있어서 이 책은 적절하지 않다고 주장했다 — 는 이제 7판까지 출판되었고, 여전히 와인 세계에서의 베스트 셀러 자리를 놓치지 않고 있다. 두 가지 시스템이 매우 다르다는 것은 맞는 이야기이고, 이 차이점이 우리의 안목에 어떤 영향을 미치는지에 대해 더 자세하게 알아보는 것은 가치있는 일일 것이다. 하지만 지역을 기반으로 한 프랑스의 분류 시스템이 가지고 있는 탄력성을 보면, 이 라벨링 시스템들의 존재 이유는 우리가 현실 상황에서 분류를 할 수 있게 해주는 카테고리를 제공하는 것만은 아니라는 것을 알 수 있다. 이 라벨링 시스템은 평판 시스템으로서의 기능을 하는 한 계속 살아남을 것이다. 와인병에 붙어 있는 라벨을 보고 우리가 문제가 되고 있는 아이템의 가치를 평가하는 방법에 대한 정보를 알 수 있는 한은 말이다. 이 시각을 가지고 보았을 때, 캘리포니아 아펠라시옹 시스템은 프랑스 시스템을 더 실용적이거나 시장 중심의 와인 카테고리화시킨 합리화 버전이 아니다. 캘리포니아 시스템은 고객이 선택을 할 수 있도록 도와주는 또 다른 참조 네트워크를 만들어준 것뿐이다. 그렇다면 정말 이 두 가지 분류 시스템은 어떤 특성이 있는지에 대해 조금 더 자세하게 살펴보도록 하자.

품질과 평판 : 부르고뉴와 보르도 분류 시스템

프랑스의 아펠라시옹 시스템은 매우 독특하며, 각 지역별로도 다양한 특성을 가지고 있다. 프랑스 와인 생산지로서 가장 유명한 두 곳, 부르고뉴(Bourgogne)와 보르도(Bordeaux)는 완전히 다른 분류 시스템을 가지고 있다. 부르고뉴는 토지의 품질에 대한 정교한 시스템을 기반으로 하고 있는 반면, 보르도는 샤토(château) 시스템을 기반으로 한다.

부르고뉴의 분류 시스템은 1906년 원산지 표기 국립연구소(Institut National des Appellations d'Origine : INAO)가, 기존의 지역 분류 시스템들에 대해 체계화 및 통일 작업을 하면서 시작되었다. 이 시스템에서는 위치와 토양의 구성에 따라 토지를 소규모의 포도밭으로 나누어서, 다양한 아펠라시옹으로 만든다. 샤블리(Chablis), 뫼르소(Meursault), 본(Beaune), 꼬뜨 드 뉘(Côtes de Nuits), 본 로마네(Vosne-Romanée) 등. 그리고 포도밭은 4가지의 품질등급으로 나뉜다. (1) 그랑 크뤼(Grands Crus) : 부르고뉴에서 최상급 와인을 생산하는 32개의 소규모 포도밭만 얻을 수 있는 등급. 뮤지니(Musigny), 샹베르땡(Chambertin), 몽라셰(Montrachet), 샹베르땡 클로 드 베세(Chambertin Clos de Bese), 로마네 콩티(Romanee Conti) 등. (2) 프르미에 크뤼(Premiers Crus) : 대부분의 경우 와인병에 동네 이름과 포도밭 이름이 같이 적혀 있는 600개의 포도밭이 가지고 있는 등급. 즈브레 샹베르탱(Gevrey–Chambertin), 끌로 생 자끄(Clos St. Jacques), 샹볼 뮤지니 레자무레스(Chambolles–Musigny Les Amoureuses). (3) 면단위 아펠라시옹(appellation communale) : 포도밭이 위치하고 있는 동네의 이름으로 불리는 와인. 뫼르소(Meursault)나 뽀마르(Pommard)뿐 아니라 즈브레 샹베르탱(Gevrey–Chambertin), 샹볼 뮤지니(Chambolle–Musigny), 뿔리니 몽라쉐(Puligny–Montrachet)까지. (4) 마지막으로 포괄적인 부르고뉴 아펠라시옹 블랑 에 루즈(blanc et rouge) : 위치가 그다지 좋지 않은 포도밭이거나 많은 포도밭들로부터(좋은 생산자와 꽤 괜찮은 포도밭) 모은 포도로 만든 와인이 있다.

이 분류는 두 가지 수준을 가지고 있는 품질 기준이며, 평판 시스템이다. 첫째, 전체 지역을 작은 토지들로 나누고 아펠라시옹을 각 토지에 배정한다. 둘째, 이 작은 토지들의 포도밭 품질에 따라 4개의 등급 시스템으로 분류한다. 전문가는 와인병의 라벨에서 포도가 생산된 포도밭의 품질에 따른 와인의 평판에 대한 세부 정보를 읽게 된다. 보르도 와인은 다양한 지역 순위 시스템에 따라 분류되는데, 이 중에서 가장 잘 알려진 와인은 메독(Medoc) 지역의 샤토이다(그라브(Graves) 지구의 샤토 오 브리옹(Chateau Haut–Brion in Graves)을 제외하고는). 이 와인은 1855년, 나폴레옹 3세가 파리 국제 전시회(프랑스 엘리트 문화를 선택적으로 보여준 전시회)를 위해 메독 와인의 순위를 매겨달라는 요청을 받아 만들어진 것이다. 순위 체계는 와인산업 브로커가 지난 수백 년 동안의 샤토의 평판과 거래 가격을 기반으로 구축되었다. 그랑 크뤼는 보통 수준의 보르도 와인과는 차별화된 생산 과정을 가지고 있다. 50년 이상의 역사를 가진 오래된 포도로 만들어진 와인이고, 오랫동안 대규모 포도를 보관할 수 있었던 샤토 소유주의 평판을 상승시켜 주었다. 가격면에서 생각을 해볼 때, 샤토의 평판은 1855 순위 시스템을 구축할 수 있었던 핵심 요소였다. 이는 부르고뉴 시스템에서 사용된 토지의 품질과는 매우 다른 기준이었다. 샤토는 와인을 생산하고 보관할 수 있는 창고를 갖춘, 통제된 포도밭을 가리킨다. 따라서 샤토의 평판은 포도밭의 위치와 토양의 품질뿐 아니라, 소유주의 재치와 과거 성과에 의해서도 달라진다. 휴 존슨이 '월드 아틀라스'에서 설명했듯이, 와인 제조책임자는 샤토의 핵심 인물이며, 그 솜씨는 아버지와 할아버지로부터 물려받은 걸로 생각된다. 1855 분류체계는 메독부터 그라브 지방 사이에 있는 60개의 샤토를 포함하고 있으며, 1등, 2등, 3등, 4등, 5등 크뤼로 나뉜다.

프르미에 크뤼 등급에 속한 샤토는 네 곳뿐이다. 라피트(Lafite), 마르고(Margaux), 라투르(Latour), 오 브리옹(Haut–Brion). 다섯 번째 프르미에 크뤼인 무똥 롯쉴드(Mouton–Rothschild)는 백년 후에나 추가로 지정되었다.

보르도의 평판 시스템은 샤토의 평판이 핵심적인 역할을 하고 있어서, 소비자들에게 매우 다른 신호 정보를 제공해준다. 수년 동안 와인제조자가 쌓아온 숙련도와 신뢰도는 이 향기높은 시장에서 일하는 생산자들 중에 누구를 신뢰해야 할지를 평가할 때 적절하게 사용할 수 있는 정보가 된다. 토지 기반의 평판 시스템과 보르도의 샤토 시스템을 비교하기 위해 설계한 경제학 연구에서는 보르도 와인 시장의 품질 기대, 평판, 가격에 대해 실험을 해보았다. 그 결과, 더 좋은 평판을 가진 와인의 프리미엄 가격은 보통 수준의 품질을 가진 와인보다 20배 높았다.[4] 개인 생산자들에 대한 정보를 수집하려면 엄청난 비용을 들여야 하는 이 시장에서, 샤토의 평판이 담당하고 있는 인식적 역할은 구매자들의 선호도를 결정하는 데에 꼭 필요한 것이라고 말할 수 있다.

경의를 표하는 관계 : 캘리포니아 1978 아펠라시옹 시스템

캘리포니아 아펠라시옹 시스템은 1978년, 미국 재무부의 알코올 담배화기국(Bureau of Alcohol, Tobacco and Firearms: ATF)에 의해 구축되었다. 미국 와인의 평판을 개선시키기 위한 목적을 가지고 있어서(캘리포니아는 미국에서 생산되는 와인의 90% 이상을 제조하고 있었다), 와인의 이름을 "정치적으로 지정된" 지역명으로 붙이려고 했다.

1980년, '정부에서 승인한 와인생산지역(American Viticultural Areas: AVA)' 제도가 만들어졌다. 나파 밸리(Napa Valley), 소노마 밸리(Sonoma Valley), 앤더슨 밸리(Anderson Valley)와 같이 와인을 생산할 수 있는 지역에 대해 상세히 규정한 것이다.

규정된 아펠라시옹들 중 하나를 이용하는 와인제조자라고 해도 모든 와인을 지정된 지역에서 생산할 필요는 없다. 최소 85% 정도만 해당 지역 포도를 쓰는 것으로 충분하다. '정부에서 승인한 와인생산지역(AVA)' 시스템은 포도의 다양성을 제한하거나, 특정 지역에서만 자란 포도를 써야 한다고 강제하지도 않는다. 나파 밸리 샤도네이 포도 85%를 사용한 와인은 나파 밸리 아펠라시옹의 샤도네이(Chardonnay)가 될 수 있다. 캘리포니아 와이너리는 아펠라시옹을 선택하는 데 있어서 프랑스의 시스템보다 더 많은 자유가 있다. 많은 생산자들은 여전히 '정부에서 승인한 와

---

4   란도와 스미스(Landon and Smith, 1998)

인생산지역(AVA)' 분류를 무시하고, 1980년 이전에 사용되었던 더 단순한 형태의 라벨링(와이너리의 이름과 포도 종류를 함께 사용하는 것)을 더 선호한다. 다른 생산자들은 '정부에서 승인한 와인생산지역(AVA)' 분류를 따를 뿐 아니라, 라벨에 지역에서 유명한 포도원 이름과 특정 포도 품종 이름을 함께 새겨넣기 시작하고 있다(예 : 드라이 크릭 밸리에서 생산된 진판델, 카네로스의 쿨러 힐스에서 생산된 피노누아). 지역명과 포도원을 구분하는 작업은 지금도 진행 중인데, 이는 앞에서 언급했듯이, 메리 더글라스(Mary Douglas)가 미국 와인 분류 체계도 단순화되어 포도 기반 라벨링이 될 거라고 예측했던 것과는 매우 다른 상황이 되고 있다. 사실, 캘리포니아 와인의 명성이 높아질수록, 캘리포니아 분류 시스템은 더 많이 정교화되어서, 정보의 통합분석은 전문가만 할 수 있을 정도가 되었다. 캘리포니아 와인제조자들은 라벨링을 하는 데 있어서 상대적으로 더 자유롭지만, 그렇다고 해서 분류 시스템이 단순화된 것은 아니다. 아펠라시옹과 와이너리 사이에는 복잡한 존중 관계 네트워크가 구축되어 있는 것이다. 경제학자 조엘 포돌니(Joël M. Podolny, 2005)가 설명했듯이 말이다. 특정 지역에 위치한 와이너리가 다른 지역의 더 좋은 품질의 포도를 사용했다는 것을 보여주기 위해 라벨에서 다른 지역명을 사용한다면, 다른 지역에 대한 존경을 표현하는 행동으로 해석된다. 그러한 행동은 와인의 전반적인 평판과, 와인의 가격에 대해서도 영향을 미치게 된다.

　포돌니가 보여주었듯이, "나파 밸리"라는 이름을 라벨에 붙이고 있는 와인병들 중 절반은 나파 밸리에서 생산된 것이 아니다. 이는 명확한 존경을 표현하는 행동이며, 특정 지역에서 생산된 포도의 우수함에 대해 인정하는 행동이기도 하다. 특정 아펠라시옹과의 협력을 통해 와인의 지위 지각에 영향을 주려는 전략의 실례를 찾아보면, 갈로(Gallo) 와이너리의 사례가 있겠다. 갈로 와이너리는 미국에서 가장 큰 와인 생산자로서, 저

럼한 중급 와인을 생산한다는 평판을 가지고 있다. 여기에서는 아펠라시옹 소노마 밸리 라벨을 쓰고 있는데, 이는 이 와이너리 와인의 평판을 변화시키고 대중의 시각을 개선시키려는 명확한 목적을 가진 행동이다. "갈로 오브 소노마(Gallo of Sonoma)"라는 라벨을 사용하는 것은, 갈로 포도원이 소노마 지역에 대해 존경을 표하는 것이고, 포도의 원산지에 대해 더 신중하게 선택하고 있다는 표시이기도 하다. 이와 같이 경의를 표현하는 행동은 두 가지 효과가 있다. 첫째, 소비자들이 명확하게 알 수 있는 것은, 갈로 와이너리에서 소노마 밸리로부터 포도를 구입한다는 사실이다. 둘째, "갈로 오브 소노마"라는 라벨의 정체성을 안정화시켜서 소비자들이 선택을 하도록 돕는 것이다. 포돌니가 캘리포니아 와이너리의 협력에 의해 만들어진 평판 네트워크에 대해 사례 연구를 한 것을 보면, 이 네트워크가 소급적으로 와인의 품질에 대한 과거 평가를 재구성하는 방법을 알 수 있다. 이는 시장에서의 가격을 변화시킬 수 있는 중요한 기준이 된다. 즉, 이 와이너리는 과거에 수동적으로 평가를 받던 입장에서 벗어나서, 과거를 평가받는 방법에 대해 영향을 미치고 있는 것이다.

자, 그러면 이제 평판 시스템의 세 번째 종류에 대해 이야기를 해보도록 하자. 사람들은 특정 와인에 대한 정보를 얻기 위해, "누가 누구와 관계가 있는지"를 알아보고 싶어한다. 와인의 품질을 직접 조사하면서 이 정보를 얻기에는 너무 비용이 많이 들기 때문이다.

이 세 가지 사례들을 보면 다양한 평판 시스템이 서로 다른 접근법들의 편견을 기반으로 하여 소비자들에게 평가에 대한 휴리스틱을 어떻게 제공하고 있는지를 알 수 있다. 부르고뉴 시스템은 포도밭의 품질에 대한 정보를 제공하고, 보르도 시스템은 샤토의 전문성에 대해 알려주며, 캘리포니아 시스템은 지위 관계에 대한 사회적 네트워크를 제공해준다. 이와 같이 다른 유형의 신호들은 사실 매우 비싼 비용을 지불해야 얻을 수 있을 정보를 소비자들이 쉽게 수집할 수 있는 평가도구를 제공해준다. 이와 같은 순위 시스템에 기반되어 있는 "규범"은 초심자들이 와인이라는 새로운 지식 영역으로 첫발을 디딜 때 방향을 제시해주게 된다.

신뢰성, 믿음, 도덕성의 수준 : 로버트 파커의 신뢰도 상승

스티븐 샤핀(Steven Shapin)이 지적했듯이, 지난 수십 년 동안 전 세계에서 가장 유명한 미각의 대가 자리를 놓치지 않고 있는 로버트 파커(Robert Parker)가 미국인이라는 사실은 매우 큰 의미가 있다. 그는 1947년에 볼티모어(Baltimore)에서 출생한 전직 변호사로서, 1975년쯤 와인에 대한 보고서를 쓰기 시작했다. 그때부터 지금까지 파커는 전 세계에서 가장 존경받고 있는 비평가의 자리를 놓치지 않고 있다. 1998년부터 그가 시작했던 웹사이트 '와인 애드버킷(The Wine Advocate)'은 45,000명 이상의 구독자를 보유하고 있다. 그의 명성의 상승은 미국 와인의 상승세 및 전 세계적인 평판 획득 현상과 연결되어 있다. 가장 잘 알려진 파커의 혁명적 행동은 100점 척도를 기반으로 한 순위 시스템을 시작한 것이다. 이는 기존의 20점 척도보다 훨씬 더 유연한 시스템이었다. 96 – 100점 : 보기 드물게 비범하고 대단한 와인, 90 – 95점 : 우수한 와인, 80 – 89점 : 중상 정도의 수준부터 매우 좋은 와인까지, 70 – 79점 : 평균적 수준의 와인. 미국의 거의 모든 와인가게에서는 와인의 가격표 아래에 파커 점수를 써놓아서, 고객들에게 정보를 제공하고자 했다. 로버트 파커가 와인 전문성의 영역에서 전 세계적으로 가장 권위있는 전문가로서의 성공을 거둘 수 있었던 것은 어떤 이유 때문이었을까?

전 세계의 사람들은 왜 그의 판단을 신뢰하는 것일까? 파커의 명성이 처음 시작되었던 것은 1982 빈티지 보르도 와인에 대한 감정을 했을 때부터였다. 영국 전문가들은 이 와인에 대해 너무 농익었고, 장기적인 안

목으로 보았을 때 구입할 만한 가치가 없다고 비판하였다. 그러나 파커의 긍정적인 평가는 결국 전 세계인의 마음을 사로잡았다. 2004년, 영국의 뛰어난 와인 비평가들 중 하나인 잰시스 로빈슨(Jancis Robinson)은 파커가 2003 빈티지 샤토 파비에 와인에 대해 95-100점을 준 것에 대해 강하게 비판하였다. 로빈슨의 말에 따르면 그것은 "우스꽝스러운 와인"이며, 그 와인에 대해 좋은 평가를 한 전문가는 "뇌와 미각을 새로 이식해야 한다"라고까지 비난하였다.[5] 이와 같이 파커의 평판에 대해 의문을 제기하는 사람들도 존재하지만 파커는 여전히 전 세계에서 가장 예민하고 정확한 미각을 가진 "진정한 평가자"(흄의 표현에 따르면)로 생각되고 있다. 절대 틀리지 않는 미뢰를 가지고 우수한 와인을 골라내는 사람 말이다. 와인 산업계에서 전문가는 우리가 8장의 초반에서 보았듯이, 평판의 효과들을 균형잡는 데 있어서 핵심적인 역할을 담당하고 있다. 블라인드 테이스팅(blind tasting)은 위에서 언급했었던 체계에서 벗어나서 품질을 보증할 수 있는 하나의 방법이다. 다양한 블라인드 평가를 통합해보면서, 우리는 와인의 "지각된" 품질에 대한 객관적인 평가도구를 가졌다고 생각할 수 있다("기대되는 품질", 평판과 반대되는 개념). 전문적 블라인드 테이스팅은 전문가 패널에 의해 통제된 환경조건에서 수행된다. 하지만 파커는 이와 같은 패널에 참가하는 것을 항상 거부해왔다. 그는 자신을 독립적으로 활동하는 비평가라고 소개하였고, 와인에 대해 제대로 교육받은 적이 없다고 항상 이야기하였다. 그는 격월간 잡지를 출판하기 시작하면서, 친구와 가족들의 반대를 무릅쓰고 변호사 일을 그만두었다. 자, 다시 한번 생각해보자. 파커가 신뢰받는 이유는 무엇일까? 전문적 지식을 가진 것도

---

5   2006년 에릭 아시모프(Eric Asimov)가 로버트 파커에 대해 쓴 뉴욕타임스 기사에서 인용
     : http://www.nytimes.com/2006/03/22/dining/decanting-robert-parker.hmtl

아니고, 엄격한 평가기준 도구를 갖추고 있는 것도 아닌데, 왜 우리는 모두 그의 개인적 미각 능력의 우수성을 인정하고 있는 것일까? 그의 뛰어난 미각, 미뢰, 기억은 정말 절대로 실수하는 일이 없을까?

사람들은 파커에 대해, 와인의 품질을 결정하는 데 있어서 리트머스테스트와 같이 생각한다. 그의 백만불짜리 후각은 마치 슈퍼맨의 능력과 같다고 말이다. 나는 여기서 또 다른 설명을 시도해보려고 한다. 파커는 현대에서 다시 태어난 신사(gentleman)와 같은 인상을 가지고 있다. 그 이유 때문에, 그는 믿을 만한 사람이라고 생각되며, 평범한 소비자들의 친구로 여겨진다. 전문가나 엘리트의 편이 아니라 말이다. 평가의 신뢰성에 있어서 신사라는 지위와 명예의 도덕적 특성이 가지는 사회인식론적 역할은 샤핀(Shapin)이 '현대과학의 출현과정에서의 진실과 신뢰성'에 대한 연구에서 멋지게 설명해주었다. 그는 "특정한 주장을 하는 개인들의 정체성과 그 주장의 신뢰성 간의 관계"(1994, 126)와, 17세기 실험과학의 출현과정에서 지식의 출처를 평가한 이후로 시작된, 주장되는 지식의 진위여부를 판단하는 방법에 대해 탐색하였다. 표준적 기준의 수용과 도덕적 특성의 표현 간에 존재하는 유사한 관계는(예 : 진실성과 행동의 자유) 로버트 파커와 같은 미각 전문가에 대한 신뢰성 평가와 비교할 수 있다. 파커는 돈으로 매수할 수 없는 사람같이 여겨진다. '와인 애드버킷(The Wine Advocate)' 사이트의 부제는 다음과 같다. '훌륭한 와인의 선택을 위해 독립적인 소비자(independent consumer)가 격월로 가이드를 해드립니다'. 파커는 자기 자신이 소비자의 편이며, 위선과 잘못된 믿음이 판치는 와인의 세계를 구한다는 미션을 가진 운동가라고 생각한다. 그는 와인 생산자로부터 선물을 받지도 않고, 포도원의 초대에도 응하지 않는다. 특정 와인시장에 초점을 맞추지도 않고, 사회적인 행사에서 받을 수 있는 압력을 피해 혼자 집에서 와인을 테이스팅해보기를 더 선호한다. 이와 같이 파커가 사회적 관계를 피하는 모습을 보면 신뢰도를 보장할 수 있는 것 같다.

또한 그는 기존에 존재하고 있는 와인 계급에 대한 지식을 존중하지 않는 태도를 보인다. 와인의 혈통에 대해 과도하게 민감한 태도를 보이는 영국 경쟁자들과 같이 잘난체하는 속물도 아니다. 파커의 추종자들이 주장하는 것을 보면, 파커는 특정 지역의 평판과 역사로부터 와인에 대한 평가를 분리시켜서, 와인 산업에 민주적인 바람을 불러일으켰다는 평가를 받는다. 그가 작성한 단순하고 통합적인 보고서를 보면, 다른 비평가들의 보고서에서 나타나는 장황한 표현이 없어서, 이해하기가 쉽다. 진실성, 민주성, 명료함은 파커가 스스로 정의한 정체성의 구성요소이고, 소비자들이 그를 신뢰할 수 있는 기반이 되고 있다. 직접적인 내용과 기타 지식에 관련된 기준들이 합쳐져서 보고서의 신뢰성을 평가하는 데 있어서 중요한 역할을 하는 반면, 파커의 경우는 조금 다르다. 그의 권위를 강화하는 것은 도덕적 특성의 표현이다. 전문가의 신뢰성과 역사적으로 정의된 평판 시스템 간의 관계는 꽤나 복잡하다. 전문가는 소비자들이 와인의 진짜 품질을 평가할 수 있게 도와주는 단순한 도구적 대리인이거나, 와인 라벨로부터 누구나 알 수 있는 정보를 판독하는 수준의 사람이 아니다. 그보다 전문가는 역할수행을 하는 데 있어서 균형을 잡으면서 평판 시스템의 유지와 변형과정에 참여하고, 기존에 존재하는 계급에 도전하거나 강화하는 작업을 한다. 와인 전문성과 같이 복잡하고 전통적인 지식에 접근하려고 하는 초심자는, 분류작업을 할 때 사용할 수 있는 기준들로 가득한 정보 덩어리를 마주하는 어려움을 겪게 된다.

대부분의 전통은 분류체계, 순위, 평판 시스템에 의해 구성되어 있다. 이 체계들을 통해 우리는 지식 집합체에 있어서 핵심적인 것이 무엇인지를 알 수 있게 된다. 어떤 아이템이 어떤 가치를 가지고 있는지를 신속하게 알려주는 휴리스틱을 사용하면 이 지도들을 빨리 배울 수 있다. 그렇다고 해서 사람들이 무조건 이 전통을 신용하지는 않는다. 우리는 분류를 할 수 있는 역량을 기본적으로 가지고 있다. 그리고 자신의 경험과, 해당 영역에 있어서 신뢰할 만한 사람이라고 생각되는 전문가의 의견을 바탕으로, 기존의 분류 체계에 도전하고 개선해나가게 된다.

다양한 휴리스틱을 통해 사회 인식론적 탐색을 하고, 지식체계를 구성하는 일은 매우 가치있는 작업이다. 어떤 것이 사실인지를 분류하기가 어려운 문화 영역에서도 말이다. 와인을 분류할 수 있는 능력은 물론 "과학"은 아니다. 하지만 객관적인 가치가 없는 것이라고 말할 수는 없다.[6] 와인의 과학이 아직 제대로 정립되어 있지는 않지만, 지금까지 정리해본 와인의 인식론을 보면, 사람들이 지식체계를 구축하는 데 있어서 어떤 방법을 쓰는지에 대해 알 수 있게 해준다. 어떤 휴리스틱을 쓰는지, 역사적·인식론적으로 축적된 지식세계(예 : 와인 전문지식)를 탐색할 때 신뢰할 수 있는 전문가가 누구인지 말이다. 가스통 바슐라르(Gaston Bachelard)의 말에 의하면, 과학은 당연히 가지고 있어야 할 철학이 부족한 면이 있다. 그렇다면 와인에 있어서는 이렇게 말할 수 있겠다. 철학은 마땅히 가지고 있어야 할 과학이 부족하다고 말이다.

---

6   휴슨과 보악스(Hughson and Boakes, 2002)

평판

Reputation

Academic Reputation, or Voluntary Epistemic Servitude

9장

학문적 평판 /
자발적인 지식적 종속

우리의 지식에서 잃어버린 지혜는 어디에 있는가?
우리의 정보에서 잃어버린 지식은 어디에 있는가?

T. S. 엘리엇(Eliot), '반석에서의 합창(Choruses from the rock)'

세상에서 가장 위대하고 가장 중요한 것은 현재 존재하고 있는 모든 것이라고 말하는
사람은 아무도 없다.

로베르트 무질(Robert Musil), 『특성 없는 남자(The man without qualities)』

어느 날 저녁, 데이비드 로지(David Lodge)의 소설 『체인징 플레이스 (Changing Places)』에 대해 이야기하다가 대학 문학부 교수들은 "굴욕(hu-miliation)"이라는 게임을 시작하게 되었다. 차례차례 본인이 아직 읽지 않은 책을 한 가지 이야기하고, 그 책을 이미 읽었던 동료가 존재한다면 해당 교수가 포인트를 얻게 되는 게임이었다. 모든 사람들이 훌륭한 학자로 인정하고 있는 교수들이 모인 문학부에서, 게임 참여자들은 잘 알려지지 않은 책 제목을 궁리해서 이야기해야 하는 상황이 벌어진 것이다.

당황스럽지만 자신이 가지고 있는 문학적 지식에 빈틈이 있다는 사실을 고백해야 하는 것이 이 게임의 묘미였다. 하지만 포인트를 얻은 사람은 아무도 없었다. 왜냐하면, 교수들이 이야기한, '자신이 읽지 않은 희귀한 책'을 읽은 동료들은 아무도 없었기 때문이다. 이 게임에서 이기고 싶은 욕구가 자신의 평판을 보호하고자 하는 욕구를 넘어선 어떤 교수는, 논란이 될 수 있을 만한 책 제목을 댔다. "햄릿(Hamlet)!" 물론 이 교수가 게임의 승자가 됐지만, 그의 학문적 평판은 엉망이 되었다. 다음 날 아침,

그는 문학부 부장교수로부터 단독 면담 요청을 받았다.

평판에 매우 민감한 조직이 어디인지 생각해 보았을 때 가장 먼저 떠올려지는 곳은 아마도 "학문적 조직"이 될 것이다. 명성, 악명, 지위, 평판이 최고 지성들을 지배하고 있는 곳 말이다. 교수와 학자들은 상징적인 보상뿐 아니라 경제적 이익에 의해서도 동기부여된다. 그들은 많은 시간을 투자하여 다음과 같은 조직을 설계한다. 서로의 평판과 명성에 대한 창출, 유지, 평가가 핵심 목적인 조직. 이와 같은 순위는 때때로 진실 그 자체에 접근할 때 가장 의지할 수 있는 상징인 것처럼 여겨지기도 한다.

지식의 사회학[1] 분야의 고전적인 주제인 학문적 평판은 최근 들어서 인용 색인, 글로벌화, 특정 국가들의 요청에 의해 진행되었던 과학 분야 관리에서 일어난 급격한 변화에 의해 많은 영향을 받고 있다. 이와 같은 변화는 평판이 구축되는 방법에 기반하는 새로운 편견을 만들어냈다. 다양한 평가와 순위 시스템, 거기에서 사용되는 기준과 관행들의 복잡한 관계는 학문적 평판의 객관성을 결정하는 데 있어서, 오래된 관행과 새로운 역동을 뒤섞은 후 때로는 예상치 못한 결과를 생성하기도 한다.

9장에서, 나는 스스로 평판을 평가하는 새로운 시스템이 생기면서 학문적 평판이라는 것이 어떤 급격한 변화를 겪었는지를 보여주려고 한다.

현대의 "과학 시장"이 가지고 있는 가장 독특한 특성은 세 가지의 매우 다른 경제를 기반으로 구축된 평판 논리의 계층화이다. 1) 과학적 연구라는 경쟁적 스포츠를 지배하는 존중과 명성의 경제, 2) 과학 분야 출판물과 대학 교육이라는 새로운 시장을 통제하는 돈의 경제, 3) 국내·세계적 수준에서 연구 및 연구기관 운영에 대해 대중적으로 인정해주는 시스템의 특

---

1   머턴(Merton, 1942/1973) ; 부르디외(Bourdieu, 1984) ; 엘리아스, 마르탱, 휘틀리(Elias, Martins, and Whitely, 1982)

성인 명성의 경제(수상, 표창, 전국적 인정) — 명성에 대한 글로벌 시장과 유사한 환경은, 올림픽 경기에 참가하는 국가대표팀을 생각해볼 수 있다 — . 우리의 주제에 관련해서 생각해보면, 과학과 학문적 연구에 있어서, 세 번째 "경제"는 다음과 같은 결과를 낳았다. 국제사회에서의 과학 순위에서 좋은 위치를 차지하는 것의 중요성이 상승됨, 자신의 연구가 가지고 있는 뛰어남과 생산성에 대한 미사여구적 어필이 늘어남, 전국 단위의 학문적 평가 기관의 확산(프랑스의 HCERES, 이탈리아의 ANVUR, 스페인의 ANECA, 영국의 QAA).[2] 세 가지의 시스템이 상호작용하면서, 새로운 평판 논리를 만들어내고, 이는 과학적·학문적 연구직에 있어서 변혁을 가져오고 있다.

전 세계의 최근 과학적 연구결과들을 살펴보면, 5천만 건 이상의 아티클(article)들이 동료평가 시스템을 가지고 있는 저널(journal)에 실리고 있다. 이 숫자는 갈수록 더 늘어나는 중이다.[3]

1995년에서 2007년 사이에 출판된 새로운 아티클의 수를 보면, 매년 2.5퍼센트씩 늘어가고 있다. 2006년만 보아도, 23,750개의 과학저널에 백만 건 이상의 아티클이 실렸다. 다음과 같은 주요한 기술적·사회적 변혁이 계속해서 일어나면서 지식체계의 엄청난 확장이 강화되고 있다.

- 최근 일어난 정보기술 혁명을 기반으로 한 연구 아티클 작성에서의 변화
- 거대과학(big science)의 협력적 작업 때문에 만들어진, 과학문헌의 상호연결성에서의 변화
- 출판물에서의 새로운 통계 지표 — 인용색인(citation index), 인용지수

---

2   볼로냐 협약(Treaty of Bologna)에서 결정한 품질 기준을 중요시하는 유럽 평가 기관의 리스트 / www.equa.eu/.

3   진하(Jinha, 2010).

(impact factor) — 가 출현하면서 만들어진 네트워크의 역동

- 새로운 형태의 품질 통제(quality control) 과정을 진행하며 연구비를 지원하는 정부와 조직들의 변화(예 : 전국 단위의 학문적 시스템에 감사 문화를 도입시킴)

- 과학 분야의 출판을 위한 새로운 기업 생산 모델의 출현과, 대학에서의 경쟁적 시장 문화의 도래 : 다음과 같은 악명높은 경고로 요약 가능함. — "출판을 하지 않으면 죽을 것이다."

이와 같은 새로운 역동은 과학 분야에서의 삶을 변형시켰고, 지식이 생산되는 방법을 새롭게 구축하였다. 오늘날의 과학은 (최소한 이상적으로는) 초기 과학에서 특징적이었던 관조적 모습보다는 기업의 활동과 더 많이 닮아 있다. 사회학의 창시자들 중 한 명인 머튼(Merton)은 연구를 다음과 같이 묘사하였다. 경제적 시장에서의 구입과 판매 같은 다른 활동들과는 매우 다른 독특한 규준을 가지고 있는 인간 활동의 특별한 부분.

그는 과학 분야의 특유한 규준을 설명하기 위해 CUDOS라는 두문자어를 사용하였다. 다분파성(Communalism), 보편주의(Universalism), 사심이 없음(Disinterestedness), 조직화된 회의론(Organized Skepticism).[4] 이 두문자어를 들으면 "영광" "명성"을 의미하는 그리스어 "kudos"가 떠오른다(우리가 6장에서 페팃(Pettit)과 브레난(Brennan)이 연구한 "존중감의 경제학(Kudonomics)"에 대해 논의했을 때 이 단어를 언급했었다). 연구 아티클 출판을 해야만 살아남을 수 있다는 슬로건은 원래 비물질적 명성이 중요하다는 사회적 규준으로부터 출발한 것이다. 하지만 이제는 기업적 생산 모델에 기반한, 성과에 대한 양적 측정으로 발전하고 있다.

---

4   머튼(Merton, 1942/1973)

현재 주목할 만한 사실은, 조직화된 연구 활동으로서의 과학 분야를 지배했던 전통적인 규준과, 지식의 대량생산을 가능하게 해주는 최첨단의 기술에 의해 생성된 새로운 규준 사이의 차이가 점점 커져만 가고 있다는 것이다. 이 새로운 기술적 역량은 전통적인 규준이 가지고 있는 오래된 시스템을 퇴화시키고, 다음과 같은 모순적 상황을 만들어냈다. 경제적 시장의 특성을 가지고 있는 현재의 과학연구는 지금까지 비물질적 명성과 명성에 의해 동기화되어 왔던 "노동인구"를 착취할 수 있다. 이와 같은 당황스러운 상황은 더욱 세밀하게 검토되어야 하는 과학적 지식의 생산과 보급과정에 대해 의도적으로 계획된 영향뿐 아니라 예측하지 못한 영향들까지 다양하게 미치고 있다. 예를 들어, 지식의 소통에 있어서 고전적인 형식은 과학저널에 실린 "아티클"이라는 뿌리깊은 믿음은, 가장 효과적인 결과를 낼 수 있는 수단이라고 말할 수는 없다. 특히, 각 출판물에 대한 과학적 가치에 있어서 많은 왜곡이 존재하고 있다는 것이 명백한 이 상황에서는 말이다.

하지만 이와 같이 경직된 신념 덕분에 이 시스템을 더 세부적으로 검토해봐야 한다는 압력이 늘어나고 있다.[5]

평판과 이익 : 두 가지 지식 경제의 복잡한 관계

우리(연구자와 대학 교수들)가 동료평가를 활용한 과학 저널에 학문적 아티클을 싣는 것이 중요하다고 주장하는 이유는 무엇일까? (내 경험에 기반하여 생각해봤을 때) 연구자들이 공통적으로 대답할 것 같은 내용은 다음과 같다.

---

5   오리기(Origgi, 2010) ; 카사티, 오리기, 시몬(Casati, Origgi, and Simon, 2011)

- 첫째. 저널에 아티클을 싣는다는 것은 우리의 분야에서 우리가 성장하고 있다는 것을 연구 커뮤니티에 알려줄 수 있는 최선의 방법이기 때문이다.
- 둘째. 저널에 실린 아티클은 과학적 발견에 대한 소통을 하는 데 있어서 사용할 수 있는 가장 표준적인 도구이며, 새로운 과학적 아이디어를 표현하고 평가를 받을 수 있는 가장 간단한 방법이기 때문이다. 그리고 저널에 실린 아티클은 학자 커뮤니티가 인정하고 있는 사회적 규준들(첫 과학적 출판물, 왕립사회회보(Philosophical Transactions of the Royal Society, 1665) 이후부터 지켜져 온 규준)을 모두 갖추고 있기 때문이다.
- 셋째. 과학 저널에 아티클을 싣는 것만이 연구자의 명성과 평판을 보장해주고 보호해주기 때문이다.
- 넷째. 연구 아티클은 "소통"의 슬로우 모션 형태이기 때문이다. 아티클을 쓰기 → 저널에 제출하기 → 동료 리뷰를 받기 → 코멘트를 받기 → 아티클을 고쳐 쓰기 → 다시 제출하기

나는 지금까지 이와 같은 설명을 수백 번 들었다. 학문적 연구를 하는 사람이라면 기존의 관행에 대해 정당성을 부여하고 싶어한다. 자기 자신에게, 그리고 다른 사람들에게 이해시키고 싶은 것이다. 평균 1.5명의 사람밖에 읽지 않는 아티클을 쓰고 저널에 싣는 데에 전념하는 커리어를 가진 사람이라면 말이다. 정말 엄격한 기준에 맞춰 아티클을 작성하지만 정작 아무런 보상을 받지 않는 경우도 많다.

그러면 첫 번째 설명에 대한 이야기를 시작해보자. 내가 이때까지 받은 이메일은 4,000통이 넘는다. 나는 내 연구 분야에서의 새로운 발전상황에 대해 알려줄 수 있는 온라인 컨퍼런스와 포럼에 많이 참가한다. 그 내용에 대해 다룬 아티클이 학문적 저널에 실리기 훨씬 이전부터 말이다

학문적 평판 / 자발적인 지식적 종속

(인류학과 사회과학 분야에서, 논문제출과 출판 사이의 기간은 1년 이상이다). 그렇다면 이런 의문이 생긴다. 유명한 저널에 논문을 싣는 것은, 지식의 발전에 대해 소통할 수 있는 가장 효과적인 방법인가? 물론 그렇지 않다. 내가 기존의 방법으로 저널에 논문을 싣는 방법만 계속해서 고집한다면, 그건 분명히 연구결과에 대해 소통하는 것과는 거의 상관없는 보상 때문일 것이다.

두 번째 설명은 분명히 맞는 이야기이다. 연구 아티클은 뛰어난 과학적 소통을 할 수 있는 전통적인 형식이고, 과학의 역사에서 정말 오랫동안 존재해왔던 형태이다. 1665년 최초의 과학 저널인 「왕립사회회보 (Philosophical Transactions of the Royal Society)」가 출판된 이후로, 과학 분야의 아티클은 현대 과학을 위한 게임 규칙을 구축해 왔고, 이 규칙들은 현재에도 거의 변화하지 않은 채로 유지되고 있다. 과학 분야의 연구를 출판하는 데 있어서 합의된 형식에는 진실과 정직에 대한 다양한 기준이 포함되어 있다. 현대의 연구자들이 과학 분야의 커뮤니티와의 관계에서 표현해야 하는 새로운 "예법"도 물론 포함되어 있다. 이와 같은 새로운 규준들의 기반을 이루고 있는 요소들은 실험, 사심없음(청렴함), 공공 영역에서의 과학적 연구결과를 공유하는 자세 등이 있다.[6]

왕립사회(Royal Society)와 여러 전문가들 — 로버트 보일(Robert Boyle), 존 왈킨스(John Walkins), 로버트 후크(Robert Hooke), 그리고 나중에는 아이작 뉴턴(Isaac Newton)까지 — 은 지적 재산에 대해 새로운 개념을 만들었다. 이 개념은 오늘날 과학 분야에서의 권한(authority)을 지속적으로 정당화해주고 있다. 첫째, 과학 분야의 커뮤니티는 특별한 동료들로 구성되어 있다. 이 커뮤니티 구성원들은 현재의 과학적 논쟁에 대해 충분한 정보를 받고 있는 행복한 소수이다. 그들은 새롭게 나타난 가설에 대해 논의해서, 충

---

6   비아지올리와 갤리슨(Biagiolo and Galison, 2003)

분한 수의 동료들이 합의할 경우 그 가설을 과학적 진실로 만든다. 둘째, 과학적 진실은 개인이 소유할 수 없는 지적 재산이다. 아무리 유명한 과학자이더라도 자신이 발견한 것에 대해 개인소유권을 얻을 수 없다(물론 그 발견에 대해 숨길 수는 있지만). 모든 연구에서의 발견은 자연 현상에 대한 것이고, 그 자연은 모든 인류에게 속해 있는 공동 재산이기 때문이다. 따라서 과학자는 자신의 발견으로부터 간접적인 혜택(명성과 인정, 그리고 공식적으로 인증된 특허를 통해 상업적으로 연구결과를 이용할 수 있는 권한)만 얻을 수 있다. 따라서 과학 분야에서의 권한에 대한 역사는 처음부터, 지적 재산의 역사와는 분리되어 있었다. 18세기 초, 영국과 프랑스에서 만들어진 저작권법은 지적 창의성을 강화하기 위해 설계되었지만, 과학 분야의 연구자들을 대상으로 한 것은 아니었다. "신사 과학자(gentleman-scientist)"란 공공의 선을 위해 진리를 탐구하며, 자신의 결과를 다른 사람들이 활용할 수 있게 해주기 위해 왕립사회와 같은 학문적 조직의 게시판에 올려주는 존재인 것이다. 로버트 보일은 연구결과를 출판할 때 익명으로 할 것을 주장하기까지 했다. 과학 분야 연구의 청렴성을 강조하기 위해서 말이다.

공정한 게임을 위해 18세기 과학자들이 했던 노력을, 오늘날 "저널에 논문을 싣지 않으면 학자로서 살아남을 수 없다"라는 캐치프레이즈를 걸고 있는 오늘날의 과학 분야의 피비린내나는 경쟁 속에서는 찾아보기 힘들기는 하지만 과학 분야의 연구에 대한 기본적 규칙의 핵심은 변하지 않은 채 유지되고 있다. 특정 저널이 "과학 분야의 전문성"을 갖추고 있다고 인정받으려면, 반드시 동료들로 구성된 위원회에 의해 운영되고 있어야 한다. 이 동료들은 현대 과학에서 황금률로 생각해야 하는 유명한 동료 리뷰 시스템을 통해 지식을 필터링하는 프로세스를 진행한다. 진리라고 평가받는 것은, 동료들이 저널에 실릴 만하다고 판단한 것을 의미한다. 누군가의 연구논문을 저널에 실어준다고 해서 금전적인 이득을 얻는 것은 없다. 간접적인 혜택(평판, 수상, 특허)만 존재할 뿐이다. 그렇기 때문에, 과학 분야의 아티클이 연구결과의 출판을 할 수 있는 표준 형식으로 남아있는 것이 정당화되는 것이고, 과거의 관행을 유지하는 것은 지식의 효과적 소통보다는 과학적 예법에 더 관련성이 높다는 것을 보여준다.

세 번째 설명, 과학 분야의 저널에 아티클을 싣는 것이야말로 자신의 연구결과에 대한 평판과 신용을 얻을 수 있는 가장 확실한 방법이라는 주장은, 역시 100% 예측가능했던 것이다. 과학적 결과에 대한 "객관성"을 부여하기 위해 설계된 평가와 순위 시스템이 최근 지식 분야에 있어서 최신 유행으로 생각되고 있지만, 과학 분야에서의 평판은 이와 같은 시스템에만 의존하지 않는다. 동료들 사이에서 유명한 연구자와, 과학적 측정도구에 의해 평가된 그들의 명성 간에는 명확한 상관관계가 존재하지 않는다. 동료 리뷰 시스템을 갖춘 저널에 논문을 싣는다는 것이 해당 학자의 보수와 커리어에 영향을 미치기는 하지만 수준이 높은 연구성과를 낸다는 평판에 대해서는 반드시 영향을 미치지는 않는다는 연구들이 다수 발표되었다.[7] 게다가 블로그에 올린 글이나 웹포럼에서의 구축된 평판은 이미 동료 리뷰 시스템이 연구자의 평판에 영향을 미칠 수 있는 수준을 넘어서고 있다.

유명한 저널에 아티클을 싣는다는 것이 학문적·과학적 평판을 얻을 수 있는 유일한 방법이라는 생각은 이제 많이 열어지고 있다. 사실, 그랬던 적도 없다. 하지만 오늘날에도 현대 과학연구가 가지고 있는 독특한 역동 때문에, 그러한 방법은 평판을 추구하는 과정에서 가치있는 "협상 카드"로 남아 있기는 하다.

네 번째 설명에 대한 비판을 하기란 더 쉬운 일이다. 연구가 "소통"의

---

7   해머메시와 팬(Hamermesh and Pfann, 2009)

기능을 하는 것이라면, 동료 리뷰 시스템을 갖춘 저널에 실린 아티클은 사실 소통을 강화하기보다는 저해하는 면이 있다. 모든 사람들이 알고 있듯이, 공인된 저널에서 우리가 볼 수 있는 것은, 해당 분야의 전문가들이 먼저 읽고 코멘트를 했으며 세미나, 컨퍼런스, 국제 콜로키움, 이메일 교환을 통해 오랫동안 논의했던 아티클뿐이다. 앞에서 언급했었지만, 아티클을 제출하고 출판을 할 때까지의 기간은 고통스러울 정도로 길고, 상황에 따라 18개월까지 걸리기도 한다(이 과정이 가장 오래 걸리는 분야는 사회과학과 경제학이고, 가장 빨리 진행되는 분야은 화학과 물리학이다. 출판까지 걸리는 평균 시간은 9개월 정도이다).[8] 이와 같이 느릿느릿 진행되는 과정에서 과학자들 간에 "소통"을 하는 과학 분야 커뮤니티는 존재하지 않는다. 그러다보니, 과학 분야의 저널은 해당 분야의 연구자들 간의 논의를 강화하는 데에는 매우 비효율적인 도구가 되어버렸다.

간단히 말해서, 우리가 왜 동료 리뷰 시스템을 갖춘 저널에 아티클을 싣기를 고집하는지에 대해 우리 자신과 다른 사람들에게 설명할 때 공통적으로 나오는 이유들은 그다지 타당해보이지 않는다.

그렇다면, 우리 전문가들은 왜 이와 같이 이상한 '저널에 아티클 싣기 게임'을 계속하는 것일까? 아마도 연구 아티클이 과학 분야에서 평가를 할 수 있는 표준 단위가 되었기 때문일 것이다.

과학적 내용물이 순환되도록 하는 고전적 형식은, 과학자들을 위한 것이기보다는(앞에서도 이야기했듯이, 연구결과에 대해 알리고 질문을 받을 수 있는 다른 경로들도 많이 존재한다), 새로운 지식 시장의 핵심에 있는 인용 및 측정 시스템에 영향을 주기 위해서인 것으로 보인다. 학문적 평판의 구축은 주로 "과학적 아티클"에 의존하고 있다. 이는 표준 측정도구로서, 새로운 과학측정

---

8   비요크와 솔로몬(Bjork and Solomon, 2014)

시스템이 과학적 평판을 재고 과학적 가치를 부여할 수 있게 해주기 때문이다. 사실 이는 평판과 가치를 얻을 수 있는 전통적 기준을 기반으로 하고 있기 때문에, 다소 시대에 뒤떨어진 출판 형태인데도, 인용 시스템의 역동에서는 중요한 역할을 담당하여 여전히 활용되고 있다. 그래서 전통적인 평판 기준이 평판을 측정하는 새로운 시스템을 만나게 되었을 때, 불안정한 역동이 생겨서 예측할 수 없는 결과가 생기게 되는 것이다.

평판의 객관화로서의 측정가능한 영향

현대의 지식생산과정에서 발생한 핵심적인 혁신들 중 하나는, 연구자, 저널, 연구조직의 "영향력 지수(impact factor)"를 계산할 수 있는 시스템을 통해, 과학적 평판을 정량화했다는 것이다. 이는 과학적 명성을 얻고, 과학적 성과에 대해 가치를 부여하는 데 있어서 어떤 의미를 가지고 있을까? 현대의 정보계량학(scientometrics)은 이 질문에 대해 매우 명확한 대답을 해준다. 평판을 가지고 있다는 것은, 다른 사람들의 연구에 대해 측정가능한 영향을 미친다는 것이다. 즉, 해당 연구자의 연구결과가 많이 인용된다는 것을 의미한다. 어떤 동료가 내 아티클의 가치를 인정했다면, 자신의 연구논문에 내 아티클을 인용할 것이고, 그러한 행동은 결과적으로 나의 평판을 높여줄 것이다. 반대로 생각해보자. 내가 수백 건의 아티클을 썼지만 아무도 인용해주지 않는다면, 나의 영향력은 0일 것이고, 나의 평판은 쪼그라들 것이다. 누군가의 영향력 지수를 계산하기란 매우 쉬운 일이다. 영향력 지수는 유진 가필드(Eugene Garfield)가 1958년에 과학기술논문 색인지수(Science Citation Index : SCI)를 발표한 이후, 1960년대에 처음 소개되었다.

가필드는 이 새로운 정보계량적 도구를 활용해서, 2차 세계대전 이후에 발표된 엄청난 양의 자료들, 그리고 서로 관계가 많은 과학기술 분야의 논문자료들을 잘 찾을 수 있도록 도우려 했다. 이때에는 거대과학(Big Science) 덕분에 협력적이고 조직화된 과학 연구들이 증가할 때였다. 하지만 과학기술논문 색인지수(SCI)는 원래 평가적인 목적을 가진 것은 아니었다. 처음에 가지고 있던 목적은 학술기관들이 구입할 수 있는 자원으로서, 출판물 간의 관계를 세부적으로 보여주는 과학기술 분야 저널 분류기준에 가까웠다. 정보계량학의 전문가였던 가필드는 다양한 저널들로부터 비교할 수 있는 수행지표들을 추출해내기 시작했다. 영향력 지수(IF)는 그 지표들 중의 하나였다. 2010년 특정 저널의 영향력 지수란, 2009년과 2008년 해당 저널에 실린 아티클이 인용된 총 횟수와, 2009년과 2008년에 출판된 총 아티클 수 간의 비율을 가리킨다. 영향력 지수(IF)는 클래리베이트 애널리틱스(Clarivate Analytics)사가 계산하고 발표하는데(예전에는 톰슨 로이터(Thomson Reuters)사에 속해 있던 회사였다), 2년 동안 출판된 저널에 실린 아티클들의 평균 인용 비율을 측정하는 데에 사용된다. 매년 인용 보고서 저널(Journal Citation Report : JCP)이 발표되는데, 학술적 커뮤니티들은 이를 각 저널의 수준을 평가하는 데에 핵심적인 자료로 활용한다. 인용 보고서 저널(JCP)은 초기에 과학기술논문 색인지수(SCI)와 함께 배포되었지만, 이제는 다양한 영향력 지수들을 계산하는 독립적인 도구가 되었다. 영향력 지수뿐 아니라, 즉시 인용 지수(immediacy index : 특정 해에 하나의 저널에 실린 아티클이 인용된 숫자를, 그 해에 출판된 아티클의 수로 나눈 것), 그리고 인용 반감기(cited half-life : 한 아티클이 인용된 누적 비율이 50% 이하로 감소되는 데 몇 년이 걸리는가를 측정하는 것)도 계산한다.

　　과학 분야의 평판 측정을 이와 같이 정량화시킨 것은, 연구의 수준을 높여주지는 않았지만, 과학기술 분야에서 발표되는 논문 수가 눈에 띄게 늘어나는 데에 도움을 주었다. 왜냐하면 과학기술 분야의 평가 시스템에 의해 계산된 영향력 지수는 생산성에 대한 인센티브로 기능하기 때문이다.

과학기술 분야의 커뮤니티는 영향력지수가 왜곡시킬 수 있는 많은 편견들을 이미 알고 있다고 하지만[9] 오늘날 우리는 여전히 건설적인 자기비판을 하지 못하는 시스템 안에 갇혀 있고, 상업적 논리에 의해 설계된 시스템에 과학자들이 자발적으로 참여하게 되는 상황이 벌어지는 것을 보고 있다. 예전에는 앞에서 언급했던 정보계량적 터널에 밀어넣어졌던 점이 있지만, 오늘날의 연구자들은 자발적으로 자신의 아티클을 평가대상으로 제출해주어서, 결과적으로 시장(지식의 발전에 전념하는 소명으로서의 "과학"보다는, 새로운 "과학적 산물의 과학[10] "에 더 가까워진)에서의 생산성 지표의 가치를 올려주고 있다. 간단히 말해서, 우리는 이익을 축적하는 시스템에서 평판을 쌓아나가고 있는 것이다.

이와 같이 변화한 역동이 가지고 있는 중요한 특성은 저작권에 대해 독특한 해석을 하는 것과 관련되어 있다. 저작권을 보호하는 것이라기보다는, 가치와 평판을 얻을 수 있는 시스템이라고 말이다. 과학적 발견에 대한 법칙을 관장했던 기존의 규준은 특허를 낼 수 있는 발명에 대해 적용하기는 어렵다. 자연현상은 사적으로 소유할 수 없다는 추상적인 직관 덕분에 저작권으로 보호할 수 없기 때문이다.

하지만 이제 이와 같은 전통적인 규준은 당황스럽게도, 연구자들의 성

---

9   유명한 편견에 대해 이야기를 해보자면, 영향력 지수(IF)의 가치는 통계를 주로 사용해서 계산되는 사회적 요소(예: 이론이나 출판물의 유형(레터, 아티클, 리뷰), 아티클당 평균 저자의 수)뿐 아니라 통계적 요소(예: 저널의 규모, 저널의 영향력을 측정하는 동안의 기간)에 의해 영향을 받는다는 것이다. 또한, 특정 분야만을 전문적으로 다루는 저널일수록 영향력 지수가 높게 나오는 경향성이 있다. 한 아티클당 저자의 수도 물론 중요하다. (이는 자연과학의 경우에 더 많이 나타나는 상황이다. 사회과학 분야 논문의 평균 저자 수는 두 명인 반면, 물리학 분야의 평균 저자 수는 네 명이다.) 레터나 리뷰와 같이 더 짧은 길이의 아티클은 즉시 인용지수가 더 높고 인용반감기가 더 짧다(Christenson and Sigelman, 1985).

10   윙클러, 글란젤과 동료들(Winkler, Glänzel et al.)이 처음 사용한 표현이다. 이들의 연구는 멩거와 메레세(Mengers and Mairesse, 2015)에게도 영향을 미쳤다.

과를 착취하는 하나의 방법이 되어버렸다. 연구자들에게는 비물질적인 인정만 해주고, 과학 분야 출판업자들이 연구자들의 성과를 상업적으로 이용할 수 있게 해준 것이다. 동시에 연구자·저자들은 (전통적인 과학 규준과는 완전히 정반대의 논리인) 사리추구의 논리에 따라 과학 분야에서의 신용을 쌓는 일을 더 많이 하고, 시장 활동의 전형적인 경쟁모델을 기반으로 자신의 평판 "이익 마진"을 최대화하라는 강화를 받게 되었다. 또다시 과학기술 분야의 전통적인 규준은 지식 생산 시스템의 경쟁적 역동에 의해 왜곡되었고, 기대하지 않았던 결과를 다음과 같이 만들어냈다. 어느 연구자에게 더 높은 신용등급을 부과할 것인가에 대해 같은 분야 내에서 서로를 물어뜯는(internecine) 논쟁, 저자 이름의 순서에 대해 예민하게 반응하기, "저자의 수"가 많은가 적은가에 신경쓰기, 아티클에 대한 소유권을 주장하기 위한 싸움들. 사실 모든 학문 분야는 과학적 신용도를 "공유"하는 데 있어서 나름대로의 독특한 기준을 가지고 있다. 예를 들어 보자. 자연과학의 몇몇 학문 분야에서는 아티클의 공저자로 실험실 디렉터를 포함시키는 것이 일반적이기도 하고 필수적이기도 하다. 분야에 따라 가장 처음에 넣기도 하고, 가장 나중에 넣기도 한다. 하지만 이와 같은 관행은 인문학에서는 찾아볼 수 없는 것이다. 또한, 출판된 연구의 저자 이름의 순서에 매기는 가중치도 학문 분야마다 모두 다르다. 어떤 경우에는 그냥 알파벳 순서대로 쓰지만, 실제 연구에 기여한 수준에 맞게 나열하기도 하고, 단순하게 연령대가 높은 선배를 앞에 써주기도 하고, 실험실 내에서의 권력 관계를 반영하여 순서를 잡기도 한다.[11] 이 논리들을 보면, 새로운 시장 정신(경쟁과 축적)이 과학의 오래된 규준(평판과 지적 권위)과 섞여서,

---

11   미겔리와 라멜로(Migheli and Ramello, 2014), 카사티, 오리시, 시몬(Casati, Origgi, and Simon, 2011)

희한한 결과를 만들어내고 있다. 이 과정에서 연구자들은 경제적 이득이 거의 보장되지 않는 상징적인 이익과 평판을 얻으려 애쓰고 있는 것이다.

다른 한편으로, 과학기술 분야의 저널 출판업자들은 다른 출판업계와 마찬가지로 자신들이 통제할 수 있는 저작권을 통해 과학적 산물을 금 전화시키고 있다. 전통적으로 보았을 때 과학 분야와 문학 분야의 저자들 간에 차이가 있듯이, 이 부분에서도 차이점이 존재하고 있다. 전통적인 규준에 따르면, 모든 자연 현상은 인류가 공동으로 가지고 있는 자산이기 때문에, 과학기술 분야의 저자들은 자신의 발견으로부터 직접적으로는 이득을 얻을 수 없게 되어 있다. 하지만 이와 같은 진기한 금지사항에 대해 전혀 신경쓰지 않는 과학 분야의 출판업자들은 자신이 발견하지 않은 과학적 성과로부터 자연스럽게 이득을 취하려 한다. 한발짝 더 나아가서, 과학 분야의 출판 산업은 소수의 대규모 출판사들이 독점하는 형태이다. 스프링거―클로어(Springer–Kluwer), 엘세비어(Elsevier), 와일리―블랙웰(Wiley–Blackwell).[12] 이러한 유형의 산업에서 나오는 운영 이익은 다른 산업 분야보다 훨씬 더 크다. 왜냐하면 "노동자들" ― 과학 분야의 아티클을 쓰고 있는 우리 모두 ― 에게는 한푼도 보수를 주지 않기 때문이다.[13] 이 분야에서 저작권이 구성되는 독특한 방법 때문에, 과학 분야에서의 출판이 소수의 출판사에 집중되게 되고, 특히 대규모 출판사가 독점을 하게 되는 상황이 벌어진다. 학술적인 경쟁은 이제 더 이상 단순한 연구자들 간의 콘테스트 정도로 생각되지 않는다. 이제는 메이저 출판사들(도서관과 연구기관들에게 저널 "패키지"를 제공하는)의 시장점유를 위한 투쟁이

---

[12] 이 세 곳의 회사가 전체 시장의 42%를 차지하고 있다. 그 나머지 시장은 소규모 출판사들이 나눠 가지고 있다. 과학 및 학술 저널이 차지하는 시장은 3%밖에 안 된다. 맥기건과 러셀(McGuigan and Russell, 2008)의 자료를 참조할 것.

[13] 도이치 뱅크(Deutsche Bank, 2015)

되었다. 이와 같은 "빅 딜(Big Deals)"[14]은 대학들이 빈약한 예산의 대부분을 책을 사는 데에 쓰도록 만들고, 도서관들은 과학 분야의 출판물에 대해 소매업자들이 이익을 만들어낼 수 있는 시스템으로 변화되게 만든다.

각 도서관에서 각각의 출판물의 품질에 따라 선택을 할 수 있게 해주는, 진정한 경쟁이 이루어지는 시장을 만드는 것이 아니라, 빅딜을 하고자 하는 이익집단들은 연구 기관들이 선택을 많이 할 수 없도록 묶음으로(bundled) 구입하도록 강요한다. 출판업자들은 매우 높은 영향력 지수를 가지고 있는 몇몇 아티클의 평판을 이용해서, 대학과 연구 도서관들에게 카탈로그에 실린 모든 저널이나, 저널 패키지를 구입하도록 요구한다. 이렇게 하다보면, 대학과 도서관이 저널을 구입하는 데 모든 예산을 써버리게 되는 것이다. 1986년부터 2011년까지, 미국에서 저널을 구입하는 데 쓴 비용은 402퍼센트나 증가하였다.[15]

과학의 새로운 활용법이 가져온 또 하나의 결과는, 인용 시스템에서 동료 리뷰가 맡은 역할이 진화하게 되었다는 것이다. 동료 리뷰는 현대 과학에서 독특하게 나타난 현상이다. 머튼(Merton)은 동료 리뷰가 맡은 역할에 대해 다음과 같은 정의를 내렸다. "과학에서의 심사위원 시스템. 저널에 실리기 위해 제출한 원고를 받아줄 만한지에 대해 평가를 하기 위해 평가자들을 체계적으로 활용하는 것. 심사위원은 사회 시스템에서 역할 수행의 수준을 평가하는 책임을 가지고 있는 평가자인 것이다."(1973, 460)

판단자이자 평가자로서의 이 역할은 미술이나 스포츠 분야에서도 존재하고 있다. 하지만 과학의 경우, 평가자는 특별한 기능을 수행한다. 과

---

14   에들린과 루빈펠드(Edlin and Rubinfeld, 2004) ; 오리기와 라멜로(Origgi and Ramello, 2015)

15   연구 도서관 연합(Association for Research Libraries), http://www.arl.org/strorage/documents/monoraph−serial−costs.pdf.

학적 진정성이 있는지를 정의하고, 과학으로서의 진실이라는 인증을 해주는 것 말이다. 물론 한계를 가지고 있기는 하지만 이와 같은 심판 시스템은 이제 전 세계적인 과학의 정의에서 핵심적인 요소로 생각되고 있다. 물리학자 존 지만(John Ziman)은 과학에서의 대량 생산이 가져오는 문제점에 대해 이와 같이 설명하였다. "유명한 저널에 실린 아티클은 저자의 의견을 단순히 대표하는 수준을 넘어선다. 그 아티클은 과학적 진정성을 담고 있다는 허가를 받은 것이다. 편집자와 심판들로부터 말이다. 심사위원은 전체 과학 비즈니스의 중심을 잡는 핵심 인물이 된 것이다."(1966, 148)

동료 리뷰 시스템은 연구 분야에 있어서 시장의 요구가 아니라 동료의 판단이 가치를 결정하는 독특한 생산 시스템을 오랫동안 구축해왔다. 평가자와 전문가들이 핵심적인 역할을 담당하는 다른 분야들도 있다(우리가 앞에서 살펴봤듯이 와인 분야도 그렇고, 스포츠 분야도 그렇다). 하지만 그 분야에서의 "전문가"가 반드시 동료인 것은 아니다. 와인이나 스포츠 분야의 전문가들은 동일한 와인의 제작자가 아니고, 같은 운동을 하고 있는 선수가 아니다(적어도 지금은 더 이상 그렇지 않다). 그래서 그들의 판단이 가지는 진정성은, 평가를 하는 대상과 동일한 서클에 속해 있다는 점 때문에 방해받지 않는다. 과학 분야의 경우에는 이와 같이 공유된 멤버십이라는 것이 매우 핵심적이다. 과학이 학문적인 직업의 기풍을 그렇게 많이 가지고 있게 된 이유가 바로 이것이다. 그 기풍이란 것은 상업적인 목적을 가지고 있는 직업들과는 매우 다른 특징을 지니고 있다. 과학의 자율성과 연구의 자유를 위해서는 이익을 얻고자 하는 동기가 없어야 한다는 핵심적인 조건이 존재하고 있는 것이다. 이 기풍 덕분에, 과학 분야와 정부 간에 비밀스러운 계약을 맺는 것도 피할 수 있게 되고, 과학기술 분야의 출판물이 높은 수준을 유지하게 되어, 결국 정부는 연구에 대해 지속적으로 투자를 할 수 있게 되는 것이다.

동료 리뷰는 1752년, 왕립 사회(Royal Society)가 회보(Philosophical Transactions)

의 수준을 보장하기 위해 만들어졌다. 오늘날에도 그때의 기능과 거의 비슷한 역할을 담당하고 있다. 예전에, 아티클은 왕립 사회 소속 구성원들에게 보여져서 판단을 받았다. 게재를 거부당하거나, 독특한 지식으로서, 그리고 한 단계 발전된 지식으로서 인정받는 평가를 받은 것이다. 마리오 비아지올리(Mario Biagioli, 2002)와 같은 몇몇 역사학자들은, 이 동료 리뷰 시스템이 시작된 과정이 다소 모호하다는 것을 인정하기는 했지만, 동료 리뷰를 통해 18세기의 도서 검열로부터 벗어나서, 정제된 과학 저널을 만들어낼 수 있었다는 것을 인정하고 있다.

오늘날, 동료 리뷰가 담당하는 역할은 영향력 지수와 인용 지표에 대해 매우 많은 가중치를 주게 되면서 빛을 잃어가고 있다. 그럼에도 불구하고 동료 리뷰는 자신의 연구결과물을 과학 분야 저널에 싣기 위해서는 반드시 넘어가야 하는 필수적인 장애물로서의 역할을 여전히 하고 있다. 이제 남아있는 기능은, 출판물의 "과학성"을 보증해주어, 저자들이 금전적 보상을 받지 못하는 점을 타당화시켜주는 것이다. 동료 리뷰 시스템이 있는 저널만 저자들에게 보수를 지불하지 않고 있다(심판들도 역시 보수를 받지 못한다는 점을 기억할 필요가 있다). 그래서 동료 리뷰는 과학적 저작권이 상업적인 방향으로 변형되는 것을 막아내는 장벽의 기능을 여전히 하고 있지만, 평판과 명성을 얻을 수 있는 핵심적인 역할로서의 기능은 점점 줄어들고 있다. 카르피크(Karpik)는 과학적 선택 프로세스에서 "인용" 모델과 "위원회" 모델을 구분한다. 인용(citation) 모델이 연구 펀드와 승진 기회를 얻는 데에 특히 더 영향력이 크다. 위원회(committee) 모델에서, 동료와 전문가의 의견, 그들의 평판과 권력에 대해서는 앞에서 우리가 보았듯이, 인용의 수에 따라 정량적으로 영향력이 계산되는 상황이 늘어나면서, 시간이 갈수록 문제점이 제기되고 있다.

즉, 연구 분야는 이제 모순적인 상황에 처해 있다. 기존에 구축해온 시

학문적 평판 / 자발적인 지식적 종속

스템의 폐해가 인정되고 있지만, 차마 그 시스템에서 벗어나기는 힘든 상황이 된 것이다. 우리가 지금 가지고 있는 시스템은 연구자들 간에 평판을 얻기 위해 개인적으로 경쟁했던 기존의 게임을 이용한 것이다(동료들의 인정과 판단을 기반으로 하여). 그런데 그 시스템에서 이익을 얻는 것은, 연구자도 아니고 대학도 아닌, 시장 경쟁 논리에 따라 운영되는 과학 분야의 출판기업들인 것이다. 이러한 상황을 보면, 평판을 얻기 위한 전략과 동기는 손쉽게 경제적 전략과 동기로 변환될 수 없다는 것을 알 수 있다. 그러려면 기존에 당연하게 여겨졌던 상호작용 시스템을 완전히 변화시켜야만 한다.

예를 들어 한번 생각해보자. 옥스퍼드 영어사전이 정의한 "경쟁(emulation)"은 다음과 같다. "특정한 성취를 하거나 특정 수준에 도달하는 데 있어서 다른 사람들과 동등해지거나 그들을 넘어서기 위한 노력. 남들과 동등해지거나 그들보다 우월해지기 위한 욕구나 야망." 모든 성공적인 스승－제자 관계는 이와 같은 야망과 희망에 의해 강화되는 것이다. 우리의 선생님들이 가지고 계셨던 내적 가치와 가치가 증명된 성취물들을 보면, 우리는 그들의 지적 권위를 인정하게 된다. 하지만 그들의 저술 및 발견에 대한 우리의 존경심 또한 그들을 능가하고 싶은 욕구를 강화한다. 이러한 과정을 통해 지식이 발전하게 되는 것이다. 경쟁, 또는 사회구성원들의 시선 앞에서 이미 좋은 성과를 내고 있는 사람들을 넘어서고자 하는 욕구는 교육이 기반하고 있는 가장 오래된 원칙들 중의 하나이다. 올림픽 경기에서의 표창의 중요성을 강조했던 헤로도토스(Herodotus)에서도 그 예를 찾아볼 수 있다. 경쟁은 명성 및 평판과 연결되어 있는 긍정적인 동기요소로 여겨지고 있다. 우리는 우리의 스승들보다 더 잘 하고 싶다. 우리가 인정받기를 원하는 환경에 의해 정의된 탁월함의 표현을 얻는 과정을 통해서 말이다(학위, 수상, 평가단의 축하 등).

모든 과학기술 분야 선배들의 실력을 넘어서는 것과, 현재 존재하고 있는 과학기술 커뮤니티 구성원들로부터 긍정적인 평판을 얻어내는 것 사이에서 균형을 유지한다는 것은 이 분야에 속한 사람이라면 누구나 경험하고 있는 도전과제이다. 우리는 이미 성취되어 있는 성과 수준을 넘어서기 위해 움직여야 하지만 동료들의 인정을 받기 힘들 만큼 너무 멀리 가서도 안 되고, 우리가 확장하고 싶어하는 문화적 전통과의 연계를 끊어버려서도 안 된다. 너무 과한 혁신도 무리수이며, 인정받지 못할 위험을 너무 크게 감수하는 것도 우리의 전통에 대한 위협으로 받아들여질 수 있다. 안타깝게도 이 위험을 피하기 위한 노력의 결과는 종종 경쟁의 효과에 대한 비판을 합리화하는, "전통과 권위를 중시하는 학풍(academicism)"으로 나타난다.[16]

대부분의 경우, 경쟁이 명성 논리에 기반한 시스템의 "미덕"이라고 여겨지는 것은 사실이다. 하지만 현대 과학의 상업적 시스템은 의미있는 경쟁(emulation)을 단순한 수준의 겨루기(rivalry)로 대체해놓았다.[17] 겨루기(rivalry)의 사전적 정의는 "동일한 것에 대해 주장하는 사람들과의 경연(competition)"이다. 경연을 해서 목표에 도달하고자 하는 열정이 핵심적으로 필요하고, 그 과정에서 라이벌을 제치게 되는 것이다. 하지만 이와 같은 형태의 경연(competition)은 라이벌에 대한 존경에 의해 동기화되지는 않는다. 라이벌이 우리가 경쟁하고 싶어하는 대가와 다른 점은, 우리와 같은 길을 가는 사람이고, 싸우고 물리쳐야 하는 대상이라는 점이다. 학술적인 탁월함을 인정받는다는 것은 경쟁자들을 물리칠 만큼 뛰어난 모습을 보인다는 의미이다. 그래서 윤리적으로 미심쩍은 관행들(예 : 살라미 자르

---

16   교육 분야에서의 경쟁이 가지는 가치는 교육학의 고전적인 주제이다. 콕스웰(Cogswell, 1836) 자료 참조.

17   카르피크(Karpik, 2011)

기 같이, 아티클 하나를 분할해서 여러 개의 독립 아티클로 논문에 싣기)을 촉진하는 이 새
로운 시스템의 경향성은 한 사람이 저널에 실은 논문 개수를 인공적으로
부풀리게 만든다. 유사한 목적을 가진 다른 관행을 보면, 자기 표절, 권력
자로서의 위치를 이용하기(예 : 저널 아티클에 대한 심사위원이 되기), 다른 사람들
에게 과시하기 위해 자신의 논문을 인용하기 등이 있다.[18]

정리해보면, 이와 같은 새로운 시스템이 만들어낸 역동은 경쟁적·상업
적으로 이익추구를 하는 논리를 과학기술 분야의 연구자들에게 적용시키
고 있다. 동료들로부터의 존경과 같은 비물질적 혜택의 추구를 해왔던 학
술 연구자들에게 말이다. 경쟁(emulation)과 겨루기(rivalry)의 차이가 연구자
들에게 동기부여를 할 수 있는 열정이라는 것을 되새겨 보면, 현재의 상
황이 얼마나 이상한가를 알 수 있을 것이다. 연구자들이 자신의 연구성
과를 증명하는 방법뿐 아니라 연구 관행마저도 왜곡되고 있다. 현재 창
출되고 있는 아주 많은 과학기술 분야의 연구결과물이 별 의미가 없다는
것을 모든 사람들이 인식하고 있으며, 지식 생산 시스템을 유지하는 것
이상의 목적은 없는 경우도 자주 있다.

그럼에도 불구하고, 현재 철옹성처럼 존재하고 있는 연구 분야의 논리
에서 벗어나기란 매우 어려운 일이다. 시장 시스템과 마찬가지로, 연구
분야의 논리도 유지되어야 하는 내재적 필요성을 스스로에게 부여한다.
과학기술 분야의 성과물이 가지고 있는 독특한 특성은, 일반적인 개념의
소비자도 없고, 수요공급의 논리도 적용되지 않는다는 것이다. 과학 분
야 출판사들과 같이 이득을 위한 선점 투쟁을 하는 것도 아니다. 과학기
술 분야의 연구자들은 동시에 지식시스템의 생산자, 소비자, 평가자이기
도 하다. 그들의 활동에 적용되는 논리는 시장의 논리가 아니라, 행복한

---

18   카사티, 오리기, 시몬(Casati, Origgi, and Simon, 2011)

소수의 논리이다. 이 논리는 항상 사회의 권력 행사자들을 불편하게 했다. 예측도 불가능하고 통제도 어려웠기 때문이다. 사회통치자들은 언제나 지식의 생산 및 습득 과정을 통제하고 싶어했다. 이와 같은 열망은 오늘날 새로운 시장의 신념에 포함되어서 희한한 결과들을 만들어내고 있다. 가장 치명적인 결과는, 물질적 이득의 논리가 이제 과학기술 분야 커뮤니티에 들어와서, 존중감과 평판이라는 전통적 논리를 대체하고 있다는 것이다. 이 책의 전반을 걸쳐서 보았듯이, 물질적 동기와 비물질적 동기 사이에 존재하는 변화무쌍한 경계선 때문에 과학 분야 연구자들이 혼란을 겪고 있다. 자신이 하고 있는 행동을 명확히 설명하기도 어려워졌고, 지식이 많은 사람들로부터의 인정을 통해 두 번째 자아가 보상을 받을 때보다 합리적인 사고를 하기도 더 힘들어졌다.

현대 연구 분야의 시스템에서 볼 수 있는 예측 불허의 변화에 대한 우리의 논의에서 결론을 내리려면, 세 번째 "명성의 경제"에 대해 간단하게 살펴보는 것이 좋을 것 같다. 연구기관들 간의 국내·국제적 경쟁에서 독특하게 나타나는 탁월함의 경제학 말이다.

이 경제도 마찬가지로 연구기관을 분류하는 데 있어서 새로운 평판 시스템이 도입되고, 연구기관 및 대학들에 회계감사 문화가 들어오면서 많은 변화를 겪어 왔다. 다른 경우와 마찬가지로 다양한 결과들이 발생했지만, 이번에는 완전히 예측하지 못했던 일이 발생했다.

연구 관리의 새로운 "소비에트론(Sovietology)"

소비에트 연방(Soviet Union)이 1990~1991년에 붕괴했을 때, 소련 연구자들은 자신의 직업에 미래가 있을까에 대한 걱정을 했었다. 그래서 1994년부터 2002년까지 영국의 경제와 사회 연구 의회의 의장이었던 론 암만(Ron Amman)은, 소비에트 시스템에 대한 자신의 지식이, 1980년 초반

이후부터 영국에서 지배세력으로 성장한 과학연구 분야의 새로운 관리 문화에 너무나 간단하게 변형적용이 가능하다는 것을 알고 깜짝 놀랐다.

> 내가 20년 동안 소비에트의 중심 계획에 대해 집중적으로 연구했던 기간은, 시간 낭비가 아니었다는 생각이 점점 들기 시작했다. 그 과정을 통해 나는 독특한 역량을 얻었던 것이다. 기술적 전문성이 아니라, 이해방법에 있어서 말이다. 영국의 공공 영역에서 관리의 필요성이 늘어나게 되면서, 대부분의 내 동료들은 혼란스러워했고 이해를 하지 못했었는데, 이는 예전에 소비에트를 연구한 사람에게는 곧바로 이해할 수 있는 상황이었다.(2003, 287)

암만은 대영제국의 고등교육 시스템이 가지고 있는 다양한 행정적 직급의 수를 파악하고, 그 수준의 수를 소련의 기계 도구 산업에 존재하는 행정적 직급의 수와 비교하였는데, 두 가지의 관료주의적 구조에는 유사점이 많다는 것을 발견하였다.

"이와 같은 계획 시스템 내에서는 거래들의 규모가 엄청나게 컸고, 실제적인 통제가 불가능할 만큼 복잡한 상호의존적인 관계가 존재했다."(2003, 289) 사실, 이 시스템 내의 모든 배우들은 다음과 같은 의무를 성공적으로 수행해야 했다. 과제해결, 마감기한 내에 "제공 가능한 성과물" 창출, 시스템의 성과 측정기준을 만족시켰다는 것을 증명하는 일일 생산 보고서 작성. 영국 시스템은 1979년, 대처(Thacher) 수상의 정책 — "시장을 강화시킴으로써" 공적 예산을 감소시켜서, 고등 교육에 유사 시장 문화를 소개함 — 이후부터 만들어졌다. 하지만 정부기금의 지원을 받는 교육과 연구가 진정한 시장이라고 말할 수는 없다. 왜냐하면 정부가 예산을 지원해주었고, 일반 경제적 시각으로 보았을 때 소비자가 없었기 때문이다. 영국에서, "연구생산물"의 수준을 평가할 수 있는 사람은 생산자(교수, 연구자)보다 역량이 낮은 경우가 많다. 이와 같은 회계 감사 문화가 들어오면서 학문적 문화에 대해 강압적인 식민지화 정책이 발생하게 되었다. 암만(Amman)의 주장에 따르면, 이와 같은 변화는 정치적인 동기 유발요소가 되고, 연구 기관과 대학의 자율성을 방해하려는 목적을 가지고 있다고 한다.

멩거와 메레세(Menger and Mairesse, 2015)의 연구가 보여주었듯이, "성과 문화"는 연구의 평가와 교육의 평가 간의 관계에 대해 바람직하지 않은 영향을 주어 왔다. 연구는 경쟁적 활동인 반면, 교육에서의 경쟁적 요소는 그다지 많지 않다. 오늘날 유명한 상하이 랭킹(Shanghai Ranking)[19]과 같이 대학에 대해 평가를 하고 순위를 매기는 국제 시스템에서는 학생지도보다는 연구에 더 많은 가중치를 두고 있다. 왜냐하면, 표준 경제 지표를 사용해서 연구가 가지고 있는 가치를 계산하는 것이 훨씬 더 쉽기 때문이다.

이러한 상황을 보면, 왜 대학 행정부에서 핵심 직무가 학생지도(지식을 다음 세대로 전달하는 일)인 교수들에게 연구물을 "생산"해내기를 강조하면서 많은 인센티브들을 만들어내고 있는지를 알 수 있을 것이다. 이렇게 모든 것에 우선해서 연구에 전념하라는 메시지를 받다보니, 교수들이 대학에서 요구하는 기준을 충족시키기 위해 논문의 개수를 늘릴 수 있도록 그저그런 논문들을 많이 써대는 결과를 낳고 있다. 이와 같이 재앙에 가까운 영국의 상황은 — 다른 유럽 국가들에게 따라하지 말아야 할 모델로 기능했어야 하는데 — 오히려 긍정적인 본보기로 삼아져서, 2000년대에

---

19   세계대학순위(Annual Ranking of World Universities, ARWU)는 2003년, 상하이의 자오퉁(Jiao Tong) 대학에서 시작되어 매년 발표되는 순위로서 세계적인 평판을 가지고 있다. 노벨상이나 필즈상(Fields Medal) 수상자를 최소한 한 명 이상 배출했거나 네이처(Nature)지나 사이언스(Science)지에 많은 아티클을 실은 교수들이 있는 대학을 높게 평가한다.

유럽연합의 관료제를 만들어냈다. 그 관료제에서는 로베르트 무질(Robert Musil)이 '특성 없는 남자(The Man without Qualities)'에서 '평행 캠페인(Parallel Campaign)' — 목표와 내용이 도대체 무엇인지도 잘 모르겠지만, 어쨌든 위대한 프로젝트 — 이라고 묘사한 태도로 연구 분야를 관리하기 시작했다.

> 디오티마(Diotima)는 '평행 캠페인'을 독특하고 다시는 얻을 수 없는 기회로서, 세상에서 가장 위대하고 가장 중요한 것이라고 말하기 시작했다. "우리는 정말 대단한 아이디어를 실현해볼 거야. 그래야만 하고. 기회가 있으니까. 그 기회를 망쳐버리면 안돼." "뭔가 특별한 아이디어가 있어?" 울리히(Ulrich)가 순진하게 질문했다. 그럴리가. 디오티마는 아무 생각도 없었다. 무슨 생각이 있었겠는가? 그 일을 세상에서 가장 위대하고 중요한 것이라고 말하는 사람이 아무도 없다는 것은, 결국 아무것도 아닌 일이라는 것이다. 그렇게 말할 수 있는 일이라는 것이 뭐가 있겠는가? 이 부분에서는 더 위대하고 더 중요한 일이지만, 다른 부분에서는 더 아름답거나 슬픈 일이 존재할 수 있는 것이다. 결국, 다양한 가치를 비교하려면 목표와 최상급의 상태에 대한 하나의 합의가 필요한 것이다.(1996, 95)

학술적 경쟁에 대한 새로운 규준에 따라 명성을 얻기 위한 게임을 하는 것은, 9장 초반에 이야기했던 굴욕 게임과 다르지 않다. 좋은 평가를 받기 위한 경쟁에서 이기기 위해 기를 쓰다보면, 결국 우리의 "핵심적인 부분", 즉 순수한 지식을 추구하는 과학자와 학자로서의 평판까지 망쳐버릴 수 있다는 것을 기억할 필요가 있다.

Reputation in Democracies: Instruction for Use

10장

민주주의에서의 평판 : 활용지침서

본질은 말로 만들어지는 것이 아니다. 그냥 그 자체이다.

알레한드로 이냐리투(Alejandro G. Iñárritu),
영화 '버드맨; 무지의 예상치 못한 미덕(Birdman; The Unexpected Virtue of Ignorance)' 감독

아카데미상을 수상한 영화 '버드맨'에서, 리건 톰슨(Riggan Thomson)은 분장실 거울 앞에서 수잔 손택(Susan Sontag)의 글을 인용한 대사를 읊는다. 리건은 슈퍼영웅 버드맨 시리즈의 주인공 역할을 맡아서 20년 전, 할리우드에서 유명했던 배우였다. 그가 인용한 구절은 "본질은 말로 만들어지는 것이 아니다. 그냥 그 자체이다(A thing is a thing, not what is said of that thing)"였다. 영화 초반부터 리건은 브로드웨이의 연극배우로서, 자신의 커리어를 다시 살려보려고 애쓴다. 할리우드 슈퍼영웅으로서 받았던 환호 속에서 즐기면서 살 때 잃어버렸던 자신의 진정한 모습을 찾고 싶은 것이다. 하지만 버드맨이라는 또 다른 자아는 과거로부터의 목소리가 되어 그를 계속해서 괴롭힌다. 버드맨 자아는 리건에게 브로드웨이 야망을 버리라고 말하고, 한때 자신이 입었던 슈퍼영웅으로서의 부풀려진 모습을 되찾는 것이 옳은 일이라고 강조한다.

리건의 마음속에 있는 버드맨은 열성 영화팬들의 시선 속에서만 존재했던 모습으로 돌아가야 한다고 유혹하는 사이렌의 노래(siren song)를 부른다. 초반에 그는 이와 같은 유혹에 저항하려 한다. 레이먼드 카버

(Raymond Carver)의 단편소설 『사랑을 말할 때 우리가 이야기하는 것(What we talk about when we talk about love)』을 연극으로 만드는 작업에 한층 더 열중한다. 하지만 결국 그는 굴복하고 만다. 이 영화가 전해주는 메시지는, 진정한 자기란 존재하지 않는다는 것이다. 우리는 다른 사람들이 말해주는 것이 바로 우리 자신이라고 생각한다. 그 이상은 없는 것이다. 우리의 사회적 이미지를 넘어서는 정체성이란 존재하지 않는다. 다른 사람들과 공유하지 않는, 온전히 스스로만 알고 있는, 우리 자신의 숨겨진 부분이란 없다는 것이다. 우리의 이미지를 비춰주는 수천 개의 사회적 거울을 벗어난 진정한 자아란 존재하지 않는다. 우리는 다른 사람들이 우리에 대해 이야기하고 생각하는 것과 별개로 존재할 수 없다.

리건 톰슨의 의식은 헤겔(Hegel)이 이야기한 '정신(spirit)'의 만화 버전이라고 말할 수 있다. 그의 자아는 인정받고 싶은 욕구, 다른 사람들이 자신을 알아봐주고 관심을 가져주었으면 하는 욕구 자체인 것이다. 레이먼드 카버의 이야기 또한 비슷한 내용이지 않은가? 결국, 카버가 사랑에 대해 이야기할 때 말하고 싶은 것은 무엇일까? 다른 사람들의 시선 안에서 사는 삶에 대해 많은 신경을 쓰고 있다는 의미가 아닐까? 카버의 단편소설 모음집의 타이틀 소설에서, 테리(Terri)를 학대했던 전 남자친구 에드(Ed)는 그녀가 더 이상 자신을 사랑하지 않는다는 것을 발견한다. 그 후에 에드가 자살을 한 것은 사랑의 행동이 아니었을까? 카버는 아마 그렇다고 할 것 같다. 왜냐하면 테리의 사랑이 없다면 에드는 존재하는 것이 아니기 때문이었다.

영화 버드맨의 주인공은 상처를 입었고 방향성을 잃은 사람이다. 과거 경험했던 슈퍼영웅으로서의 자기 이미지는 그의 주위에 존재하고 있는 성공, 영광, 예술, 유명세, 사랑에 섞여 있는 인정과 조화되지 못하고 계속해서 삐걱거리는 불협화음을 만들어낸다. 그를 불편하게 만들고 힘들게 만드는 현실은, 분장실 거울 앞에서 인용했던 글은 완전히 틀렸다는 것이다. 즉, 그를 계속해서 유혹하는 버드맨 도플갱어의 말이 옳다는 것이다. 무엇인가에 대해 이야기되는 것이 없다면, 그것은 아무것도 아닌 것이다(a thing is nothing but what is said about that thing).

영화 버드맨의 주제는 이 책의 주제와 동일하다. 사람들이 우리, 그리고 존재하는 모든 것에 대해 이야기하는 것은, 우리가 자신에 대해 알 수 있고 세상에 대해 인식할 수 있도록 해주는 유일한 창문을 제공해준다는 사실이다. 그 이유는 간단하다. 존재한다는 것은 순위체계 내에서, 비교를 가능하게 해주는 시스템 안에서 가치를 매겨준다는 것을 의미한다. 존재한다는 것은 비교 가능하다는 것을 말한다.

이와 같은 "도덕의 형이상학"은 중요한 인식론적, 정치적 함의를 가지고 있다. 인식론적인 이야기부터 시작해보도록 하자. 우리가 앞에서 이야기했듯이, '존재한다는 것은 비교가능하다는 것이다'라는 주장은 지식에 대한 고전적인 개념(지식의 대상을 인식한다는 것은 그에 대한 평가에 선행한다)을 뒤집어놓는다. 내가 주장했던 것은 고전적인 개념과 정반대이다. 우리는 알기 위해 평가를 한다. 평가 시스템 내에서 지식의 대상을 어디에 배치해야 하는지를 알아야만, 각 대상을 비교할 수 있다. 그렇다고 해서 모든 것이 만들어지는 과정에서 객관성이란 존재할 수 없다는 극단적인 상대주의에 빠질 필요는 없다. 우리가 알고 있는 세상이 전부 구성된 것이라고 해도, 특정 구성방법이 더 타당한 것이 존재할 수 있고, 우리의 지적인 삶과 도덕적인 삶을 개선하는 데 있어서 더 많은 기여를 할 수 있는 것이 있는 것이다. 우리 주위에 있는 것들을 이해할 수 있게 도와주는 다양한 정보분류 및 평가 시스템에 의지해서, 우리는 지식이나 신념의 이유를 얻을 수 있는 원천으로서, 평판의 좋은 활용과 나쁜 활용을 구분할 수 있다.

이와 같은 시스템이 가지고 있는 편견과 인지적 결함(4장과 5장에서 자세히 설명되었음)이 보여주는 것은, 평판의 좋은 활용과 나쁜 활용을 구분하는 기준은 인식적 책임감이라는 사실이다.

어떤 의사의 병원이 도시의 유명한 지역에 위치하고 있다는 이유만으로, 내가 그 의사를 신뢰한다고 해보자. 그렇다면 나는 지금 알아보고 싶은 의사에 대한 객관적인 평가를 얻을 가능성이 거의 없는, 결함이 있는 평판 휴리스틱을 사용하고 있는 것이 분명하다. 다른 정보들을 살펴볼 수 있다면(예 : 의사의 학부 네트워크, 의대 학위, 의사가 근무했었던 병원, 의사의 의학 관련 출판물들), — 좀 간접적인 자료이기는 하지만 — 의사의 전문성에 대해 보다 정확한 판단을 내릴 수 있게 될 것이다. 신중하게 판단 근거를 고른다는 것은, 내가 현재 사용할 수 있는 간접적인 정보들을 다 활용한다는 것뿐 아니라, 내가 가지고 있는 인식적 능력을 발휘한다는 의미이기도 하다. 내가 얻는 정보들과 내가 그 정보를 신뢰해야 하는 이유에 대해 항상 경계하는 태도를 취하는 것 말이다.

우리가 활용할 수 있는 대부분의 정보들은 간접적인데다가, 다른 사람들의 평가에 따라 달라지는 것이다. 하지만 그렇다고 해서, 현대 사회에서 지식의 사회적 획득에 대한 주장을 했던 사람들 — 캐스 선스타인(Cass Sunstein)이 '인포토피아(Infotopia)'에서 했던 주장, 프랑스 사회학자 제랄드 브로너(Gérald Bronner)가 '속기 쉬운 민주주의(La démocratie des crédules)'에서 했던 주장 — 이 제시한 약간 피해망상적인 이야기같이, 우리라는 존재가 조종당하기 쉽다는 의미는 아니다. 정보의 획득과 필터링을 위한 새로운 집단적 메커니즘들이 만들어내는 시너지는 우리를 속이는 것이 아니라, 과거보다 더 정교한 인지적 능력을 갖출 수 있도록 도와준다. 간단하게 말하면, 이제 우리는 과거와는 다른 인지적 스킬을 쓰고 있는 것이다. 현재, 우리의 사회적 인지 — 믿을 만한 사람이 누구인가, 어떤 정보가 신뢰로운가에 대한 파악 — 는 개인적인 숙련도를 키우는 것보다 훨씬 더 중요해졌다(개인적인 인지 능력은 사실 이제 기계가 대신해서 더 잘 할 수 있는 부분이 많으니까). 현재 활용 가능한 정보의 홍수 속에서 "좋은" 정보를 골라내야 하는 인지적 책임은 정보제공자와 정보수용자 모두에게 있는 것이다.

정보를 받는 사람이라고 해서 수동적이거나 아무 생각이 없고, 자신이 가지고 있는 인지적 편견에 대한 비판력이 없거나, 아이들과 같이 듣는 족족 믿어버리는 태도를 가져서는 안 된다. 물론, 정보를 제공하는 사람은 정보를 전달할 때 정직하고 양심적으로 행동해야 하는 것은 물론이다. 하지만 이 세상은 완벽한 곳이 아니므로, 신뢰여부가 불명확한 정보원으로부터 정보를 받는 사람은 우선 그 정보가 잘못되었을 가능성에 대해서도 생각하고 있어야 한다. 어디서 얻었는지도 모르는 URL인지도 모르는데, 그 웹페이지의 내용을 무조건 신뢰한다면, 책임감있는 정보 소비자로서의 행동을 하고 있다고 말할 수 없을 것이다. 웹에 올려져 있는 디지털 문서에 디지털 콘텐츠 식별자(Digital Object Identifier : DOI) 번호가 있다고 해서 문서 내용을 바로 믿어버린다면 — 그 번호가 어떻게 그 문서에 매겨져 있는지에 대해 알아보지도 않은 상황에서 — (사실 어떤 기관도 DOI 번호는 쉽게 얻을 수 있고, 그 출판물의 과학적 명성과는 아무 상관도 없다. 도서가 가지고 있는 국제표준도서번호(ISBN)와 유사한 것이기 때문이다), 나는 내 인식적 능력을 책임감있게 활용하지 못한 것이라고 말할 수 있겠다. 전 세계에서 최고의 대학은 국제적인 순위의 1위를 차지한 곳이라고 믿어버린다면(그 순위체계에서 뛰어남을 판단하는 기준이 무엇인지, 그리고 어떻게 대학을 선택하는지에 대한 과정에 대해 내가 전혀 알지 못하는 상태에서), 나는 또한 인식적인 책임을 다하지 못한 것이 된다. 즉, 학술적 기관의 순위를 포함한 모든 평가기관의 예측을 우리가 무비판적으로 받아들여야 하는 이유는 아무것도 없다. 우리의 인지적인 삶에서 점점 더 중요한 위치를 차지하고 있는 정보 필터링 알고리즘을 무작정 신뢰할 필요는 없는 것이다. 평가 시스템과 정보 필터링 메커니즘은 절대 중립적일 수가 없기 때문에, 그 구성방법에 대해 2차 분석을 통해 비판을 받는 것이 당연한 것이다. 인식적 책임감이란 제시된 가치 계급과 정신적 스키마를 무비판적으로 수용하지 않으려 하는 태도라고 말할 수 있겠다.

오늘날의 정치적, 조직적 판단들은 대부분 책임감이 부족한 상태에서 결정이 되곤 한다. 왜냐하면, 특정 사람이나 조직의 평판에 기반한 (수상한) 기준을 무비판적으로 받아들여서 결정을 하기 때문이다. 이때에 그 결론을 어떻게 내리게 되었는지에 대해 검증하는 사람은 아무도 없다. 평판이 미치는 영향과, 그 유혹적인 파워에 대해 검증해보면 바로 알 수 있는 사실이다. 아무리 냉소적인 편집자나 문학 평론가라도 내셔널 북 어워드(National Book Award)나 공쿠르상(Prix Goncourt)의 새로운 수상자에게 무관심하지는 못한다. 수상자가 결정되는 과정이 투명하지 못하다는 사실을 모두 알고 있음에도 말이다. 우연히 일어나는 사건들에 대한 맹목적인 믿음과 같은 것이다. 타당화되지 않은 낙관주의와 연계된 인식적 운명론은 어떤 정보를 신뢰할지에 대해 결정하는 방법을 암묵적으로 구성한다. 거의 우연히 일어난 사건들을 종합해서, 우리는 특정한 사람이나 사물에 대한 공적인 순위를 매우 높게 잡게 된다. 그리고 이 순위가 상식이 되기만 하면, 그 사람이나 사물은 절대 예전 같이 별 의미없는 존재로 보이지 않는다. 중요한 순위목록에서 높은 곳에 위치해 있다는 단순한 사실 하나만으로 평판 보너스를 받게 될 것이기 때문이다. 실제로 어떤 과정을 통해 그 목록에 들어가게 되었는지를 생각하는 사람들은 아무도 없다. 유행에 민감한 부자들과 마주칠 수 있는 곳에 자주 가서 사람들을 만나고 싶어하는 속물들을 보면, 이와 같은 순위의 간접적인 효과를 명확하게 볼 수 있다. 초대도 받지 않고 그런 곳에 간다고 해서 자신이 더 부자가 되는 것이 아닌데도 불구하고, 유명한 사람들의 모임에 참석하는 것만으로도 행복한 소수집단에 소속된 느낌을 받는 것이다.

이와 같은 속물 사례에서와 같이 그다지 손해를 볼 수 있는 것은 아닐지라도, 평판의 가치에 대해 직관적으로 판단하는 것은 위험할 수 있다. 그 판단이 정치적인 삶과 공적인 선택에 영향을 미칠 때라면 말이다.

그렇다고 해서, 조직들이 평판을 기반으로 단순하게 판단하고, 충분한 정보없이 의사결정하는 행동이 항상 잘못되었다고 말하는 것은 아니다(망상장애 느낌을 줄 만큼 모든 것을 과장해서 설명하는 접근법은 지양할 필요가 있다). 많은 경우, 그러한 결정은 무지의 결과로 생겨난다. 물론, 통치자의 무지는 전문적 위법행위로 간주되는 것이 옳을 것이다. 해리 프랑크푸르트(Harry Frankfurt)가 에세이 "헛소리에 대하여(On Bullshit, 2006)"에서 주장했듯이, 때로 무능(incompetence)은 부정(dishonesty)보다 더 나쁜 죄가 될 수 있다. 왜냐하면, 무능한 사람들은 자신이 살고 있는 사회에 좋지 못한 영향을 주었다는 사실도 인식하지 못하기 때문이다.

순위체계로부터 정보를 주로 얻으며 평판을 중요시하는 사회의 구성원들은 가치로 가득한 정보들의 바다를 항해할 수 있는 스킬을 개발할 필요가 있다. 순위체계가 어떻게 만들어졌고, 누가 구축과정에 참여했는지에 대해 검토해보지 않은 상태에서 그 순위체계의 결과를 무비판적으로 수용하는 행동만은 하지 말아야 한다. 예를 들어 보자. 오늘날, SCI(과학기술논문 인용색인)나 다른 유사한 알고리즘과 같은 국제적인 평가 매트릭스와 새로운 학술 평가 매트릭스들이 다양하게 모든 나라에 소개되고 있어서, 과학자나 연구자가 아닌 일반인들조차 학술계의 과학적 성과에 대해 평가를 할 수 있는 상황이 되었다. 이 평가지표들이 오용될 것을 막기 위한 비판적 접근법은 사회과학이라는 특별한 영역에서도 최근에야 개발된 정도라, 사람들이 이와 같은 매트릭스에 대해 충분한 정보 없이 접근하는 것을 제대로 막아주지 못하고 있다. 과학 분야의 연구자들을 평가할 때 그 연구자의 "성과"만 측정하다 보면, 연구자들이 표준 측정 기준을 맞추기 위해서만 성과를 만들어내는 경우가 생기게 된다 ― 케인스(Keynes)의 가설과 같이, 구덩이를 파는 이유는 그 구덩이를 메꾸기 위해서인 것이다 ―. 이러다 보면, 실제로 연구자가 과학 분야에 어느 정도 가치있는 기여를 했는지를 판단하는 중요한 문제는 풀기가 어려울 수 있다.

우리는 여전히 기존에 존재하는 인식적 계급들 사이를 효과적으로 여행할 수 있는 방법이 부족하고, 권력자가 순위체계를 조작해서 불공정하게 평판을 공고화시킬 가능성을 막아줄 수 있는 적절한 방법이 부족하다.

철학 분야의 긴 역사 동안, 전통적 인식론은 세상에 대한 직접적인 지식, 즉 지각(perception)과 추론(inference)을 다루어왔다. 하지만 오늘날의 우리가 흥미를 가지고 있는 인식론은 세상에 대한 간접적 지식에 초점을 맞추고 있고, 이에 대한 역사는 매우 짧은 편이다. 그 결과, 대상을 평가할 수 있는 방법이라고 제시되는 것들 ― 순위 시스템, 명성의 매트릭스 ― 은 비과학적인 직관과, 사회적 지위에 대한 주관적 불안에 기반하는 경우가 많고, 계급의 지각과 관련된 전통적 편견에 영향을 많이 받는다. 결국, 인정과 사회적 정체성의 원천으로서 평판을 이용하는 것은 바람직한 경우도 있고 나쁜 경우도 있다는 것이다. 이것이 바로 우리가 논하고자 하는 주제의 윤리적인 측면과 정치적인 측면이다.

명예, 계급, 그리고 민주주의

뒤르켐(Durkheim)과 베버(Weber)가 문을 열었던 사회 과학에서는 일반적으로 서구 사회의 발전이란 계층화와 가부장제가 매우 강했던 사회(사회적 계급과 정치적 통치자들과의 관계가 깊었던 시스템)로부터 관료제가 통치하는 사회(특정 지도자가 없는 합리적 관리)로의 이동이라고 분석한다. 베버는 다음과 같이 표현했다. "저항하기가 가장 힘든 힘은 합리적인 규준이다. 개인적인 카리스마뿐 아니라 특정 지위를 가진 집단의 계층화를 막아줄 수 있고, 사회의 구성원들을 합리적인 방향으로 이끌어갈 수 있다."[1]

예전의 사회가 전형적으로 특수주의(particularism)에 기반해서, 혈연관계, 개인적 충성도, 계급이 중요했던 시대였다면, 그 사회를 현대화시키는 작업에는 합리화, 보편화, 탈개인화, 평등주의를 강화시키는 과정이 포함되었다.

사회과학에서의 근대성(modernity), 특히 후반기의 근대성은 명예와 명성을 합리화하는 과정에서, 사회의 주요한 구조화 원칙으로서 존재했던 "지위(status)"를 "계약(contract)"으로 대치시키는 경우가 많았다. 이와 같은 시각에 기반해서 전 세계가 관료제화(bureaucratization)되기 시작했다. 더 이상 개인의 배경과 혈통 때문에 지위나 명예를 부여하지 않게 되었고, 그보다 각 개인이 가지고 있는 관료적 사무실을 중시하게 되었다. 그 사람의 가족 배경이나 혈통과 상관없이 갖게 된 사무실이기 때문이었다. 근대 사회에서 각 개인이 가지는 사회적인 지위는 가족의 평판이 아니라, 사회적 계층 안에서 획득한 위치에 기반하게 된다. 이렇게 근대 관료제가 사회적 지위를 합리화시켰다면, 그 지위체계를 없애려고 할 리가 없다. 근대 사회에 존재하는 조직들은 구성원들을 계급으로 나누기 때문에, 사람들은 이전 시대에도 존재했던, 더 높은 지위를 얻기 위한 상징적 투쟁을 또다시 하게 되었다. 대학들은 학생들이 높은 계급으로 올라가는데 도움이 되는 증명서, 학위증을 발급하고 시상을 한다. 한 조직에 오랫동안 근무하면서 성장해온 사람들은 연장자 대접을 받게 된다는 것을 우리는 알고 있다. 이 지위는 신참이 얻을 수 없는 것이고, 연장자만이 받

---

[1] "Mit der Rationalisierung der politischen und ökonomischen Bedarfsdeckung geht das Umsichgreifen der Disziplinierung als einer universellen Erscheinung unaufhaltsam vor sich und schränkt die Bedeutung des Charisma und des individuelle differenzierten Handelns zunehmend ein" (Weber 1922, 655).

게 되는 특권인 것이다.

후기 근대 사회에서 끈질기게 살아남은 계급 패턴을 이해한다는 것은, 구식의 사회 질서와 근대의 사회 질서 간에 여전히 존재하는 연속성을 파악한다는 것이다. 자유 민주주의와 시장 경제는 집단적 연대보다는 개인이익에 기반하는 것으로 생각되지만, 사회 내의 사회적 관계를 구성하는 계급적 구조를 완전히 없애지는 않았다.

사실, 근대 조직들도 효율성이라는 이유로, 계급 구조를 합리화하고 있다. 하지만 사회학자 로저 굴드(Roger Gould)는 이와 같은 설명은 "사람들이 부하직원을 가질 수 있는 우월한 역할과 지위를 갖고 싶어한다는 것을 전제하고 있다"고 주장했다.(2003, 21) 그렇지 않다면, 단순히 효율성이라는 이유만으로는 조직내 계급 구조가 유지되지 못했을 것이다. 그렇다. 고성과자와 저성과자의 분류를 기반으로 하지 않은 인센티브 시스템을 상상할 수는 있다. 하지만 이와 같은 계급구조가 시장 민주주의에서 존재하고 있다는 사실은, 우리 사회에서도 우수한 사람과 열등한 사람을 비교하는 것이 중요하다는 것을 가리킨다.

지금쯤 어떤 사람은 이렇게 주장할지도 모르겠다. 오늘날의 사회에서 계급구조가 존재한다는 것은, 전통 사회의 남은 흔적을 효율성을 위해 사용하는 것뿐이라고 말이다. 복잡한 관료제 시스템이 전통 사회의 특징적인 행동 동기들(예 : 권위에 대한 존경, 지시하고 싶은 욕구)을 근대 정치적 조직체의 부분들(예 : 군대, 학교 시스템, 대학, 공공 행정부)을 운영할 때 사용하는 것은 아무런 문제가 없는 합리적인 경우로 보인다. 여전히 근대사회는 개인적인 성공에 대해 물질적 혜택보다는 사회적 명성에 의해 보상받도록 하니까 말이다. 하지만 겉으로 보기에 "평등한" 근대 사회에서 계급구조가 존재하는 것을, 개인 관계의 구조로 설명할 수도 있다. 계급의 기원 분야 연구를 이끌고 있는 굴드의 주장은 다음과 같다. 사회적 관계가 더욱 복잡하게 발전할수록, 지위와 탁월함을 얻고자 하는 싸움은 점점 늘어나게 된다는 것이다. 중앙 기관이 통제하는 상황에서도, 계급구조는 발생되고 계속 생기는 이유가 바로 이것이다. 다른 사람들의 눈에 잘 띄고, 좋은 위치를 차지하고자 하는 경쟁은 자연스럽지만 부정적인 사회적 경향인 것이다. 어떤 사회 발전과정도 이와 같은 상황을 완전히 없애버리지는 못한다. 현재와 같은 초연결세상(hyperconnected world)에서, 사회적 네트워크는 빠르게 확산되면서, 사람들이 서로를 비교할 수 있는 기회를 증가시키고 있다.

"높은" 사람과 "낮은" 사람으로 양극단화시키는 현상은 계속해서 나타나고 있고, 쉽게 없어질 것 같지 않다.

그렇다면, 우리는 사회적 상호작용의 기본적인 속성 때문에 생긴 것 같은, 사회적 관계를 계층화하려는 경향에 대해 어떻게 저항할 수 있을까? 사회과학에서 우리가 먼저 발전시켜야 할 것은, 분석의 단위를 '합리적으로 개인적 이익을 추구하는 배우'로 잡는(이는 경제학과 합리적인 선택에 대한 신고전주의 이론 분야에서 지배적인 이론이 가지고 있는 태도이다) 것이 아니라, 보다 복잡하고 드라마틱한 특성을 가지고 있는, 평판을 추구하는 배우로 잡는 이론이다. 이 배우는 매우 높은 사회성을 가지고 있고, 이 배우의 합리성을 설명하려면 상징적인 동기를 반드시 고려해야만 한다. 고전이론에서 고려했던 합리적인 계산과 자기이익을 추구하는 행동을 하는 존재에 관련된 문제는, 다른 사람들이 자신에 대해 어떻게 생각하는지에 대해, 그리고 그러한 의견이 자신에게 어떻게 영향을 미치는지에 대해 고려하지 않았다는 것이다. 합리적으로 행동을 한다는 것은, 자신의 행동이 사회적 네트워크에 미칠 수 있는 영향을 예측할 수 있다는 것이다. 그 네트워크라는 것은 우리를 인정해주고, 우리의 정체성을 안정화시켜주는 것이며, 우리의 일상 행동을 풍요롭게도 해주고 수정보완도 해주는 역할을 한다. 사람들은 인정을 받을 수 있을 만한 사회적 이미지를 만들어가면서 행동한다. 이와 같은 이미지 메이킹 작업은 다른 사람들의 상호작용을 통해 이루어지는데, 신뢰관계가 구축될 수도 있고, 지배·복종의 관계가 만들어질 수도 있다. 이 과정에서 사회적 지위가 끊임없이 만들어지고 사라지고 다시 생기게 되는 것이다. 우리가 이와 같은 행동을 고려하지 않는다면, 사람이란 개인적이고 자기이익을 추구하는 존재라는 행동 이론에만 묶여 있다면, 우리는 인간 행동의 진정한 동기를 더 이상 이해하지 못하게 되는 위험에 빠지게 될 것이다. 그에 더하여 인간존재의 진정한 특성을 이해하지 못한채, 인간의 행동을 이끌어내는 동기를 무시한 인센티브 및 처벌 규정을 가진 조직을 만들어내게 될 것이다.

(존재론적으로) 평가의 사회적인 측면이 개인적인 지식획득의 측면보다 우선하는 인식론의 경우도 그렇고, 정치와 윤리의 분야도 마찬가지이다. 사회적인 상호작용은 개인적인 행동보다 우선순위에 놓여 있다. 인간의 사회적인 행동에 대해 앞으로 더 많은 이해를 하려면, '비교하는 인간'의 속성을 정확하게 이해할 수 있는 사회과학 이론이 반드시 필요할 것이다.

웹을 통해 부풀려진 정체성

오늘날 우리의 삶은 사회적 네트워크를 통해 촘촘히 얽혀 있다고 해도 과언이 아니다. 이와 같은 새로운 "생활세계(lifeworld)"가 가지고 있는 두 번째 특성은 우리의 사회적 이미지 "아바타"를 가진 세대가 나타났다는 것이다. 개인 웹페이지, 페이스북 프로필, 지속적으로 생성해내는 다양한 우리의 흔적들. 우리가 어디에 가든지 우리에 대한 사회적 정보가 같이 가게 되고, 그 정보들은 우리를 더 강하게도, 더 취약하게도 만들어준다. 사회적 정보가 우리를 더 강하게 만들어주는 경우는, 사회적 정보가 우리의 본질과 분리되어 활용되는 경우가 없을 때이다. 하지만 우리는 우리가 남긴 흔적들을 스스로 통제할 수가 없을 때가 있다는 것을 너무나 잘 알고 있다. 우리의 흔적들은 정확한 우리의 이미지를 반영해주기보다는, 오히려 비틀고 왜곡시켜서 자기 자신인 것을 알아보지도 못할 파편들로 만들어버리기도 한다.

다른 사람들이 우리에 대해 이야기하는 것은, 우리가 기대하는 바와 다를 때가 많다. 우리가 바라는 자기 이미지와, 다른 사람들이 생각하는 우리의 이미지 간에 존재하는 큰 차이 — 실제로 우리의 특성에 대해 묘사하고 평가하는 데에 쓰이는 자료 — 는 이 책이 지금까지 다뤄왔던 주제이다. 그 차이는 너무 커서 좌절스러울 수도 있고, 그다지 크지 않아서 만족스러울 수도 있다. 이와 같은 상황에 대해 조금 더 잘 이해하기 위해, 나는 인간의 정체성이 구축되는 프로세스에 대한 새로운 이론을 발전시키기 위해 노력해왔다. 자기 자신에 대한 이미지를 독특한 한 개인으로 만들어 가는 방법(법, 미술, 결혼, 종교, 과학, 교육, 스포츠 등 다양한 분야에서 근대성이 개인주의에 중점을 두게 된 이후로)에 대해서 말이다. 이는 전통적인 사회질서가 존재하던 전근대사회에서 수동적으로 역할을 획득하면서 정체성까지 얻게 되던 때와는 전혀 다른 것이다.

인터넷 세상에서의 인간 존재라는 것은 완전히 진실된 것도 아니지만, 완전히 사기인 것도 아니다. 진정성(다른 사람들의 의견에서 완전히 자유로운 것)과 잘못된 신념(내면적인 자유를 완전히 포기하고 사회적 압력에 굴복하는 것) 간의 차이는 사실 그다지 크지 않다. 현대를 살고 있는 인간들은 사회적인 존재일 수밖에 없다. 주위의 관찰자들로부터 받은 피드백을 지속적으로 내재화하면서 자기 자신의 정체성을 만들어가는 인지적인 활동을 하기 때문이다. 우리 주위의 관찰자들은 끊임없이 우리를 판단해서 우리에게 영향을 미치고 싶어한다. 즉, 인간은 두 가지 속성을 가진 존재이기 때문에, 아예 존재 자체를 녹여서 섞어버리지 않는 한, 단순하게 나는 이런 존재야 라고 말할 수 없는 것이다. 그럼에도 불구하고, "진정성(authenticity)"이라는 개념에 의미를 부여하고 싶다면, 이렇게 정의를 하는 것이 맞을 것이다. 4장에서 이야기했던 유명한 개츠비의 미소와 같이, 우리가 다른 사람들에게 보여지고 싶은 이미지와, 다른 사람들이 우리를 보는 이미지의 만남이라고 말이다. 다른 사람들이 우리가 기대하는 자기이미지를 완벽하게 수용해주는 경우 만들어지는 우리의 사회적 자아와 평판은, 우리가 스스로 기대하는 것과 동일한 존재라는 느낌을 갖게 해준다.

하지만 기억할 것이 있다. 우리가 진정성을 얻게 되는 것은 내적 자유를 외치며 사회로부터 완전히 등을 돌려버림으로써 가능한 것이 아니라, 다른 사람들의 관심에 대해 명확하게 감사를 표현할 수 있음으로써 가능해지는 일이다. 평판은 단순히 벽에 비친 우리의 그림자가 아니다. 한 사람의 특성이 정의되는 데 있어서 평판이 수행하는 구성적 역할을 무시하면 안 된다. 평판에 별 가치를 두지 않고 무시해버리는 태도가 부적절하다는 것을 지적하는 것이 바로 이 책의 주된 목적들 중의 하나였다.

역동적으로 평판을 구성하는 일은 인간의 특성을 발전시켜 나가는 데 있어서 핵심적인 요소이다. 우리의 자아는 이중적이며, 그 이중적인 속성 자체가 우리를 동기부여시킨다. 내가 생각하는 나의 이미지와, 다른 사람들의 눈에 비친 나의 이미지 간에 상호의존성이 있다는 것을 이해하지 못한다면, 내가 누구인지, 내가 왜 그런 행동을 하는지에 대해 이해 하는 것은 영영 불가능하게 될 것이다.

Akerlof, G. A. 1970. "The Market for 'Lemons': Quality Uncertainty and the Market Mech-anism." *Quarterly Journal of Economics* 84, no. 3: 488-500.

Alexander, R. D. 1986. "Ostracism and Indirect Reciprocity: The Reproductive Significance of Humour." *Ethology and Sociobiology* 7: 253-70.

――――. 1987. *The Biology of Moral Systems*. New York: De Gruyter.

Allen, E., and B. Beckwith. 1975. "Against Sociobiology." *New York Review of Books*, No-vember 13. http://www.nybooks.com/articles/archives/1975/nov/13/against sociobiol-ogy/.

Allport, G., and J. Portman. 1947. *The Psychology of Rumors*. Cambridge, MA: Harvard University Press.

Amman, R. 2003. "A Sovietological View of Modern Britain." *Political Quarterly* 74, no. 4: 287-301.

Appadurai, A. 1986. *The Social Life of Things*. Cambridge: Cambridge University Press.

Appiah, A. 2010. *The Honor Code: How Moral Revolutions Happen*. New York: W. W. Norton.

Axelrod, R. 1984. *The Evolution of Cooperation*. New York: Basic Books.

Baier, A. 1991. "Trust." The Tanner Lectures. Princeton University, March 6-8.

Balzac, H. de. 1999. *Béatrix*. Trans. K. P. Wormeley. Project Gutenberg Etext.

――――. 2004. *Lost Illusions*. Trans. H. Hunt. New York: Penguin.

Bartlett, F. 1932. *Remembering: A Study in Experimental and Social Psychology*. Cam-bridge: Cambridge University Press.

Baumard, N., and D. Sperber. 2013. "Morale et réputation dans une perspective évolution-niste." In Origgi 2013b, 11-28.

Beckert, J., and P. Aspers, eds. 2011. *The Worth of Goods*. New York: Oxford University

Press.

Beckert, J., and C. Musselin. 2013. *Constructing Quality*. New York: Oxford University Press.

Benjamin, W. 1968. *Illuminations*. Trans. H. Zohn. New York: Schocken.

Besnier, N. 2009. *Gossip and the Everyday Production of Politics*. Honolulu: University of Hawaii Press.

Biagioli, M. 2002. "From Book Censorship to Academic Peer Review." *Emergences* 12, no. 1: 1-45.

Biagioli, M., and P. Galison. 2003. *Scientific Authorship: Credit and Intellectual Property in Science*. London: Routledge.

Bjork, B. C., and D. Solomon. 2014. "The Publishing Delay in Scholarly Peer — Reviewed Journals." http://openaccesspublishing.org/oa11/article.pdf.

Blumenthal, S. 2017. "The First Family." *London Review of Books* 39, no. 4.

Boltanski, L., and L. Thévenot. 1991. *De la justification*. Paris: Gallimard.

Bourdieu, P. 1979. *La Distinction*. Paris: Minuit. English translation. 1984. *Distinction*. London: Routledge.

————. 1980. "Le capital social: Notes provisoires." *Actes de la recherche en sciences sociales*, no. 31 (January): 2-3.

————. 1984. *Homo academicus*. Paris: Minuit, 1984.

————. 1986. "The Forms of Capital." In *Handbook of Theory and Research for the Sociology of Education*, ed. J. Richardson, 241-58. Westport, CT: Greenwood.

Brennan, G., and P. Pettit. 2004. *The Economy of Esteem: An Essay on Civil and Political Society*. New York: Oxford University Press.

Bronner, G. 2013. *La démocratie des crédules*. Paris: Presses Universitaires de France.

Burt, R. S. 2005. *Brokerage and Closure: An Introduction to Social Capital*. New York: Oxford University Press.

Carnevali, B. 2003. " 'Glory': La lutte pour la réputation dans le modèle hobbesien." *Communications* 93: 49-67.

————. 2006. "Aura et Ambiance: Léon Daudet tra Proust e Benjamin." *Rivista di Estetica* 46, no. 33: 117-41.

————. 2012. *Romantisme et reconnaissance*. Geneva: Droz.

————. 2013. *Le apparenze sociali*. Bologna: Il Mulino.

Carrère, E. 2000. *L'Adversaire*. Paris: P.O.L. English translation by L. Coverdale. 2001. *The Adversary: A True Story of Monstrous Deception*. New York: Bloomsbury.

Carrière, J. 1987. *Les cendres de la gloire ou le prix d'un Goncourt*. Paris: Editions Robert Laffont.

Casati, R., G. Origgi, and J. Simon. 2011. "Micro−credits in Scientific Publishing." *Journal of Documentation* 67, no. 6: 958-74.

Charcot, J.−M. 1892-93. *Clinique des maladies du système nerveux*. Ed. G. Guinon. Paris: Bureau du Progrès Medical.

Chauvin, P. M. 2013. "La sociologie des réputations." *Communications* 93: 131-46.

Christenson, J. A., and L. Sigelman. 1985. "Accrediting Knowledge: Journal Stature and Ci−tation Impact in Social Science." *Social Science Quarterly* 66: 964-75.

Cialdini, R. 1984. *Influence: The Psychology of Persuasion*. New York: Harper and Col−lins.

Cicourel, A. 1974. *Cognitive Sociology: Language and Meaning in Social Interaction*. New York: Free Press.

Clément, F. 2012. Preface to *Anatomie de la rumeur* by C. Sunstein. Geneva: Markus Haller.

Cogswell, J. 1836. "Principle of Emulation." *North American Review* 93, no. 43: 496-515.

Cohen, D., R. E. Nisbett, B. Bowdle, and N. Schwarz. 1996. "Insult, Aggression, and the Southern Culture of Honor: An 'Experimental Ethnography.' " *Journal of Personality and Social Psychology* 70, no. 5: 945-60.

Coleman, J. 1988. "Social Capital in the Creation of Human Capital." *American Journal of Sociology* 94: 95-120.

Cooley, C. H. 1902. *Human Nature and the Social Order*. New York: Charles Scribner's Sons.

Darnton, R. 2010. *The Devil in the Holy Water, or the Art of Slander from Louis XIV to Napoleon*. Philadelphia: University of Pennsylvania Press.

Darwall, S. 2004. "Respect and the Second Person Standpoint." *Proceedings and Addresses of the American Philosophical Association* 78: 43-60.

────. 2013. *Honor, History and Relationship*. New York: Oxford University Press.

De Beauvoir, S. 2009. *The Second Sex*. New York: Vintage.

Deutsche Bank. 2015. "Reed Elsevier: Moving the Supertanker." *Company Focus: Global Equity Research Report*. January.

Douglas, M. 1987. *How Institutions Think*. London: Routledge and Kegan Paul.

Duerr, P. 1998. *Nudité et pudeur: Le mythe de la civilization*. Paris: Editions de la Maison des Sciences de l'Homme.

Dumont, L. 1966. *Homo Hierarchicus*. Paris: Gallimard.

Dunbar, R. 1996. *Grooming, Gossip and the Evolution of Language*. London: Faber and Faber.

Edlin, A. S., and D. L. Rubinfeld. 2004. "Exclusion or Efficient Pricing? The 'Big Deal' Bun—dling of Academic Journals." *Antitrust Law Journal* 72: 128-59.

Elias, N. 1983. *The Court Society*. New York: Pantheon Books. English translation of the German original: *Die höfische Gesellschaft*. Berlin: Hermann Luchterhand Verlag, 1969.

———. 1994. *The Civilizing Process*. London: Blackwell. Partial translation of *Über den Prozeß der Zivilisation*. Basel: Verlag Haus zum Falken, 1939.

Elias, N., H. Martins, and R. Whitley, eds. 1982. *Scientific Establishments and Hierar-chies: Sociology of the Sciences*. Vol. 6. Dordrecht: Reidel Publishing Company.

Elias, N., and J. L. Scotson. 1994. *The Established and the Outsider*. New York: Sage.

Eliot, T. S. 1934/1963. "Choruses from 'The Rock.'" In *Collected Poems, 1909–1962*. Boston: Houghton Mifflin Harcourt.

Elster, J. 1983. *Sour Grapes*. Cambridge: Cambridge University Press.

———. 1999. *The Alchemies of the Mind*. New York: Cambridge University Press.

———. 2009. *Le désintéressement*. Paris: Seuil.

———. 2013. "Réputation et caractère." In Origgi 2013b, 29-48.

Erner, G. 2016. *La souveraineté du people*. Paris: Gallimard.

Fenster, T. S., and D. L. Smail, eds. 2003. *Fama: The Politics of Reputation in Medieval Europe*. Ithaca: Cornell University Press.

Figes, O. 1996. *A People's Tragedy: The Russian Revolution, 1891–1924*. New York: Penguin.

———. 2012. *Just Send Me Word*. New York: Metropolitan Books.

Fitzgerald, F. S. *The Great Gatsby*. New York: Scribner, 2004.

Foucault, M. 1970. *The Order of Things*. New York: Pantheon Books.

———. 1977. "Nietzsche, Genealogy, History." In *Language, Counter-memory, Practice: Selected Essays and Interviews*, ed. D. Bouchard, 139-64. Ithaca: Cornell University Press.

Frank, R. 1988. *Passions within Reason: The Strategic Role of Emotions.* New York: W.W. Norton.

Frankfurt, H. 2006. *De l'art de dire des conneries.* Paris: Editions 10/18.

Gambetta, D. 2009. "Signaling." In *The Oxford Handbook of Analytical Sociology*, 168-94. Oxford: Oxford University Press.

Gergaud, O, F. Livat, B. Rickard, and F. Warzynski. 2016. "The Costs and Benefits of Collec—tive Reputation: Who Gains and Who Loses from Generic Promotion Programs?" Working Papers 231135. American Association of Wine Economists.

Gigerenzer, G., R. Hertwig, and T. Pachur, eds. 2011. *Heuristics: The Foundations of Adaptive Behavior.* New York: Oxford University Press.

Glucksman, M. 1963. "Gossip and Scandal." *Current Anthropology* 4, no. 3: 308-16.

Goffman, E. 1956. *The Presentation of Self in Everyday Life.* New York: Random House.

———. 1967. *Interaction Rituals: Essays in Face to Face Behaviour.* New York: Aldine.

Gould, R. 2002. "The Origins of Status Hierarchies: A Formal Theory and an Empirical Test." *American Journal of Sociology* 107, no. 5: 1143-78.

———. 2003. *Collision of Wills.* Chicago: University of Chicago Press.

Gould, S., and R. Lewontin. 1979. "The Spandrels of San Marco and the Panglossian Par—adigm: A Critique of the Adaptationist Program." *Proceedings of the Royal Society of London* 205, no. 1161: 581-98.

Granovetter, M. S. 1973. "The Strength of Weak Ties." *American Journal of Sociology* 6: 1360-80.

———. 1985. "Economic Action and Social Structure: The Problem of Embeddedness." *American Journal of Sociology* 91, no. 3: 481-510.

Grice, P. 1957. "Meaning." *Philosophical Review* 66, no. 3: 377-88.

Gruenewald, T., et al. 2004. "Acute Threat to the Social Self: Shame, Social Selfesteem, and Cortisol Activity." *Psychosomatic Medicine* 66: 915-24.

Haldane, W. D. 1955. "Population Genetics." *New Biology* 18: 34-51.

Haley, K., and D. Fessler. 2006. "Nobody's Watching? Subtle Cues Affect Generosity in an Anonymous Economic Game." *Evolution and Human Behavior* 26, no. 3: 245-56.

Hamermesh, D. S., and G. A. Pfann. 2009. "Markets for Reputation: Evidence on Quality and Quantity in Academe." NBER Working Paper 15527. Cambridge, MA: National Bureau of Economic Research.

Hamilton, W. D. 1963. "The Evolution of Altruistic Behavior." *American Naturalist* 97, no. 896: 354-56.

Hayek, F. A. 1945. "The Use of Knowledge in Society." *American Economic Review* 35, no. 4: 519-30.

——. 1978. *Law, Legislation and Liberty*. Vol. 1. Chicago: University of Chicago Press.

Heinich, N. 2012. *De la visibilité*. Paris: Gallimard.

Henrich, J., R. Boyd, et al. 2004. *Foundations of Human Sociality: Economic Experiments and Ethnographic Evidence from Fifteen Small-Scale Societies*. Oxford: Oxford University Press.

Henrich, J., and F. Gil—White. 2001. "The Evolution of Prestige." *Evolution and Human Behavior* 22: 165-96.

Hirsch, P. M. 1972. "Processing Fads and Fashions: An Organization—Set Analysis of Cultural Industry Systems." *American Journal of Sociology* 77, no. 4: 639-59.

Hobbes, T. 1640. *The Elements of Law, Natural and Politic*. http://www.constitution.org/th/elements.htm.

Hughson, A. L., and R. A. Boakes. 2002. "The Knowing Nose: The Role of Knowledge in Wine Expertise." *Food Quality and Preference* 13, no. 7-8: 463-72.

Hume, D. 1985. "Of the Standard of Taste." In *Essays Moral, Political and Literary*. Indianapolis: Liberty Classics.

Ikegami, E. 1995. *The Taming of the Samurai: Honorific Individualism and the Making of Modern Japan*. Cambridge, MA: Harvard University Press.

"Internet Encyclopaedias Go Head to Head." 2005. *Nature* 438 (December 15).

Jinha, A. E. 2010. "Article 50 Millions: An Estimate of the Numbers of Scholarly Articles in Existence." *Learned Publishing* 23: 258-63.

Johnson, H., and J. Robinson. 2014. *World Atlas of Wine*. 7th ed. London: Mitchell Beazley.

Kahneman, D. 2010. *Thinking , Fast and Slow*. New York: Random House.

Kant, I. 1798/2006. *Anthropology from a Pragmatic Point of View*. Ed. R. B. Louden. Cambridge: Cambridge University Press.

Karpik, L. 1995. *Les avocats entre l'Etat, le public et le marché: XIIIème–XXème siècle*. Paris: Gallimard.

——. 2010. *Valuing the Unique: The Economics of Singularities*. Princeton: Princeton University Press.

————. 2011. "What Is the Price of a Scientific Paper?" In *The Worth of Goods*, ed. J. Beckert, P. Aspers. New York: Oxford University Press. Katz, D., and F. H. Allport. 1931. *Students' Attitude*. Syracuse, NY: Craftsmann.

Kaufmann, L., and F. Clément, eds. 2011. *La sociologie cognitive*. Paris: Maison des Sciences de l'Homme.

Keynes, J. M. 1936. *The General Theory of Employment, Interest and Money*. London: Macmillan.

Kleinberg, J. 2001. "The Structure of the Web." *Science* 294, no. 5528: 1849-50.

Knapp, R. H. 1944. "A Psychology of Rumor." *Public Opinion Quarterly* 8, no. 1: 22-37.

Kuran, T. 1997. *Private Truths, Public Lies*. Cambridge, MA: Harvard University Press.

Kurzban, R. 2001. "The Social Psychophysics of Cooperation: Nonverbal Communication in a Public Goods Game." *Journal of Nonverbal Behavior* 25, no. 4: 241-59.

Laclos, P. C. de. 1995. *Les Liaisons dangereuses*. Trans. D. Parmée. Oxford: Oxford University Press.

Lamont, M. 2012. "Toward a Comparative Sociology of Valuation and Evaluation." *Annual Review of Sociology* 38, no. 21: 201-21.

Landon, S., and C. E. Smith. 1998. "Quality Expectations, Reputation and Price." *Southern Economic Journal* 64, no. 3: 628-47.

Lazarsfeld, P., and R. Merton. 1948. "Mass Communication, Popular Taste and Organized Social Action." In *The Communication of Ideas*, ed. L. Bryson. New York: Harper and Brothers.

Leary, M. 2005. "Sociometer Theory and the Pursuit of Relational Value: Getting to the Root of Self-esteem." *European Review of Social Psychology*, no. 16: 75-111.

Lessig, L. 2001. *The Future of Ideas: The Fate of the Commons in a Connected World*. New York: Random House.

Lewis, M., and D. Ramsay. 2002. "Cortisol Response to Embarrassment and Shame." *Child Development* 73: 1034-45.

Lilti, A. 2014. *Figures publiques*. Paris: Fayard.

Mannheim, K. 1982. *Structures of Thinking*. London: Routledge and Kegan Paul.

Manzo, G., and D. Baldassarri. 2014. "Heuristics, Interactions, and Status Hierarchies: An Agent-Based Model of Deference Exchange." *Sociological Methods and Research*, pp. 1-59.

McGuigan, G., and R. D. Russell. 2008. "The Business of Academic Publishing: A Strategic Analysis of the Academic Journal Publishing Industry and Its Impact on the Future of Scholarly Publishing." *Electronic Journal of Academic and Special Librarianship* 9, no. 3.

Menger, P.−M. 2002. *Portrait de l'artiste en travailleur*. Paris: Seuil.

――. 2009. *Le travail créateur: S'accomplir dans l'incertain*. Paris: Gallimard−Seuil Hautes−Etudes.

Menger, P.−M., and J. Mairesse, eds. 2015. Introduction to the special issue: "Compétition, productivité, incitations et carrières dans l'enseignement supérieur et la recherche." *Revue Economique* 66, no. 1: 5-12.

Mercier, H., and D. Sperber. 2017. *The Enigma of Reason*. Cambridge, MA: Harvard University Press.

Merton, R. 1942/1973. "The Normative Structure of Science." In R. Merton, *The Sociology of Science*, ed. N. W. Stoler. Chicago: University of Chicago Press.

――. 1968. "The Matthew Effect in Science." *Science* 159: 56-63.

――. 1972. "Insiders and Outsiders: A Chapter in the Sociology of Knowledge." *American Journal of Sociology* 78: 9-47.

――. 1973. "Institutionalized Patterns of Evaluation in Science." In *The Sociology of Science*. Chicago: University of Chicago Press.

Migheli, M., and G. Ramello. 2014. "Open Access Journals and Academics' Behavior." *ICER Working Papers*, International Centre for Economic Research.

Milinski, M. 2016. "Reputation, a Universal Currency for Human Social Interactions." *Philosophical Transactions of the Royal Society*. B 371: 20150100.

Miller, G. D. 2012. *The Shadow of the Past*. Ithaca: Cornell University Press.

Monod, J. C. 2012. *Qu'est-ce qu'un chef en démocratie?* Paris: Seuil.

Montesquieu, C.−L. de Secondat. 1967. *Essai sur le goût*. Paris: Droz.

Moore, G. E. 1925. "A Defense of Common Sense." In *Contemporary British Philosophy*, 2nd ser., ed. J. H. Muirhead, 192-233. London: George Allen and Unwin.

Muldoon, R., C. Lisciandra, et al. 2014. "On the Emergence of Descriptive Norms." *Politics, Philosophy, and Economics* 13, no. 1: 3-22.

Musil, R. 1996. *The Man without Qualities*. Vol. 1. New York: Vintage.

Nisbett, R. E., and D. Cohen. 1996. *Culture of Honor: The Psychology of Violence in the*

South. Boulder, CO: Westview Press.

Nowak, M. A., and K. Sigmund. 2005. "Evolution of Indirect Reciprocity." *Nature* 437: 1291-98.

Origgi, G. 2010. "Epistemic Vigilance and Epistemic Responsibility in the Liquid World of Scientific Publications." *Social Epistemology* 24, no. 3: 149-59.

———. 2013a. "Un certain regard: Pour une épistémologie de la réputation." In Origgi 2013b, 101-20.

———, ed. 2013b. *La Réputation*, special issue of the journal *Communications* 93. Paris: Seuil.

Origgi, G., and P. Bonnier. 2013. "Trust, Networks and Democracy in the Age of the Social Web." *Proceedings of the ACM Web Science Conference*. May 2-4, Paris. http://www. websci13.org/program/.

Origgi, G., and S. Ciranna. 2017. "Epistemic Injustice: The Case of Digital Environments." In *The Routledge Handbook of Epistemic Injustice*, ed. J. Kidd, J. Medina, et al., ch. 29. New York: Routledge.

Origgi, G., and G. Ramello, eds. 2015. *Current Dynamics of Scholarly Publishing*, special issue of *Evaluation Review* 39, no. 1.

Orléan, A. 2014. *The Empire of Value*. Cambridge, MA: MIT Press.

Park, R. E. 1950. *Race and Culture*. Glencoe, IL: The Free Press.

Pasquino, P. 2007. "Eléazar ou le martyre juif." Paper presented at the workshop Réputation, Rome, Fondazione Olivetti, April.

Podolny, J. 2005. *Status Signals*. Princeton: Princeton University Press.

Podolny, J., and F. Lynn. 2009. "Status." In *Oxford Handbook of Analytical Sociology*, ed. P. Haedström and P. Bearman, 544-65. Oxford: Oxford University Press.

Proust, M. 2003-4. *In Search of Lost Time*. Gen. ed. C. Prendergast. Trans. L. Davis, M. Treharne, J. Grieve, J. Sturrock, C. Clark, P. Collier, and I. Patterson. 6 vols. London: Allen Lane. Based on the French La Pléiade edition (1987-89), except *The Fugitive*, which is based on the 1954 definitive French edition. Vols. 1-4: New York: Viking. Kindle ed.: M. Proust, *In Search of Lost Time*, trans. C. K. Scott Moncrieff and T. Kilmartin and rev. D. J. Enright. New York: Vintage.

Quine, W. V. O. 1960. *Word and Object*. Cambridge, MA: Harvard University Press.

Richerson, P. J., and R. Boyd. 2005. *Not by Genes Alone*. Chicago: University of Chicago

Press.

Rochat, P. 2009. *Others in Mind: Social Origins of Self-Consciousness*. New York: Cambridge University Press.

Rochefoucauld, F. de La. 1678/2006. *Maximes et réflexions diverses*. Trans. J. Heard, *Maxims of Le Duc de la Rochefoucauld*. New York: Dover.

Rogers, R. 2004. *Information Politics on the Web*. Cambridge, MA: MIT Press.

Rooks, G., F. Tazelaar, and C. Snijders. 2010. "Gossip and Reputation in Business Networks." *European Sociological Review* 27, no. 1: 90-106.

Rousseau, J.-J. 2012. "Discourse on the Origins of Inequality." Part 2. In *The Major Political Writings of Jean-Jacques Rousseau: The Two "Discourses" and the "Social Contract."* Chicago: University of Chicago Press.

Santayana, G. 1922. *Soliloquies in England and Later Soliloquies*. New York: Scribner's.

Schumpeter, J. 1954. *History of Economic Analysis*. London: Allen and Unwin.

Schütz, A. 1964. *Collected Papers*. Vol. 2. Ed. A. Brodersen. The Hague: Martinus Nijhoff.

Séchelles, H. de. 1927. *Théorie de l'ambition*. Paris: Stendhal et compagnie.

Shapin, S. 1994. *A Social History of Truth*. Chicago: University of Chicago Press.

———. 2001. "Proverbial Economies: How an Understanding of Some Linguistic and Social Features of Common Sense Can Throw Light on More Prestigious Bodies of Knowledge, Science for Example." *Social Studies of Science* 31, no. 5: 731-69.

———. 2005. "Hedonistic Fruits Bombs." *London Review of Books* 27, no. 3.

Smith, A. *The Theory of Moral Sentiments*. 1759/1976. The Glasgow Edition of the Works and Correspondence of Adam Smith, vol. 1, ed. D. D. Raphael and A. L. Macfie. Oxford: Oxford University Press.

Sommerfeld, R. D., H. J. Krambeck, and M. Milinksi. 2008. "Multiple Gossip Statements and Their Effect on Reputation and Trustworthiness." *Proceedings of the Royal Society, Series B, Biological Sciences* 275, no. 1650: 2529-36.

Sperber, D. 1996. *Explaining Culture: A Naturalistic Approach*. London: Basil Blackwell.

———, ed. 2000. *Metarepresentations*. New York: Oxford University Press.

Sperber, D., and H. Mercier. 2017. *The Enigma of Reason*. Cambridge, MA: Harvard University Press.

Sunstein, C. 2009. *On Rumours*. Princeton: Princeton University Press.

Surowiecki, J. 2004. *The Wisdom of Crowds*. New York: Random House.

Tannen, D. 1990. *You Just Don't Understand*. New York: William Morrow.

Tirole, J. 1996. "A Theory of Collective Reputations." *Review of Economic Studies* 63, no. 1: 1-22.

Trivers, R. 1971. "The Evolution of Reciprocal Altruism." *Quarterly Review of Biology* 46: 35-57.

Ullmann—Margalit, E. 1977. *The Emergence of Norms*. Oxford: Clarendon Press.

Veblen, T. 1899. *The Theory of the Leisure Class*. New York: Macmillan.

Weber, M. 1922. *Wirtschaft und Gesellschaft*. English translation. 1978. *Economy and Society*, ed. G. Roth and C. Wittich. Berkeley: University of California Press.

Willis, J., and A. Todorov. 2006. "First Impressions: Making Up Your Mind after a 100—ms Exposure to a Face." *Psychological Science* 17: 592-98.

Wilson, E. O. 1975. *Sociobiology*. Cambridge, MA: Harvard University Press.

Ziman, J. M. 1966. *Public Knowledge: The Social Dimension of Science*. Cambridge: Cambridge University Press.

찾아보기

저자 소개

글로리아 오리기(Gloria Origgi)는 파리에 살고 있는 철학자이다. 현재 프랑스 국립과학연구원의 장 니코 연구소에서 수석 연구원으로 근무하고 있다. 주로 관심을 가지고 있는 주제는 '신뢰'와, '인터넷에 쓰는 글의 미래'이다. 저자는 gloriaoriggi. blogspot.com 에서 영어, 프랑스어, 이탈리아어로 블로그를 운영하고 있다.

역자 소개

박정민은 이화여자대학교 대학원 심리학과에서 상담심리학 전공으로 박사 학위를 받았다. 한국청소년상담원(현 한국청소년상담복지개발원) 선임상담원, 이화여자대학교 학생상담센터 상담원, ㈜다산E&E의 EAP 팀장, ㈜피플인싸이트그룹의 EAP 팀장, ㈜리더스인싸이트그룹의 Development 담당 상무를 역임하였고, 현재 COZY SUDA라는 1인 기업 대표로 재직 중이다. 다양한 조직의 임원 및 중간관리자, 구성원을 대상으로 Smart Leadership & Followership 개발을 조력하는 Coach, 역량을 평가하는 Assessor, 건강한 마음관리를 하는 Counselor로 활발히 활동하고 있다.

[Homepage] www.cozysuda.com
[Email] monica@cozysuda.com

[저서]
일에 대한 모든 수다(지식과감성, 2019)
코칭여행자를 위한 안내서(지식과감성, 2015)
오해하지 말아주세요(박영스토리, 2014)
남자의 공간(21세기북스, 2013)
멘붕 탈출! 스트레스 관리(학지사, 2013)

[역서]
일터에서 긍정심리학 활용하기(박영스토리, 2019)
일의 심리학(박영스토리, 2018)
밀레니얼 세대가 일터에서 원하는 것(박영스토리, 2017)
나의 일을 의미있게 만드는 방법(박영스토리, 2016)
일터에서 의미찾기(박영스토리, 2015)
역량기반 평가기법(지식과감성, 2015)
스트레스 없는 풍요로운 삶(시그마프레스, 2013)
상사를 관리하라(랜덤하우스, 2011)
Y세대의 코칭 전략(시그마북스, 2010)
중간관리자의 성과코칭전략(이너북스, 2009)
심리치료의 거장(학지사, 2008)

평판

초판발행	2019년 10월 1일
지은이	Gloria Origgi
옮긴이	박정민
펴낸이	노현
편 집	문선미
디자인	BEN STORY
제 작	우인도·고철민
펴낸곳	(주) 피와이메이트
	서울특별시 금천구 가산디지털2로 53 한라시그마밸리 210호(가산동)
	등록 2014. 2. 12. 제2018-000080호
전 화	02)733-6771
f a x	02)736-4818
e-mail	pys@pybook.co.kr
homepage	www.pybook.co.kr
ISBN	979-11-90151-04-7 03180

* 잘못된 책은 바꿔드립니다. 본서의 무단복제행위를 금합니다.
* 역자와 협의하여 인지첩부를 생략합니다.

정 가 15,000원

박영스토리는 박영사와 함께하는 브랜드입니다.